ELOGIOS A
O GRANDE SUCESSOR

"Simplesmente não há jornalista em lugar algum do mundo que tenha se esforçado mais para descobrir e contar a incrível história de Kim Jong Un do que Anna Fifield. *O Grande Sucessor* derruba mitos para ceder espaço à primeira biografia essencial e vívida do homem e sua era."

— Evan Osnos, autor de *A Era da Ambição: Em busca da riqueza, da verdade e da fé na nova China*

"Inteligente, perspicaz, às vezes engraçado e também preocupante: Anna Fifield escreveu uma descrição vívida, atraente e, acima de tudo, esclarecedora do governo de uma família desonesta sobre a nação mais reclusa do mundo."

— General David Petraeus (militar reformado do Exército dos EUA), diretor da CIA quando Kim Jong Un se tornou líder

"Anna Fifield domina a história da Coreia do Norte hoje de um jeito que poucos outros jornalistas, incluindo eu mesma, foram capazes de fazer. Ela conquistou a maestria sobre esse assunto complicadíssimo."

— Barbara Demick, autora do best-seller *Nada a Invejar*

"Com um olhar jornalístico aguçado e com o dom de contar histórias, Anna Fifield escreveu a bíblia mais pura sobre Kim Jong Un. Ninguém que esteja trabalhando para resolver o enigma da Coreia do Norte deveria deixar *O Grande Sucessor* pegando poeira em uma estante; é uma leitura obrigatória."

— Embaixadora Wendy R. Sherman, ex-subsecretária de assuntos políticos e autora de *Not for the Faint of Heart: Lessons in courage, power, and persistence*

"Um relato importante, instigante e detalhado sobre a ascensão de Kim Jong Un. Anna Fifield, intrépida repórter e escritora vivaz, abre um caminho importante em *O Grande Sucessor*. Recorrendo a uma ampla gama de fontes, incluindo relatos notáveis de desertores, ela pinta um retrato perturbador de um país alimentado por ilusões inebriantes de poderio militar; uma ideologia poderosa e bizarra; uma devoção resoluta a armas nucleares; e um vício preocupante em metanfetamina (cristal). Alerta de spoiler: prepare-se para muito sangue."

— Evans J. R. Revere, consultor sênior do Albright Stonebridge
Group e ex-funcionário sênior do departamento de estado
com cinquenta anos de experiência trabalhando na Coreia

"Eu adorei quando Anna Fifield deu uma surra na Coreia em um artigo no *Post*, e agora ela se superou com a primeira biografia em inglês do líder mais obscuro e misterioso do mundo. Cuidadosamente criado a partir de suas histórias com pesquisa adicional, trabalho de campo e entrevistas exclusivas com pessoas próximas e participantes da família Kim, *O Grande Sucessor* remove camadas para revelar a psique de Kim Jong Un e o futuro ameaçador do país que ele preside. Uma leitura obrigatória para leitores comuns e especialistas!"

— Victor Cha, presidente coreano do Center for International
and Strategic Studies e autor de *The Impossible State:
North Korea, past and future*

"*O Grande Sucessor* mostra como um rechonchudo jovem herdeiro da tirania — cometendo fratricídio e usando o terror nuclear, o capitalismo camarada e a bajulação estratégica de um presidente norte-americano vaidoso — se tornou um Maquiavel obstinado do século XXI. Neste retrato devastador do mais recente ditador chamado Kim, Anna Fifield analisa habilmente a primeira família de déspotas da Coreia do Norte."

— Blaine Harden, autor de *Fuga do Campo 14: A dramática jornada de um
prisioneiro da Coreia do Norte rumo à liberdade*

"*O Grande Sucessor* é uma grande proeza jornalística. Anna Fifield penetrou nos segredos e mitos que cercam Kim Jong Un para fornecer um retrato multifacetado notável do jovem e enigmático líder da Coreia do Norte. O governante retratado neste livro — baseado nas entrevistas de Fifield com uma gama impressionante de pessoas que tiveram contato com Kim ou vivenciaram o sistema internamente, além de percepções coletadas de sua própria viagem como jornalista na Coreia do Norte — não é o 'lançador de foguetes' frequentemente ridicularizado e caricaturado. Em vez disso, Kim Jong Un transparece como alguém inteligente, cruel, diplomaticamente hábil e determinado a sobreviver a qualquer custo. Um guia essencial para entender o homem que provavelmente estará no comando da Coreia do Norte por muitas décadas."

— Mike Chinoy, ex-correspondente sênior da CNN na Ásia
e autor de *Meltdown: The inside story of the
north korean nuclear crisis*

O GRANDE SUCESSOR

O GRANDE SUCESSOR

O Destino Divinamente Perfeito
do Brilhante Camarada **Kim Jong Un**

ANNA FIFIELD

ALTA/CULT
EDITORA
Rio de Janeiro, 2020

O Grande Sucessor

Copyright © 2020 da Starlin Alta Editora e Consultoria Eireli. ISBN: 978-85-508-1564-0

Translated from original The Great Successor. Copyright ©2019 by Anna Fifiled. ISBN 9781541742482. This translation is published and sold by permission of PublicAffairs a subsidiary of Hachette Book Group, Inc an imprint of Perseus Books, LLC, the owner of all rights to publish and sell the same. PORTUGUESE language edition published by Starlin Alta Editora e Consultoria Eireli, Copyright ©2020 by Starlin Alta Editora e Consultoria Eireli.

Todos os direitos estão reservados e protegidos por Lei. Nenhuma parte deste livro, sem autorização prévia por escrito da editora, poderá ser reproduzida ou transmitida. A violação dos Direitos Autorais é crime estabelecido na Lei nº 9.610/98 e com punição de acordo com o artigo 184 do Código Penal.

A editora não se responsabiliza pelo conteúdo da obra, formulada exclusivamente pelo(s) autor(es).

Marcas Registradas: Todos os termos mencionados e reconhecidos como Marca Registrada e/ou Comercial são de responsabilidade de seus proprietários. A editora informa não estar associada a nenhum produto e/ou fornecedor apresentado no livro.

Impresso no Brasil — 1ª Edição, 2020 — Edição revisada conforme o Acordo Ortográfico da Língua Portuguesa de 2009.

Produção Editorial Editora Alta Books	**Produtor Editorial** Illysabelle Trajano Juliana de Oliveira	**Marketing Editorial** Lívia Carvalho marketing@altabooks.com.br	**Editor de Aquisição** José Rugeri j.rugeri@altabooks.com.br
Gerência Editorial Anderson Vieira	Thiê Alves	**Coordenação de Eventos** Viviane Paiva	
Gerência Comercial Daniele Fonseca	**Assistente Editorial** Maria de Lourdes Borges	eventos@altabooks.com.br	
Equipe Editorial Ian Verçosa Raquel Porto Rodrigo Dutra Thales Silva	**Equipe Design** Larissa Lima Paulo Gomes		
Tradução Samantha Batista	**Copidesque** Wendy Campos	**Revisão Gramatical** Thamiris Leiroza Thaís Pol	**Diagramação** Luisa Maria Gomes

Publique seu livro com a Alta Books. Para mais informações envie um e-mail para autoria@altabooks.com.br

Obra disponível para venda corporativa e/ou personalizada. Para mais informações, fale com projetos@altabooks.com.br

Erratas e arquivos de apoio: No site da editora relatamos, com a devida correção, qualquer erro encontrado em nossos livros, bem como disponibilizamos arquivos de apoio se aplicáveis à obra em questão.

Acesse o site www.altabooks.com.br e procure pelo título do livro desejado para ter acesso às erratas, aos arquivos de apoio e/ou a outros conteúdos aplicáveis à obra.

Suporte Técnico: A obra é comercializada na forma em que está, sem direito a suporte técnico ou orientação pessoal/exclusiva ao leitor.

A editora não se responsabiliza pela manutenção, atualização e idioma dos sites referidos pelos autores nesta obra.

Ouvidoria: ouvidoria@altabooks.com.br

Dados Internacionais de Catalogação na Publicação (CIP) de acordo com ISBD

F469g   Fifield, Anna

        O grande sucessor: o destino divinamente perfeito do brilhante camarada Kim Jong Un / Anna Fifield ; traduzido por Samantha Batista. - Rio de Janeiro : Alta Books, 2020.
        320 p. ; 16cm x 23cm.

        Inclui índice.
        ISBN: 978-85-508-1564-0

        1. Biografia. 2. Kim Jong Un. 3. Coreia do Norte. I. Batista, Samantha. II. Título.

2020-1210   CDD 920
                                                                     CDU 929

Elaborado por Odílio Hilario Moreira Junior - CRB-8/9949

Rua Viúva Cláudio, 291 — Bairro Industrial do Jacaré
CEP: 20.970-031 — Rio de Janeiro (RJ)
Tels.: (21) 3278-8069 / 3278-8419
www.altabooks.com.br — altabooks@altabooks.com.br
www.facebook.com/altabooks — www.instagram.com/altabooks

*Para os 25 milhões de pessoas da Coreia do Norte.
Que vocês logo sejam livres para seguirem seus sonhos.*

Sim, que eu posso vir a matar, matar, enquanto rio,
gritar "Viva!" ao que o peito me compunge,
banhar o rosto com fingidas lágrimas
e adotar aparência condizente com qualquer situação...
Ao camaleão eu posso emprestar cores,
muito mais que Proteu mudar de formas,
ao próprio Maquiavel servir de mestre.
Posso tudo isso e não consigo o trono?

— Ricardo, em *Rei Henrique VI, Parte 3*, Ato III, Cena II

SUMÁRIO

Agradecimentos xv
Nota da Autora xxi
Península Coreana xxii
Árvore Genealógica da Família Kim xxiii
Prólogo 1

PARTE UM   O TREINAMENTO

1 O Começo 11

2 Vivendo com os Imperialistas 31

3 Anônimo na Suíça 45

4 Ditadura para Iniciantes 61

PARTE DOIS   A CONSOLIDAÇÃO

5 Um Terceiro Kim no Comando 81

6 Chega de Contenção de Despesas 95

7 Melhor Ser Temido que Amado 111

8 Adeus, Tio 127

9 As Elites de Pyonghattan 139

xiv SUMÁRIO

10 Millennials e Modernidade 153

11 Jogando Bola com os Chacais 167

PARTE TRÊS   A CONFIANÇA

12 Hora da Festa 183

13 O Irmão Indesejado 199

14 A Espada Preciosa 219

15 A Campanha de Charme 237

16 Falando com os "Chacais" 255

Epílogo 271

Notas 279

Índice 291

AGRADECIMENTOS

Escrever sobre a Coreia do Norte é algo fascinante, desafiador, enfurecedor e infinitamente interessante, e que nunca acaba já que não conseguimos obter todas as respostas. Sou grata por todos aqueles que compartilharam seus conhecimentos enquanto tentei escrever sobre esse estado praticamente impenetrável, e aos amigos e familiares que me encorajaram durante a redação deste livro.

Sou muito grata às pessoas que escaparam da Coreia do Norte e concordaram em me contar suas histórias mesmo sem ganhar nada com isso. Na verdade, foi algo muito arriscado para elas e seus parentes que ainda moram lá. Mas dezenas de fugitivos corajosos da Coreia do Norte passaram horas e horas me contando suas difíceis histórias e pacientemente respondendo minhas infinitas perguntas para que eu pudesse tentar mostrar como era a vida no país de Kim Jong Un. Devo preservar seu anonimato aqui, mas, a cada um de vocês, muito obrigada. Suas histórias são muito importantes e fico muito honrada de poder contá-las.

Para entrevistar fugitivos da Coreia do Norte, precisei da ajuda de pessoas que dedicaram suas vidas a esse trabalho. Essas intermediações foram essenciais para o relato sobre como é viver na Coreia do Norte atualmente. Sou grata a Jung Gwang-il, da No Chain for North Korea; Park Dae-hyeon e sua equipe, da Woorion; Ji Seong-ho, da Now Action and Unity for North Korean Human Rights; e Kim In-sung, da North Korea Database for Human Rights.

Agradeço à maravilhosa Lina Yoon, com quem passei muitas horas conversando sobre as dificuldades das mulheres norte-coreanas em particular. Sou eternamente grata a Sokeel Park da Liberty in North Korea, que não só é apaixonado por ajudar norte-coreanos como também tem ótimas percepções da vida no país atualmente.

Muitos outros especialistas compartilharam seu tempo e suas considerações sobre a Coreia do Norte comigo ao longo dos anos. Por isso, gostaria de agradecer a: Jieun Baek, Joe Bermudez, Bill Brown, Bob Carlin, Adam Cathcart, Victor Cha, Cheong Seong-chang, Choi Jinwook, Choi Kang, Cho Bong-hyun, Cho Tae-yong, Cho Yoon-jae, Chun Yung-woo, Ralph Cossa, John Delury, Kenneth Dekleva, Christopher Green, Thomas Fisler, Gordon Flake, Rüdiger Frank, Tatiana Gabroussenko, Ken Gause, Bonnie Glaser, Yoji Gomi, Stephan Haggard, Hahm Chai-bong, Melissa Hanham, Peter Hayes, Siegfried Hecker, Aubrey Immelman, Jiro Ishimaru, Frank Jannuzi, David Kang, Kim Byung-yeon, David Kim, Duyeon Kim, Michael Kim, Kim Seokhyang, Kim Seung-min, Stephanie Kleine-Ahlbrandt, Bruce Klingner, Lee Hark Joon, Hyeon-seo Lee, Steven Levitsky, Jeffrey Lewis, Mark Lippert, Keith Luse, Michael Madden, Alexandre Mansourov, Patrick McEachern, Curtis Melvin, Alastair Morgan, Tony Namkung, Marcus Noland, Chad O'Carroll, Paik Hak-soon, John Park, Kee Park, Dan Pinkston, Ra Jong-yil, Evans Revere, Christopher Richardson, Greg Scarlatoiu, Geoffrey See, Syd Seiler, Gi-wook Shin, Benjamin Katzeff Silberstein, Sheila Smith, Dan Sneider, Scott Snyder, Hannah Song, Kathy Stephens, Torkel Stiernlöf, David Straub, Sue Mi Terry, Thae Yong-ho, Michael Vatikiotis, Wang Son-taek, Grayson Walker e Joe Yun.

Existem outros que compartilharam seus conhecimentos comigo, mas que pediram para não serem nomeados aqui porque continuam a viajar à Coreia do Norte. Eles sabem quem são e que sou grata a eles.

Faço aqui uma menção especial a Andrei Lankov, que foi uma fonte inesgotável de conhecimento e percepção sagaz desde que cheguei em Seul pela primeira vez, em 2004.

Na Suíça, Titus Plattner compartilhou muito de seus próprios relatos comigo enquanto escrevia este livro, e Christina Stucky foi comigo às secretarias municipais de Köniz em cima da hora e me ajudou a entender a prudência do país. Sou profundamente agradecida a Imogen O'Neil, que foi gentil o bastante em compartilhar suas percepções da família Kim e que muito generosamente me permitiu usar partes de seu livro não publicado.

Tive muita sorte em fazer parte do *Washington Post* em 2014, um jornal que me fez sentir instantaneamente que estava no lugar certo. Meus editores me permitiram dedicar muito tempo e recursos à cobertura da Coreia do Norte e confiaram em meus instintos quando passei a fazer viagens jornalísticas sem saber o que encontraria. Partes deste livro se baseiam em reportagens que fiz para o *Post* durante meus quatro anos de cobertura do Japão e das Coreias.

Tive muita sorte em ter Will Englund como editor, que sempre melhorou minhas histórias e forneceu conselhos inestimáveis sobre como lidar com situações complicadas em que eu às vezes entrava. Emily Rauhala foi uma fonte de encorajamento constante e um excelente porto seguro. Gerry Shih cobriu meus turnos nos finais de semana. Muito obrigada, Doug Jehl e Tracy Grant, por apoiarem este projeto e por serem tão generosos, me dando tempo suficiente para terminá-lo.

Em Seul e em viagens jornalísticas complicadas na China e na Tailândia, tive a sorte de trabalhar com Yoonjung Seo. Ela foi a melhor colega e parceira de reportagem que eu poderia esperar. Organizou muitas de minhas entrevistas com fugitivos, e sua atitude gentil os tranquilizava quando eu começava com minhas perguntas.

Enquanto escrevia este livro, tive ajuda inestimável com pesquisa e tradução de Shinhee Kang, Min Joo Kim, Yeonji Ghim, Min Jung Kim e Yuki Oda. Min Joo se mobilizou para fazer traduções e obter respostas de última hora.

À minha sofredora professora de coreano, Lee Un-kyung, que pacientemente me permitiu trocar lições de gramática por jargões norte-coreanos.

Várias pessoas leram partes do manuscrito quando foi terminado e deram feedbacks úteis. Meu agradecimento sincero a Patrick McEachern, Titus Plattner, Imogen O'Neil, Jonathan Pollack e Shea Cotton. Toby Manhire passou seu aguçado olho de editor pelo livro quase finalizado e melhorou-o imensamente com suas sugestões.

O incrível Fyodor Tertiskiy leu atentamente e fez muitas sugestões e correções úteis. Quaisquer erros remanescentes são meus e somente meus.

Ao meu agente, Flip Brophy, que acreditou neste projeto desde o início e encontrou um editor sensacional na PublicAffairs, Clive Priddle, com quem tive o prazer de trabalhar. Muito obrigada também a Nell Pierce da Sterling Lord Literistic, e a Athena Bryan, Miguel Cervantes, Amber Hoover, Brooke Parsons e Jocelynn Pedro da PublicAffairs.

Tive sorte de encontrar mentores incentivadores nos momentos certos de minha carreira: Ann Marie Lipinski me levou para a Nieman Foundation for Journalism de Harvard, fortaleceu-me e me mandou de volta para o mundo ansiosa para começar. David Rothkopf me convenceu de que eu tinha conhecimento e experiências que deveria compartilhar em um livro. Chung Min Lee me estimulou quando achei que não conseguiria.

Beneficiei-me enormemente ao trabalhar no Japão e nas Coreias ao lado de Sarah Birke, Emma Chanlett-Avery, Danielle Demetriou, Elise Hu, Jennifer Lind e Motoko Ricj, e desfrutei de sua amizade ao mesmo tempo. Passei muitas horas escrevendo em Tóquio lado a lado com Sandra Fahy, cujo trabalho acadêmico sobre os direitos humanos norte-coreanos é inigualável. Em Beijing, Kathy Long e Yvonne Murray me incentivaram na reta final.

Em Tóquio, tive a sorte de ter amigos que me forneceram encorajamento, entretenimento e cuidaram do meu filho durante lançamentos de mísseis e testes nucleares. Agradeço a Tomoko Sugiyama Wilson e Tom Wilson, Rika Beppu e Taito Okiura, Sarah Birke e Philip Blue, Adam Day e Wendy MacClinchy.

Também gostaria de agradecer aos amigos que me apoiaram de longe: Emily Anderton, Natalia Antelava, Susie Banikarim, Soung-ah Choi, Emma Jacobs, Lucy Kebbell, Stephanie Kirchgaessner, Flavia Krause-Jackson, Maggie Kymn, Toby Manhire, Leonie Marinovich e Andrew North.

Quando cheguei na Coreia do Sul em minha primeira reportagem internacional, tive a sorte de fazer amizade com uma jornalista excepcional chamada Barbara Demick, autora de *Nada a Invejar*, o padrão de excelência de livros sobre a Coreia do Norte. Barbara, você tem sido uma amiga e mentora generosa, e eu aprendi muito com você.

Tenho que agradecer ao meu pai, Brian, pelo meu amor à leitura e também a viagens e outras culturas. Quando me tornei correspondente internacional, ele só hesitava um pouquinho quando lhe contava que iria para Bagdá, Teerã ou Pyongyang. Muito obrigada por sempre acreditar em mim, pai. E muito obrigada também pelo seu apoio contínuo, Janine.

Quando recebi a proposta de trabalho do *Washington Post* para me mudar para o Japão, minha mãe, Christine, deixou sua confortável vida na Nova Zelândia para se mudar para o estrangeiro pela primeira vez. Durante os quatro anos em Tóquio, ela cuidou do meu filho, possibilitando minhas muitas viagens e horas de escrita. Mãe, eu não conseguiria ter feito isso sem você.

E, principalmente, agradeço ao meu filho, Jude, que suportou minhas ausências enquanto eu saía em busca de mais peças desse quebra-cabeças e minhas distrações quando estava presente. Que os filhos da Coreia do Norte logo possam falar tão livremente, explorar tão amplamente e assistir tanta Netflix quanto você.

Anna Fifield
Beijing
Março de 2019

Cortesia da autora

Anna Fifield é chefe do departamento de Beijing do *Washington Post*. Anteriormente, passou oito anos noticiando da Coreia do Norte, primeiro para o *Financial Times* e depois para o *Post*, e visitou o país dezenas de vezes. Participou do programa de bolsas Nieman de jornalismo na Universidade Harvard, estudando como as mudanças acontecem em sociedades fechadas, e recebeu o prêmio Shorenstein de jornalismo da Universidade Stanford em 2018 pelo seu jornalismo extraordinário sobre a Ásia.

NOTA DA AUTORA

MUITOS DOS FUGITIVOS DA COREIA DO NORTE QUE APARECEM NO livro me pediram para não usar seus nomes verdadeiros. Eles têm medo de que isso possa colocar em perigo seus familiares que ainda estão no país. Nesses casos, usei pseudônimos ou nome nenhum.

Utilizei a romanização e o estilo norte-coreano para locais e nomes. Então, Kim Jong Un e não Kim Jeong-un, Ri em vez de Lee, Paektu e não Baekdu, Rodong em vez de Nodong, e Sinmun e não Shinmun.

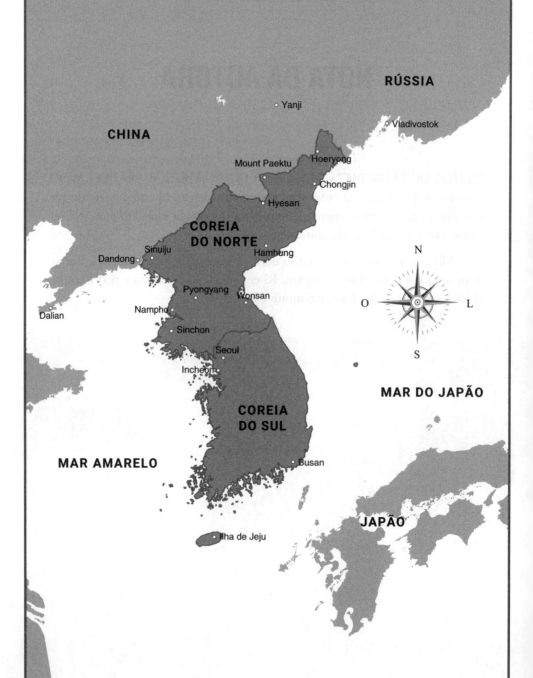

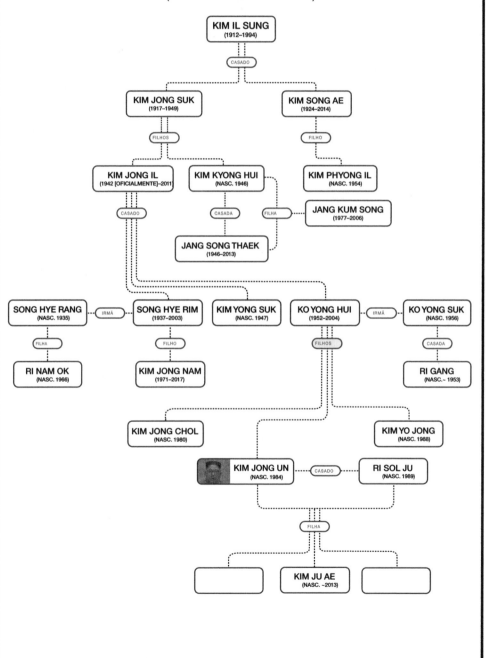

PRÓLOGO

EU ESTAVA SENTADA NO VOO 152 DA AIR KORYO PARA PYONGYANG, pronta para fazer minha sexta viagem para a capital da Coreia do Norte, mas a primeira desde que Kim Jong Un assumiu como líder. Era 28 de agosto de 2014.

Ir para a Coreia do Norte como jornalista é sempre uma experiência bizarra, fascinante e frustrante, mas essa viagem alcançaria um novo nível de surrealidade.

Para começar, eu estava sentada ao lado de Jon Andersen, um lutador profissional de 140kg de São Francisco que usa o nome artístico Strong Man e é conhecido por movimentos que incluem o diving neckbreaker e o gorilla press drop.

Acabei ao lado dele na classe executiva (sim, a companhia aérea do estado comunista tem classes) porque um passageiro queria meu lugar na classe econômica para que pudesse sentar ao lado do seu amigo. Nós nos acomodamos nas poltronas vermelhas da antiga aeronave Illyushin, que, com seu encosto de cabeça coberto por uma toalhinha branca e almofadas com bordados dourados, parecia a poltrona da sala de estar da minha avó.

Andersen era um dos três lutadores norte-americanos que, já passado de seu auge, acabaram no Japão, onde o tamanho os ajudou a se tornarem grandes atrações, coisa que já não eram mais em seu país natal. Eles desfrutavam de níveis moderados de fama e renda por lá. Mas ainda estavam no mercado para novas oportunidades, portanto, os três estavam a caminho de um trabalho incomparável: os primeiros Jogos de Luta Livre Internacionais de Pyongyang, um final de semana de eventos relacionados a artes marciais organizado por Antonio Inoki, um lutador japonês de mandíbula proeminente que promovia a paz nos esportes.

Ao decolarmos, Andersen me contou que estava curioso para ver como realmente era a Coreia do Norte, sair dos clichês da mídia norte-americana. Não tive coragem de lhe dizer que ele estava voando em direção a uma farsa criada ao longo de décadas especificamente para garantir que nenhum visitante conseguisse ver como realmente é a Coreia do Norte, e que ele não teria um encontro não planejado ou uma refeição típica dos locais.

Da próxima vez que visse Andersen, ele estaria usando minúsculos shorts pretos de lycra — alguns os chamariam de cuecas — com a palavra STRONG-MAN inscrita na parte de trás. Ele entrou saltitando pelo Ginásio Ryugyong Chung Ju-yung Gymnasuim em Pyongyang em frente a 13 mil norte-coreanos cuidadosamente selecionados ao som de: "He's a macho man."

Parecia muito maior sem as roupas. Perdi o ar com seus bíceps e quadríceps, que pareciam tentar escapar de sua pele como a carne de uma salsicha tentando sair de seu revestimento. Só conseguia imaginar o choque dos norte-coreanos, muitos dos quais passaram por um período de fome que matou centenas de milhares de seus compatriotas.

Momentos mais tarde, um lutador ainda maior, Bob Sapp, surgiu vestido com uma capa branca com lantejoulas e penas. Ele estava vestido para o carnaval, não para o Reino Eremita.

"Mate-os!", gritou Andersen para Sapp enquanto os dois norte-americanos correram em direção a dois lutadores japoneses muito menores.

Foi algo tão exótico e inimaginável quanto tudo o que eu já tinha visto na Coreia do Norte: a pantomima norte-americana na casa dos propagandistas mais malevolentes do mundo. Logo caiu a ficha do público norte-coreano, já muito familiarizado com a enganação, de que tudo era muito bem coreografado, mais entretenimento do que esporte. Com essa percepção, eles riram dos exageros.

Eu, no entanto, tive problemas em discernir o que era real e o que não era.

Seis anos se passaram desde que estive pela última vez na Coreia do Norte. Minha visita anterior foi com a Orquestra Filarmônica de Nova York no inverno de 2008. Foi uma viagem que me pareceu, na época, um momento decisivo da história.

A orquestra de maior prestígio dos Estados Unidos tocaria em um país fundamentado no ódio pela América do Norte. As bandeiras norte-americana e norte-coreana pareciam aparadores de livros, uma de cada lado do palco, enquanto a orquestra tocava *Sinfonia de Paris,* de George Gershwin.

"Um dia um compositor pode escrever uma obra intitulada *Sinfonia de Pyongyang*", falou o maestro Lorin Maazel aos norte-coreanos presentes no teatro. Mais tarde, a orquestra tocou "Arirang", a comovente canção folclórica coreana sobre separação, que visivelmente emocionou até mesmo os residentes de Pyongyang cuidadosamente selecionados.

Mas o momento decisivo nunca aconteceu.

Naquele mesmo ano, o "Querido Líder" da Coreia do Norte, Kim Jong Il, sofreu um derrame debilitante que quase custou sua vida. Daquele momento em diante, o regime focou uma única coisa: garantir que a dinastia Kim permanecesse intacta.

Nos bastidores, planos para colocar o filho mais novo de Kim Jong Il, um homem que na época tinha apenas 24 anos, como o próximo líder do país tomavam forma.

O anúncio de sua coroação para o resto do mundo só aconteceu dois anos depois. E, quando ocorreu, alguns analistas esperavam que Kim Jong Un se revelasse um reformista. Afinal de contas, o jovem fora educado na Suíça, viajara para o Ocidente e fora exposto ao capitalismo. Certamente tentaria levar um pouco disso para a Coreia do Norte, não é mesmo?

Esperanças similares surgiram durante a ascensão do oftalmologista formado em Londres, Bashar al-Assad, na Síria, em 2000, e mais tarde também do Príncipe Herdeiro Mohammed bin Salman, que viajou pelo Vale do Silício e permitiu que mulheres dirigissem depois de assumir o poder na Arábia Saudita em 2017.

No caso de Kim Jong Un, os sinais também eram positivos, pensava John Delury, um especialista em China da Universidade Yonsei em Seul. Ele procurava sinais de que o jovem líder faria reformas e traria prosperidade para a Coreia do Norte, assim como Deng Xiaoping fez para a China em 1978.

Mas havia, principalmente, um tipo diferente de otimismo — de que o fim estava próximo.

Das proximidades de Seul para a longínqua Washington, D.C., muitos funcionários e analistas do governo bravamente previram — às vezes de forma silenciosa, outras em alto e bom som — uma grande instabilidade, um êxodo em massa para a China, um golpe militar, o colapso iminente. Por trás de todas as antecipações de tragédias havia um pensamento em comum: esse regime cer-

4 O GRANDE SUCESSOR

tamente não sobreviveria à transição para um terceiro líder totalitário chamado Kim, muito menos a um vigenário que estudou em escolas europeias chiques e era obcecado pelo Chicago Bulls — um jovem sem formação militar ou governamental.

Victor Cha, que serviu como um grande negociador com a Coreia do Norte durante a administração de George W. Bush, previu nas páginas do *New York Times* que o regime ruiria em poucos meses, se não semanas.

Cha talvez fosse o mais explícito em suas previsões, mas não era o único. A maioria dos que observavam a Coreia do Norte achava que o fim estava próximo. Havia muitas dúvidas de que Kim Jong Un daria conta do recado.

Eu também duvidava. Não conseguia imaginar a Coreia do Norte sob uma terceira geração de liderança da família Kim. Eu acompanhava o país há anos, de perto e de longe. Em 2004, o jornal *Financial Times* me enviou para Seul para fazer cobertura de ambas as Coreias. Esse foi o começo de uma obsessão duradoura.

Durante os quatro anos seguintes, eu viajei para a Coreia do Norte dez vezes, incluindo cinco viagens jornalísticas para Pyongyang. Fiz excursões pelos monumentos aos Kims e entrevistei funcionários do governo, empresários e professores universitários — tudo na companhia sempre presente dos guarda-costas do regime. Eles estavam lá para garantir que eu não visse nada que questionasse a cena cuidadosamente organizada diante de mim.

O tempo todo, eu buscava vislumbres da verdade. Apesar dos melhores esforços do regime, era fácil ver que o país estava quebrado, que nada era o que parecia ser. A economia mal funcionava. O medo nos olhos das pessoas era inegável. Os aplausos que ouvi para Kim Jong Il, quando estava há apenas 45m de distância dele em um estádio em Pyongyang em 2005, pareciam encenados.

Esse sistema não conseguiria continuar existindo por mais uma geração. Ou conseguiria?

Os especialistas que previram reformas amplas estavam errados. Aqueles que previram o colapso iminente estavam errados. Eu estava errada.

Em 2014, depois de seis anos longe da Península Coreana, voltei à região como correspondente do *Washington Post*.

Alguns meses depois de ser enviada para lá, e quase três anos depois do início da posse de Kim Jong Un, fui cobrir o torneio de luta profissional em Pyongyang. As coisas que os jornalistas são capazes de fazer por um visto para a Coreia do Norte.

Fiquei chocada.

Sabia que houvera uma explosão de construções na capital, mas não tinha ideia do quanto. Parecia que um novo arranha-céu ou teatro estava sendo erguido a cada duas quadras no centro da cidade. Antigamente, era incomum ver até mesmo um trator, mas, de repente, havia caminhões e gruas auxiliando os homens em uniformes militares verde-oliva nas construções.

Antes, quando caminhava nas ruas, ninguém nem olhava para mim, embora ver uma pessoa estrangeira fosse algo raro. Olhavam para o chão e seguiam seus caminhos. Agora, havia um ar mais descontraído na cidade. As pessoas se vestiam melhor, as crianças patinavam em pistas novas e o clima como um todo era mais relaxado.

Não havia dúvidas de que a vida ainda era sombria na capital vitrine: as filas para os ônibus elétricos quebrados ainda eram longas, ainda existiam muitas senhorinhas corcundas carregando grandes sacos nas costas, e ainda não havia uma única pessoa gorda à vista. Nem mesmo uma "cheinha". Exceto por Ele. Mas estava claro que Pyongyang, o lar da elite que mantinha Kim Jong Un no poder, não era uma cidade em dificuldades.

Quase sete décadas depois do estabelecimento da República Popular Democrática da Coreia, não vi sinal algum de rachaduras na fachada comunista.

Durante aquelas sete décadas, o mundo tinha visto vários outros ditadores brutais surgirem e reinarem, atormentando seu povo enquanto investiam em seus próprios interesses: Joseph Stalin, Pol Pot, Idi Amin, Saddam Hussein, Muammar Gaddafi, Ferdinand Marcos, Mobutu Sese-Sekou, Manuel Noriega. Alguns eram ideólogos, outros, cleptocratas. Muitos eram ambos.

Existiram até casos de ditaduras familiares. No Haiti, "Papa Doc" Duvalier passou o poder para seu filho "Baby Doc", e o presidente sírio Hafez al-Assad entregou a liderança para seu filho Bashar. Fidel Castro, de Cuba, organizou tudo para que seu irmão Raul assumisse.

Mas o que diferencia os três Kims é a durabilidade da conservação do poder de sua família sobre o país. Durante o reinado do fundador Kim Il Sung, os Estados Unidos passaram por dez presidentes, começando com Harry S. Truman e terminando com Bill Clinton. O Japão teve 21 primeiros-ministros. Kim Il Sung viveu quase duas décadas a mais que Mao Zedong e quatro a mais que Joseph Stalin. A Coreia do Norte agora existia há mais tempo que a União Soviética.

Eu queria descobrir como esse jovem e o regime que herdou haviam desafiado as probabilidades. Queria descobrir tudo o que havia para saber sobre Kim Jong Un.

Então comecei a falar com todos que o conheceram, procurando pistas sobre o mais enigmático dos líderes. Foi difícil: pouquíssimas pessoas o conheceram, e, mesmo nesse seleto grupo, a quantidade de pessoas que passou qualquer período de tempo significativo com ele era mínima. Mas saí em busca de qualquer informação que pudesse conseguir.

Encontrei a tia e o tio de Kim Jong Un, que foram seus guardiões enquanto ele estudava na Suíça. Fui até Bern, a capital do país, a fim de encontrar pistas sobre seus anos de formação na adolescência, sentei-me do lado de fora de seu antigo apartamento e caminhei por sua ex-escola.

Almocei duas vezes em um restaurante encardido nos Alpes Japoneses com Kenji Fujimoto, um cozinheiro sem eira nem beira que fazia sushi para o pai de Kim e que acabou se tornando algo como um amigo do futuro líder. Conversei com pessoas que foram para a Coreia do Norte como parte da comitiva do jogador de basquete Dennis Rodman e ouvi histórias de bebedeiras e comportamento questionável.

Quando soube que o meio-irmão mais velho de Kim Jong Un, Kim Jong Nam, fora assassinado em Kuala Lumpur, imediatamente peguei um voo para o local em que, apenas algumas horas antes, o assassinato ocorrera. Esperei do lado de fora do necrotério em que seu corpo foi mantido, observando autoridades norte-coreanas chegando e partindo. Fui à embaixada da Coreia do Norte e descobri que eles estavam tão incomodados com os repórteres que chegaram a remover o botão da campainha no portão.

Encontrei a prima de Kim Jong Nam, a mulher que basicamente foi sua irmã e manteve o contato com ele por muito tempo depois de sua deserção e exílio. Ela tinha uma identidade completamente diferente e levava uma vida totalmente nova no último quarto de século que se passou.

Depois, em meio ao frenesi da diplomacia em 2018, repentinamente ficou muito mais fácil encontrar pessoas que conheceram o líder norte-coreano.

Sul-coreanos e norte-americanos organizaram e participaram das cúpulas de Kim Jong Un com os presidentes Moon Jae-in e Donald Trump. Falei com pessoas que conversaram com ele em Pyongyang, de uma cantora sul-coreana a um agente esportivo alemão. Vi seu comboio passar voando por mim em Singapura. Procurei qualquer coisa que pudesse ser captada de qualquer encontro com esse soberano enigmático.

Também perguntei repetidas vezes a diplomatas norte-coreanos atribuídos à missão das Nações Unidas — uma variedade de oficiais urbanos que moravam juntos na Ilha Roosevelt no East River, algumas vezes ironicamente chamada de república socialista na cidade de Nova York — se eu poderia conseguir uma entrevista com Kim Jong Un. Foi um tiro no escuro, mas não era uma ideia completamente maluca. Afinal de contas, Kim Il Sung almoçou com um grupo de jornalistas estrangeiros pouco tempo antes de sua morte em 1994.

Então, todas as vezes que nos encontrávamos — sempre na hora do almoço em uma churrascaria no centro de Manhattan, onde habitualmente pediam o filé mignon de US$48 em vez do especial do dia — eu repetia a pergunta. E todas as vezes eles gargalhavam.

Na ocasião mais recente, um mês depois da cúpula de Kim Jong Un com Donald Trump em meados de 2018, o Embaixador Ri Yong Phil, o agradável diplomata responsável pela mídia norte-americana, riu da minha cara e disse: "Vai sonhando."

Em vez de sonhar, eu me encarreguei de ouvir sobre a realidade fora da capital falsa, em locais que o regime não me deixaria visitar. Encontrei norte-coreanos que conheciam Kim Jong Un, não pessoalmente, mas por intermédio de suas políticas: pessoas que sobreviveram ao seu reinado e conseguiram escapar.

Durante meus anos de cobertura da Coreia do Norte, conheci muitas pessoas, talvez centenas, que escaparam do estado kimista. São as chamadas "desertoras", mas eu não gosto dessa palavra. Ela implica que eles fizeram algo de errado ao fugir do regime. Prefiro chamá-las de "fugitivas" ou "refugiadas".

Está ficando cada vez mais difícil encontrar pessoas dispostas a falar. Isso ocorre em parte porque o fluxo de refugiados diminuiu quase totalmente durante os anos de Kim Jong Un, resultado de uma segurança fronteiriça mais forte e padrões de vida mais altos no país. E também por causa de uma expectativa crescente dos refugiados de serem pagos por suas declarações, algo eticamente inaceitável para mim.

Mas, por intermédio dos grupos que ajudam os norte-coreanos a escapar ou a se estabelecer na Coreia do Sul, consegui encontrar dezenas de pessoas dispostas a falar comigo sem serem pagas. Eram pessoas de todas as classes: autoridades e negociantes que prosperaram em Pyongyang, pessoas nas regiões fronteiriças que ganhavam a vida com o comércio, outras que acabaram em prisões brutais do regime pelos mais frívolos dos crimes.

Também existiram pessoas que pensavam de forma otimista que esse jovem líder traria alguma mudança positiva, e houve aquelas que continuaram orgulhosas por ele ter criado um programa nuclear que os países vizinhos ricos da Coreia do Norte não tinham.

Conheci alguns sul-coreanos, muitas vezes em churrascarias de segunda classe em seus subúrbios-satélite, depois que finalizavam seu dia de trabalho. Falei com outros perto das margens do Rio Mekong quando faziam uma pausa em sua escapada arriscada, sentando com eles no chão em quartos lúgubres de hotéis em Laos e na Tailândia.

E o mais perigoso de tudo, conheci pessoas no norte da China. A China trata os refugiados da Coreia do Norte como migrantes econômicos, o que significa que eles seriam repatriados ao país e sofreriam uma punição severa se fossem pegos. Mas, escondendo-se em apartamentos emprestados, eles corajosamente me contaram suas histórias.

No decorrer de centenas de horas de entrevistas em oito países, consegui montar o quebra-cabeças chamado Kim Jong Un.

O que descobri não é um bom presságio para os 25 milhões de pessoas ainda presas na Coreia do Norte.

PARTE UM

O TREINAMENTO

CAPÍTULO 1

O COMEÇO

"O Majestoso Camarada Kim Jong Un, vindo dos céus e concebido pela Montanha Paektu."

— *Rodong Sinmun*, 20 de dezembro de 2011

WONSAN É UM PARAÍSO NA TERRA. OU PELO MENOS NA COREIA DO Norte.

Em um país de montanhas irregulares e terreno rochoso, de temperaturas congelantes e inundações repentinas, a área da costa leste de Wonsan é um dos poucos pontos de beleza natural. Ela tem praias arenosas e um porto protegido salpicado de pequenas ilhas. Wonsan é o local em que o 0,1% mais rico da população norte-coreana passa seus verões. É, para eles, como Angra dos Reis ou Fernando de Noronha.

Eles nadam no mar ou relaxam nas piscinas em suas casas de veraneio com vista para o oceano. Sugam a deliciosa carne das patas cobertas de pelos dos premiados caranguejos-peludos-chineses locais e comem as ovas de dentro deles a colheradas. Dirigem-se ao Lago Sijung, onde acredita-se que a lama de 41°C alivie a fadiga e elimine as rugas, fazendo com que um pequeno grupo de elite se sinta instantaneamente renovado.

Essa área é especialmente amada pela maior das elites: a família Kim, que controla a Coreia do Norte há mais de sete décadas.

Foi lá que um jovem lutador anti-imperialista com o nome de guerra Kim Il Sung desembarcou quando voltou para a Coreia em 1945, depois que o Japão foi derrotado na Segunda Guerra Mundial e expulso da península.

Foi lá que Kim Jong Il, com apenas 4 anos quando a guerra terminou, se escondeu enquanto seu pai tentava se tornar o líder da recém-criada Coreia do Norte. Essa metade da península receberia o apoio da União Soviética e da China comunistas, enquanto a metade sul seria apoiada pelos Estados Unidos democratas.

E foi lá que um pequeno menino chamado Kim Jong Un passou os longos e preguiçosos verões de sua infância, brincando nas praias e navegando nas ondas em um banana boat.

Quando nasceu, em 8 de janeiro de 1984 — um ano eternamente associado no mundo externo à opressão e distopia, graças ao romancista George Orwell —, o avô do menino já governava a República Popular Democrática da Coreia havia 36 anos. Ele era o Grande Líder, o Sol da Nação, o Sempre Vitorioso e Brilhante Comandante Kim Il Sung.

O pai do menino, um homem estranho obcecado por filmes e que estava prestes a fazer 42 anos, fora designado sucessor do regime, pronto para lhe conceder a honra duvidosa de se tornar a primeira dinastia comunista do mundo. Ele estava se preparando para se tornar o Querido Líder, o Glorioso General que Veio dos Céus, a Estrela Guia do Século XXI.

Ambos adoravam passar o tempo em Wonsan. E, além deles, também o menininho que um dia seguiria seus passos.

Ao crescer, ele viajava do leste de Pyongyang, ou ainda mais longe ao leste, de sua escola na Suíça, para passar os verões ali. Muito mais tarde, quando queria exibir seu parque de diversões particular, levava um jogador de basquete norte-americano excêntrico para andar de barco e fazer festas — muitas festas. Ainda mais tarde, um incorporador imobiliário norte-americano eleito presidente elogiaria as "belas praias" de Wonsan e descreveria o local como o lugar ideal para construir condomínios.

O regime Kim compartilhou a beleza natural de Wonsan com estrangeiros selecionados para propagar o mito de que a Coreia do Norte era um "paraíso socialista". A cidade em si não era particularmente atraente. Wonsan foi totalmente destruída durante a campanha prolongada de bombardeios norte-americanos na Guerra da Coreia e foi reconstruída em um estilo soviético sem graça. Em cima dos prédios de concreto cinzas no centro da cidade podíamos ver placas vermelhas exortando "Vida Longa ao Grande Líder e Camarada Kim Il Sung" e outdoors promovendo o totalitarismo a uma população que não tinha escolha a não ser aceitá-lo.

A imaculada praia branca em Songdowon sempre foi a principal atração. Durante toda a década de 1980, quando Kim Jong Un brincava na praia, Wonsan era um ponto de encontros comunistas. Em 1985, um acampamento de grupo escoteiro de lá atraiu crianças da União Soviética e do leste alemão, e a mídia estatal publicou fotos de crianças felizes vindas do outro lado do mundo para passar seus verões em Wonsan.[1]

A realidade — mesmo naquela época em que a União Soviética ainda existia e apoiava seu estado cliente na Ásia — era muito diferente.

Quando Lee U Hong, um engenheiro agrônomo que morava no Japão mas era etnicamente coreano, chegou em Wonsan para lecionar na faculdade de agronomia em 1983, observou enquanto uma turma de jovens mulheres aprendia sobre uma famosa árvore chamada cipreste dourado. Lee achou que a turma era de alunas visitantes do ensino médio, mas eram universitárias — como estavam muito desnutridas, pareciam anos mais jovens.[2]

No ano seguinte, quando foi até a praia para procurar a famosa rosa mosqueta de Wonsan, não conseguiu encontrar nenhuma. Um morador local lhe disse que as crianças norte-coreanas estavam com tanta fome que as colheram para comer suas sementes.

Lee não viu nenhum dos métodos avançados de agricultura ou fazendas mecanizadas dos quais o governo e seus representantes gostavam de se gabar. Em vez disso, viu milhares de pessoas colhendo arroz e milho à mão.[3]

Mas o regime Kim tinha um mito a perpetuar. Quando as inundações causaram a devastação na Coreia do Sul em 1984, o norte enviou ajuda alimentar em navios que partiram do porto de Wonsan, a apenas 128km ao norte da Zona Desmilitarizada, uma zona-tampão de 4km de largura que divide a península desde o fim da Guerra Coreana em 1953.

Oito meses depois do nascimento de Kim Jong Un, mesmo enquanto os norte-coreanos sofriam com a escassez severa de alimentos, sacos com os dizeres "Bens de Socorro para as Vítimas das Inundações da Coreia do Sul" e com o símbolo da Cruz Vermelha norte-coreana eram enviados de Wonsan.

"Como se fosse o primeiro evento feliz em nossos quarenta anos de história da separação, o cais estava em fervorosa", relatou em 1984 o jornal *Rodong Sinmun*, o porta-voz do dirigente Partido dos Trabalhadores da Coreia. "O amplo cais ecoava com despedidas alegres... O porto todo exalava amor pela família."

É claro que Kim Jong Un não tinha ciência de nada disso. Ele levava uma vida abençoada e reclusa em um dos complexos da família em Pyongyang ou na residência com vista para o mar em Wonsan, onde a casa era tão grande que as crianças Kim andavam em um carrinho de golfe movido a bateria para poder se deslocar pela propriedade.[4]

Na década de 1990, enquanto as crianças norte-coreanas se alimentavam de sementes, Kim Jong Un degustava sushis e assistia a filmes de ação. Ele começava a desenvolver uma paixão pelo basquete e voava para Paris a fim de visitar a Euro Disney.

Ele viveu nos bastidores do regime mais secreto do mundo até 2009, quando completou 25 anos. Então, ao ser formalmente apresentado à elite norte-coreana como o sucessor de seu pai, sua primeira foto comemorativa foi tirada em Wonsan. Ela foi transmitida na rede de televisão nacional apenas uma ou duas vezes e era muito granulada, mas mostrava Kim Jong Un, vestindo uma túnica Mao preta, de pé debaixo de uma árvore com seu pai, seu irmão, sua irmã e dois outros homens.

Wonsan continuou como um local extremamente importante para Kim Jong Un. Depois de se tornar líder, talvez para recriar a diversão despreocupada de sua juventude, patrocinou a construção de um enorme parque de diversões em Wonsan. A cidade agora abriga um aquário com um túnel que passa pelos tanques de água, uma casa de espelhos e o Parque Aquático Songdowon, um complexo extenso com piscinas internas e externas. Há um toboágua com várias voltas que desemboca em uma série de piscinas redondas. É a reformulação de um paraíso socialista para a era de parques temáticos.

Kim Jong Un inspecionou a construção pouco tempo depois de se tornar o "Amado e Respeitado Líder Supremo" no final de 2011. Vestindo uma camisa branca de verão com um broche vermelho com os rostos de seu pai e seu avô posicionado do lado do coração, ele se inclinou sobre os toboáguas e examinou sua extensão. Abriu um largo sorriso e se declarou "muito satisfeito" de a Coreia do Norte ser capaz de construir um parque aquático sozinha.

Dos altos trampolins, as crianças podiam ver os guarda-sóis coloridos na praia e os pedalinhos na baía. O verão em Wonsan trazia a "visão incomum de estudantes em pé nas areias da praia com boias espaguetes coloridas nos ombros, e avós sorridentes de mãos dadas com seus netos e netas que pulavam de um pé para o outro enquanto eles observavam o mar", declarou a mídia estadual.

Essas instalações são para o proletariado. A realeza tinha outra só para ela.

O enorme complexo da família Kim inclui residências luxuosas à beira-mar para os membros da família bem como edículas espaçosas para visitantes, situadas a uma boa distância umas das outras e cercadas de árvores para garantir a privacidade. A discrição é essencial mesmo entre a elite. Há uma grande piscina interna no complexo e outras situadas em barcas que flutuam na praia, permitindo que os Kims nadem na água sem os perigos do mar aberto. Uma doca coberta abriga os iates da família e mais de uma dúzia de jet skis. Há também uma quadra de basquete e um heliporto. Não muito distante dali existe uma nova pista de pouso para que Kim Jong Un possa chegar ao resort com seu avião particular.

A família compartilha seu parque de diversões com outros membros da elite que os ajudam a se manter no poder. Lá, o Ministério de Proteção do Estado, a agência de segurança cruel que opera os campos de prisão política, tem um retiro de verão à beira-mar. O Escritório 39, o departamento encarregado de levantar fundos especificamente para os cofres da família Kim, também. Já que seu trabalho financiou esse parque, nada mais justo que eles também possam aproveitar os espólios.[5]

Uma característica incomum da costa de Wonsan — não encontrada em nenhuma Disneylândia ocidental, que se contenta com shows de fogos de artifícios muito mais inofensivos — são as bases de lançamentos de mísseis. Kim Jong Un lançou dezenas de foguetes da área de Wonsan desde que se tornou líder e supervisionou exercícios de artilharia de larga escala por lá.

Em certa ocasião, assistiu enquanto seus chefes de munição usavam novas armas de 300mm para reduzir uma ilha próxima a pó. Em outra, ele nem precisou sair do conforto de sua residência à beira-mar. Seus cientistas aeroespaciais simplesmente lançaram um míssil a partir de um lançador móvel posicionado em um ponto em frente à casa, e Kim sentou-se em sua mesa de frente para a janela, com um largo sorriso, enquanto assistia ao foguete subir pela atmosfera em direção ao Japão.

E foi ali, em sua praia particular, que Kim Jong Un conduziu um exercício de natação para os principais comandantes da marinha em 2014. Os homens, que pareciam ter idade para já estarem aposentados, tiraram seus uniformes brancos e chapéus e colocaram roupas de banho antes de correr para o mar e nadar quase 5km, como se estivessem em "um campo de guerra sem tiroteio".

Foi uma visão e tanto. O novo líder, que acabara de fazer 30 anos, sentado em sua mesa na praia, assistindo com binóculos aos homens com o dobro de sua idade e metade do seu tamanho nadando pelo mar a seu comando. O homem sem experiência ou qualificações militares estava mostrando quem dava as ordens. E não havia melhor lugar para fazer isso do que em sua casa de praia em Wonsan.

A reivindicação da família Kim pela liderança da Coreia do Norte tem suas origens na década de 1930, quando Kim Il Sung fazia seu nome na Manchúria, região no norte da China, como lutador de guerrilha antijapones.

Kim Il Sung recebeu o nome Kim Song Ju ao nascer na periferia de Pyong-yang em 15 de abril de 1912, no mesmo dia em que o *Titanic* naufragou depois de colidir com um iceberg. Na época, Pyongyang era um centro do cristianismo, tanto que era chamada de Jerusalém do Oriente. Ele nasceu em uma família protestante e um de seus avôs era pastor.

O Japão Imperial havia anexado a Coreia, ainda um só país na época, dois anos antes de seu nascimento. Foi o início de uma ocupação cruel. Para escapar dos colonizadores japoneses, a família Kim fugiu na década de 1920 para a Manchúria. Essa área havia se tornado o centro da mobilização coreana contra a ocupação japonesa, e Kim — que adotou o nome Il Sung, com o significado "torne-se o sol", no início da década de 1930 — surgiu como um líder anti-imperialista.

Em sua biografia oficial, Kim promoveu o poder das forças antijaponesas. "O inimigo nos comparou a 'uma gota d'água no oceano', mas nós tínhamos um oceano de pessoas com força inesgotável nos apoiando", escreveu. "Podíamos derrotar o forte inimigo armado até os dentes... porque tínhamos uma poderosa fortaleza chamada 'o povo' e o infinito oceano chamado 'as massas'."[6]

A história oficial da Coreia do Norte exagera os esforços de Kim. Retrata-o como o coração da resistência em uma época em que ainda era subordinado a generais chineses e coreanos e afirma que o movimento de guerrilha teria ruído sem ele. Embora fosse apenas um joão-ninguém nas engrenagens da resistência, Kim até reivindicou o crédito pela derrota do Japão na Segunda Guerra Mundial.

Em determinado ponto, contrário à narrativa oficial, Kim Il Sung se mudou de sua base na Manchúria para a União Soviética com a mulher que, em 1940, tornou-se sua esposa, pelo menos em união estável. Kim Jong Suk provavelmente tinha apenas 15 anos e trabalhava como costureira quando Kim Il Sung a conheceu, em 1935.

Em 1942 — novamente, de acordo com a história oficial, mas na realidade era 1941 —, ela deu à luz o primeiro filho, Kim Jong Il, em um acampamento do exército próximo de Khabarovsk, no extremo leste da União Soviética.

Quando a guerra no Pacífico chegou ao fim em 1945 e a Coreia se libertou do Japão, o destino da península era incerto. Ela existia como um único país há quase quatorze séculos. Mas os Estados Unidos e a União Soviética, os vitoriosos da Guerra do Pacífico, decidiram dividir a península entre si — sem se preocupar em perguntar para os coreanos o que desejavam.

Um jovem coronel do exército dos EUA chamado Dean Rusk, que mais tarde se tornaria o secretário de estado do país, e outro oficial, o general de 4 estrelas Charles Bonesteel, encontraram um mapa da *National Geographic*. Simplesmente traçaram uma linha cortando a Península Coreana ao longo do paralelo 38, propondo uma solução temporária na qual os norte-americanos controlariam a metade sul da península e os soviéticos se encarregariam da metade norte. Para sua surpresa, Moscou concordou.

Essa solução "temporária" durou muito mais do que Rusk e Bonesteel previram ou planejaram. Ela foi consolidada na Zona Desmilitarizada depois da sangrenta Guerra Coreana de 1950 a 1953 e já dura seis décadas.

Os soviéticos precisavam colocar um líder em seu novo estado cliente, um território montanhoso que cobria cerca de 120.400km² de terra. O país tem o mesmo tamanho do Mississippi, e é um pouco menor do que a Inglaterra.

Kim Il Sung queria o emprego.

Enquanto esteve no acampamento próximo de Khabarovsk, impressionou seus benfeitores soviéticos o bastante para conseguir um cargo no novo regime norte-coreano. Mas os soviéticos ainda não o viam como líder da Coreia do Norte. Estavam desconfiados de suas ambições. Stalin não queria que Kim construísse sua base de poder independente das forças de ocupação soviéticas.[7]

Então houve pouca festa quando Kim Il Sung retornou à Coreia vestindo um uniforme militar soviético enquanto o navio da marinha, *Pugachyov*, atracava em Wonsan em 19 de setembro de 1945. Ele não recebeu permissão de se juntar às tropas soviéticas que expulsaram os ocupantes japoneses remanescentes e marcharam vitoriosas em Pyongyang.

O líder preferido por Moscou para seu novo estado cliente era um nacionalista chamado Cho Man Sik, um convertido presbiteriano de 62 anos que conduziu um movimento reformista não violento inspirado em Gandhi e Tolstói. Não era o ideal — os soviéticos suspeitavam de seus laços com os japoneses —, mas ele promovia o desenvolvimento educacional e econômico como forma de garantir um futuro brilhante e independente para a Coreia.[8]

Kim Il Sung não aceitava isso. Logo começou a se posicionar para o papel de líder da nova Coreia do Norte, um processo que envolveu, dentre outras coisas, servir seus patronos soviéticos com banquetes regados a álcool e lhes fornecer prostitutas.

Isso ajudou a melhorar a posição de Kim Il Sung aos olhos dos generais soviéticos. Menos de um mês depois de seu retorno, ele apareceu em um comício em Pyongyang e fez um discurso que os oficiais soviéticos escreveram para ele. Quando subiu ao palco, gritos de "Longa vida ao Comandante Kim Il Sung" ecoaram. O povo ouvira histórias impressionantes sobre esse notável líder da resistência e seus feitos ousados na Manchúria.

Mas o homem no palco não correspondia à imagem em suas mentes. Eles esperavam um veterano de cabelos brancos, alguém fascinante. Em vez disso, viram um homem que parecia muito mais novo do que os 33 anos que tinha vestindo um terno azul-marinho claramente emprestado, por ser apertado demais.

Para piorar as coisas, Kim Il Sung não tinha muita fluência no idioma coreano, pois passara 26 dos seus 33 anos em exílio. A pouca instrução que recebera foi em chinês. Ele tropeçou nas palavras do discurso pomposo que as forças de ocupação soviética escreveram para ele, cheio de terminologias comunistas estranhamente traduzidas para o coreano. Sabotando-se ainda mais, ele falava com "uma voz de pato", como escreveria mais tarde o secretário de Cho.[9]

Um espectador disse que ele tinha "um corte de cabelo de um garçom chinês" ou que parecia "um entregador gordo de uma barraca de comida chinesa de bairro". Outros o chamavam de fraude ou de fantoche soviético.[10]

Kim Il Sung foi um fiasco.

Mas teve um momento de sorte quando a equipe de Stalin descobriu que o pacifista Cho não era nem comunista nem frouxo. Ele começou a fazer exigências irritantes sobre governar o país como uma entidade independente. De repente, o medíocre Kim Il Sung parecia uma alternativa útil e complacente.

Logo Cho foi preso e desapareceu, e Moscou se conformou com o aspirante jovem ambicioso como o escolhido. Eles o promoveram por vários cargos até que a ocupação soviética finalmente chegou ao fim. A República Popular Democrática da Coreia foi fundada em 9 de setembro de 1948, e Kim Il Sung foi instaurado como líder.

Assim que foi nomeado, Kim começou um culto de personalidade tão penetrante que rapidamente faria Stalin parecer um amador. Dentro de um ano, Kim passou a atender pelo título de "o Grande Líder". Estátuas suas começaram a ser erguidas e a história começou a ser reescrita.

O discurso fracassado de 1945 foi descrito em sua biografia oficial como um momento arrebatador. As pessoas "não conseguiam tirar os olhos de [sua] valente figura" e aplaudiram por "infinito amor e respeito por seu grande líder".[11]

Kim Il Sung também estabeleceu rapidamente o Exército Popular da Coreia, liderado por colegas veteranos da luta antijaponesa. Formulou um plano para assumir o controle da Coreia do Sul e, em uma reunião em Moscou em março de 1949, tentou convencer Stalin a apoiar uma invasão militar com a reunificação em mente. Stalin recusou — não queria começar uma guerra contra os nuclearmente armados Estados Unidos — e disse a Kim que o Norte só responderia se fosse atacado.

Mas Kim e seus generais assistiram invejosamente enquanto os comunistas chineses expulsaram o líder nacionalista Chiang Kai-shek e seu partido Kuomintang mais tarde, em 1949. Ele continuou a atormentar Stalin em relação a tentar conquistar o Sul, especialmente depois que os Estados Unidos retiraram todas as suas tropas de combate da Coreia do Sul naquele ano, deixando a metade inferior da península vulnerável.

Um ano depois que Kim Il Sung começou a argumentar a favor da guerra, Stalin cedeu e, teoricamente, aprovou a invasão — contanto que Mao Zedong na China também concordasse. Kim foi a Beijing em maio de 1950 e tentou convencer Mao, mas o líder chinês estava mais preocupado com Chiang e seus nacionalistas em Taiwan. Por fim, convenceu-se da ideia depois que Stalin o pressionou.[12]

Kim Il Sung aproveitou a oportunidade. Nas primeiras horas de 25 de junho de 1950, soldados do Exército Popular da Coreia atravessaram a linha de demarcação militar com 150 tanques T-34 soviéticos para o Sul. Sete divisões do exército retumbaram em direção a Seul, seguidas pelas tropas norte-coreanas a pé.

Os norte-coreanos tomaram todo o país, exceto por uma área próxima da cidade de Busan, no sul. Parecia que seria uma vitória fácil.

O General Douglas MacArthur, o comandante do exército norte-americano no Japão, foi pego de surpresa, mas reagiu rapidamente. Suas tropas desembarcaram nos terrenos alagadiços de Incheon, a oeste de Seul, em setembro e fizeram o exército do norte recuar. A China, sentindo que as coisas haviam tomado outro rumo, enviou tropas para ajudar a Coreia do Norte.

Depois de seis meses, o exército do norte tinha voltado ao início, no paralelo 38. Nos dois anos e meio seguintes, ambos os lados ficaram empacados, incapazes de avançar.

Não foi porque os Estados Unidos não tentaram o suficiente quebrar o impasse. Apenas cinco anos antes, depois da devastação incomensurável de Hiroshima e Nagasaki, MacArthur, com toda a seriedade, levantou a hipótese de soltar uma bomba nuclear na Coreia do Norte.

A alternativa nuclear foi rapidamente descartada. Mas os Estados Unidos optaram por uma abordagem literal de terra arrasada com bombas convencionais, soltando 635 mil toneladas delas na metade nortenha da península, mais do que as 503 mil toneladas usadas em toda a cena do Pacífico durante a Segunda Guerra Mundial.[13] Isso incluía as 200 mil bombas soltas em Pyongyang — uma para cada cidadão da capital.

Curtis LeMay, o chefe do comando aéreo estratégico dos Estados Unidos disse que eles "queimaram todas as cidades da Coreia do Norte". Depois de ficar sem alvos urbanos, os bombardeiros norte-americanos destruíram hidroelétricas e represas de irrigação, inundando terras cultivadas e destruindo plantações. A força aérea reclamou que não tinha mais o que bombardear.[14] Uma avaliação soviética depois da guerra revelou que 85% de todas as estruturas do norte haviam sido destruídas.

De acordo com os historiadores, no fim da guerra, quase 3 milhões de coreanos — 10% da população da península — foram mortos, feridos ou estavam desaparecidos. LeMay estimou que cerca de 2 milhões dos mortos eram do Norte.[15] Mais ou menos 37 mil soldados norte-americanos foram mortos durante as batalhas.

Depois de toda essa destruição e muito tempo depois de ficar claro que nem o Norte apoiado pelos chineses e soviéticos nem o Sul com apoio norte-americano venceria completamente, os dois lados concordaram em um armistício. Em 27 de julho de 1953 as batalhas cessaram. Mas, como o tratado de paz nunca foi assinado, a guerra nunca acabou oficialmente.

No Norte, o regime de Kim Il Sung culpava uma invasão ao Sul apoiada pelos Estados Unidos pelo conflito, uma mentira que é propagada na Coreia do Norte até hoje. O regime se proclamava o vencedor.

A Coreia do Norte se refere ao conflito como a Guerra da Libertação da Pátria Vitoriosa. Existe um museu dedicado a ela em Pyongyang, onde os destroços de aviões de guerra norte-americanos capturados estão perfeitamente preservados. Parte de um esforço para manter vivas as memórias dessa guerra feroz, um modo de manter a população em alerta perpétuo, de fazer os cidadãos se unirem em torno da família Kim.

Imediatamente depois da guerra, Kim Il Sung consolidou sua liderança do país destruído supervisionando o gigantesco programa de reconstrução financiado pelos aliados da Coreia do Norte. Também expurgou vários líderes militares seniores e autoridades do Partido dos Trabalhadores, a quem atribuiu culpa pela destruição de propriedade e vida, e extinguiu facções rivais.

Enquanto isso, propagandistas aceleraram seus esforços para fortalecer a admiração em relação a ele. Os oficiais soviéticos — bem familiarizados com cultos de personalidade — começaram a expressar preocupação sobre a maneira com que Kim Il Sung estava forçando o povo norte-coreano a reverenciá-lo.

Em um telegrama soviético de 1955, oficiais alocados na Coreia do Norte observaram que havia "uma atmosfera insalubre de sicofantia e servidão em relação a Kim Il Sung" entre os oficiais seniores do Partido dos Trabalhadores.[16] A essa altura, até mesmo a União Soviética estava deixando de lado esse tipo de idolatria. Stalin morrera e Nikita Khrushchev fizera discretamente um discurso denunciando a adoração que seu predecessor encorajava.

O novo líder também começou a mostrar que não era nenhum fantoche chinês ou soviético. Passou a se posicionar como um grande pensador que liderava uma nação independente e não alinhada.[17]

Adotou um conceito falso chamado *juche*, que se pronuncia "ju-chii" e normalmente é traduzido como "autossuficiência".

A ideia principal defendia que a Coreia do Norte era totalmente autossuficiente e que suas façanhas tinham sido realizadas "por nossa própria nação", convenientemente desconsiderando a total dependência do estado de seus benfeitores comunistas. Mas, por outro lado, a Coreia do Norte alcançara um nível de autarquia, criando políticas estrangeiras e de defesa relativamente independentes.

Juche foi consagrada como política na Constituição na década de 1970. Mas o estudioso Brian Myers gosta de destacar que essa ideia é tão sem fundamento que a entrada para a Torre Juche, um monumento de Pyongyang, em uma enciclopédia norte-coreana, é duas vezes maior do que a entrada para a própria ideologia.

Ainda assim, a economia do país permaneceu maior do que a da Coreia do Sul até meados da década de 1970. Isso ocorreu em parte porque o Norte tinha todos os recursos naturais, então tudo o que Kim Il Sung precisou fazer foi reconstruir a indústria pesada e o setor de mineração que haviam sido desenvolvidos pelos ocupantes japoneses. Além disso, ele tinha as provisões que a União Soviética fornecia para seus estados clientes e os benefícios da mobilização trabalhista no estilo socialista. A Coreia do Sul teve que recomeçar do zero depois da guerra.

Já com seus 60 anos, Kim Il Sung começava a pensar em seu legado — e em como garantir a sobrevivência da ditadura que ele estabeleceu. Enquanto a União Soviética e a China estavam usando sistemas do Partido Comunista para exaltar novos líderes, Kim Il Sung queria manter a liderança na família. Ele brincou sobre passar a coroa para seu irmão mais novo. Para a tristeza de alguns, acabou decidindo que seu filho mais velho seria seu sucessor.

Mas, primeiro, o sistema precisava de alguns ajustes.

A edição de 1970 do *Dictionary of Political Terminologies* [Dicionário de Terminologias Políticas, em tradução livre] afirma que a sucessão hereditária é "um costume reacionário de sociedades exploradoras". Isso foi sorrateiramente retirado das edições seguintes.[18] A mídia estadual passou a se referir ao "Centro do Partido", uma frase usada para fazer referência indireta às atividades de Kim Jong Il sem citar explicitamente seu nome, e Kim Jong Il começou a ser promovido na hierarquia do Partido dos Trabalhadores.

Os aliados do Norte compreenderam rapidamente os planos de Kim Il Sung. O embaixador da Alemanha Oriental em Pyongyang mandou um telegrama para o ministro de relações exteriores em 1974 dizendo que os norte-coreanos estavam sendo solicitados a "jurar lealdade a Kim Jong Il" em reuniões do Partido dos Trabalhadores por todo o país "caso algo grave acontecesse a Kim Il Sung". Retratos de Kim Jong Il começaram a aparecer nas paredes das secretarias do governo, junto a slogans de declarações que ele fizera sobre a reunificação ou a construção socialista, disse o embaixador.

Publicações oficiais começaram a retratar Kim Il Sung como uma figura paternal benevolente. Fotos e pinturas representavam-no cobrindo o feliz povo norte-coreano de afeto ou sorrindo com crianças. Essa fachada de imperador gentil voltaria mais ou menos cinquenta anos depois, quando Kim Jong Un incorporaria seu avô e adotaria a mesma persona de ditador sorridente.

A primeira esposa de Kim Il Sung e seu filho mais velho ganharam destaque pela primeira vez, formando uma santíssima trindade norte-coreana. Algumas fotos mostravam Kim Jong Il orientando propagandistas e produtores de filmes. "Ele já exibe a pose geralmente reservada para Kim Il Sung em seus discursos com cidadãos da RPDC", escreveu o embaixador. "Essa observação visual confirma, de fato, a suposição que fizemos anteriormente: o filho mais velho de Kim Il Sung está sendo sistematicamente preparado para se tornar seu sucessor."[19]

No sexto Congresso do Partido dos Trabalhadores em Pyongyang, em 1980, tudo foi oficializado. O jovem Kim foi promovido a cargos superiores nos três principais órgãos do Partido dos Trabalhadores de uma só vez — o Politburo Presidium, a Comissão Militar Central e o secretariado do partido. Apenas Kim Il Sung e Kim Jong Il haviam obtido a liderança simultânea dos três principais órgãos do Partido dos Trabalhadores.[20]

Ao apresentar Kim Jong Il como o sucessor escolhido, Kim Il Sung disse que seu filho garantiria a continuação da tarefa revolucionária "geração após geração".

Kim Jong Il assumiu cada vez mais responsabilidades dentro do partido e acompanhou seu pai em suas viagens de "orientação em campo" pelo país — a prática em que os supostamente benévolos e oniscientes líderes da Coreia do Norte apareciam de surpresa e instruíam os fazendeiros sobre como melhorar suas plantações ou os gerentes de fábrica sobre como melhor produzir aço. As fotos mostram os receptores desse conhecimento anotando tudo diligentemente em caderninhos.

Em 1983, Kim Jong Il fez sua primeira viagem ao exterior sem seu pai, uma visita a fábricas na China emergente. A visita, uma de várias que o Querido Líder realizou ao longo dos anos, foi parte dos esforços de Beijing de encorajar a Coreia do Norte a embarcar em uma jornada de transformação econômica sem a democratização, como a China tinha feito.

"Por meio de incansáveis atividades revolucionárias no decorrer de trinta anos, ele deu lugar a uma nova era de prosperidade", de acordo com a história oficial norte-coreana da vida de Kim Jong Il que foi publicada logo depois que ele se tornou líder.[21]

Mas o lacônico Kim Jong Il dificilmente poderia ter sido mais diferente de seu extrovertido pai. Kim Il Sung foi idolatrado como um destemido lutador de guerrilha que liderou o ataque contra os japoneses imperialistas. Kim Jong Il quase não tinha experiência militar. Era um mauricinho com um penteado bufante que bebia muito e adorava filmes, cuja principal contribuição ao estado eram os filmes que dirigia.

Mesmo assim, em 1991, foi declarado Comandante Supremo do Exército Popular da Coreia. Não foi uma época muito favorável para firmar a sucessão. O Muro de Berlim acabara de ser derrubado. A União Soviética ruiu apenas dois dias depois de sua promoção. O Bloco Comunista que apoiara o regime norte-coreano, tanto econômica quando ideologicamente, já não existia mais.

Para sustentar o ponto da sucessão hereditária nessas circunstâncias desafiadoras, o regime criou uma história fantástica sobre as origens de Kim Jong Il fortemente baseada na mitologia coreana e no cristianismo. Ele não seria o líder simplesmente porque tinha sido nomeado por seu pai, mas porque era seu direito divino.

Seu local de nascimento não era mais o acampamento de guerrilha em Khabarovsk mas sim a Montanha Paektu, o vulcão na fronteira da Coreia do Norte com a China que tem um status lendário na cultura coreana. Acredita-se ser o local de nascimento de Tangun, o místico pai do povo coreano que era metade urso e metade deus. A criatura conferiu uma origem divina ao povo coreano e, graças a sua história, Kim Jong Il também parecia ter vindo dos céus.

Os propagandistas da Coreia do Norte não pararam por aí. Disseram que Kim Jong Il nasceu em uma cabana de madeira e que uma única estrela brilhante cintilava no momento de seu nascimento. Eles se contiveram pouco antes de transformar a cabana em uma manjedoura e sua mãe em uma virgem. Mas, além disso, acrescentaram que um arco-íris duplo apareceu espontaneamente sobre a montanha. E assim foi criado o mito da sagrada linhagem de Paektu.

Kim Jong Il estivera muito ocupado perpetuando essa linhagem de Paektu no decorrer das duas décadas anteriores. Ele acumulou um belo elenco de esposas e consortes — e filhos.

Primeiro, em 1966, Kim Jong Il se casou com uma mulher com a ascendência revolucionária apropriada escolhida por seu pai. Supostamente tiveram uma filha em 1968. Mas o casamento não durou e eles se divorciaram em 1969. Ainda assim, ela manteve seu status nos anos seguintes, trabalhando por quinze anos na Assembleia Popular Suprema e, depois, como diretora da faculdade de educação principal por quase vinte anos, participando, assim, da era de Kim Jong Un.

Em seguida, Kim Jong Il se relacionou com uma famosa atriz chamada Song Hye Rim, com quem foi visto enquanto dirigia alguns filmes. Ela era mais velha do que ele, casada e tinha pelo menos um filho na época, mas ele insistiu que ela se divorciasse para que ficassem juntos. Ele a colocou em uma de suas mansões em Pyongyang, e, em 1971, ela deu à luz o filho Kim Jong Nam. Kim Jong Il ficou encantado. Na Coreia confuciana profundamente tradicional, os homens são considerados herdeiros que carregam o nome e a linhagem da família. Mas tanto o relacionamento quanto o filho bastardo foram mantidos em segredo de Kim Il Sung até mais ou menos 1975.

Quando essa criança, Kim Jong Nam, tinha apenas 3 anos, o Grande Líder falou para Kim Jong Il que ele precisava se casar novamente. Incapaz de revelar a existência de sua amante e filho, ele seguiu as ordens de seu pai e se casou com a mulher que foi considerada a única esposa "oficial". Eles tiveram duas filhas.

Pouco tempo depois uma bela jovem dançarina chamada Ko Yong Hui, etnicamente coreana, mas nascida no Japão, chamou a atenção de Kim Jong Il. Eles tiveram três filhos: dois meninos chamados, Jong Chol e Jong Un, nascidos em 1981 e 1984, respectivamente, seguidos por uma menina chamada Yo Jong, nascida em 1988.

Houve certas discussões sobre o verdadeiro ano de nascimento de Kim Jong Un, com fontes dizendo que foi 1983. Alguns sugeriam que a data de nascimento oficial tinha sido mudada para 1982 a fim de fornecer simetria com seu avô, nascido em 1912, e seu pai, cuja data de nascimento foi oficialmente mudada de 1941 para 1942.

Mas a tia de Kim Jong Un, Ko Yong Suk, riu quando perguntei a data de nascimento de seu sobrinho. Fazia quase duas décadas desde a última vez que visitara o regime norte-coreano, mas ela tinha certeza de que Kim Jong Un nascera em 1984. Ela havia dado à luz seu próprio filho no mês anterior, e trocava as fraldas de ambos ao mesmo tempo.

A tia cuidava de todas as crianças. Sua irmã, a concubina de Kim Jong Il, estava ocupada cuidando do próximo líder designado da Coreia do Norte enquanto ele seguia seu caminho pela série de cargos militares e do Partido dos Trabalhadores.

Ko e seu marido moravam em Pyongyang em um complexo de várias casas — incluindo uma para eles e uma para Kim Jong Il — cercado por um muro externo bem protegido e com outro muro em volta da casa de Kim Jong Il, que era enorme, com um cinema particular e uma grande sala de brinquedos para as crianças.

Apesar dos arredores luxuosos, as crianças levavam uma vida relativamente isolada. Elas brincavam com seus primos ou ficavam com o pai, quando ele estava em casa no complexo.

Não havia outras crianças por perto. Kim Jong Il, extremamente paranoico, mantinha suas famílias separadas umas das outras, o que significa que seus filhos cresceram sem conhecer seus meio-irmãos ou qualquer outra criança de sua idade. Mesmo quando os enviou para estudar na Suíça, ele os manteve separados: Jong Nam foi para Genebra enquanto os outros três foram para Bern.

Ao mesmo tempo, Kim Jong Il continuou operando o departamento de propaganda e agitação, dirigiu filmes e escreveu seis óperas, de acordo com sua biografia oficial. Seguiu aparecendo ao lado de seu pai, distribuindo conselhos sobre tudo, desde métodos agrícolas até táticas militares durante suas sessões de orientação em campo.

E, então, chegou o dia para o qual toda essa preparação ocorrera: em 8 de julho de 1994, Kim Il Sung morreu depois de sofrer um infarto fulminante. Sua morte foi mantida em segredo durante 34 horas enquanto o regime fazia os arranjos finais para confirmar a sucessão.[22] E a Rádio Pyongyang fez o anúncio: "O Grande Coração parou de bater."

Em uma declaração de sete páginas, a Agência Central de Notícias da Coreia afirmou que Kim seria lembrado como um homem capaz de "criar algo a partir do zero… Ele transformou nosso país, onde o atraso e a pobreza de longa data predominavam, em uma poderosa nação socialista, independente, autos-sustentável e autossuficiente".[23]

Apesar de o regime estar se preparando para esse momento há 25 anos, a morte de Kim Il Sung foi um evento chocante. O sistema criado acerca de um culto de personalidade perdera sua personalidade. Agora precisaria fazer o que nenhum regime comunista fizera antes: passar a liderança de pai para filho.

Kim Jong Il embarcou em um período de luto de três anos, não porque fora acometido por um grande pesar, mas porque havia herdado uma catástrofe e estava ansioso para se esquivar da responsabilização.

Uma fome devastadora começava a assolar o país como resultado de décadas de má administração do regime Kim. Durante a Guerra Fria, não houve muito incentivo para encorajar a produção de alimentos no solo inóspito da Coreia do Norte pois a União Soviética e a China enviavam suprimentos alimentícios. Quando os envios cessaram, o país precisou se virar sozinho, mas não possuía terra arável suficiente e não tinha energia o bastante para produzir o fertilizante químico necessário para impulsionar as plantações.

Essa catástrofe política coincidiu com uma série de desastres naturais: inun-dações e secas em meados da década de 1990 que acabaram com a pouca quan-tidade de alimento que o país conseguia produzir. Ninguém sabe exatamente quantas pessoas morreram naquela época. Alguns especialistas dizem que foi de meio a 1 milhão; outros dizem que podem ter chegado a 2 milhões.

Houve uma explosão no número de moradores de rua cujos pais morreram ou os abandonaram durante esse período. Eles eram peculiarmente chamados de "andorinhas das flores", como se saíssem por aí procurando néctar. Na ver-dade, estavam se virando sozinhos roubando tudo, desde tampas de bueiros até pedaços de arame.

Muitos dos que sobreviveram eram esqueletos que catavam grãos de mi-lho em esterco de vaca e comiam ratos para sobreviver. Alguns fizeram coisas inescrupulosas, incluindo recorrer ao canibalismo, para sobreviver ao período conhecido eufemisticamente na Coreia do Norte como "a marcha árdua". Esse foi o nome dado para a luta de Kim Il Sung na Manchúria, e foi ressuscitado durante a fome para criar um senso de que era outra batalha épica para a nação.

A fome afrouxou o cerco do regime sobre a população como nenhum outro evento fizera antes. As rações alimentares pararam de ser distribuídas; o povo passou a contar apenas consigo mesmo. Os cidadãos de um estado comunista se tornaram quase capitalistas por necessidade — e as autoridades tiveram que tolerar, porque sabiam que o estado não tinha nada a oferecer.

Pak Hyon Yong, um jovem que morava em Hamhung, ao norte de Wonsan, na época da fome viu seu irmão mais novo morrer de inanição. Depois, os filhos da sua irmã mais velha. E então ela. Percebendo que seria o próximo, Pak começou a fazer macarrão com "arroz de milho", um mísero substituto de primeira necessidade da Coreia do Norte que envolvia grãos de "arroz" feitos a partir de grãos de milho secos. Ele comia um pouco e vendia o resto, usando o ínfimo lucro para comprar mais arroz de milho para a porção do dia seguinte.

"A polícia aparecia e tentava me persuadir a não vender o macarrão, dizendo que eu não deveria sucumbir ao capitalismo e que o Querido Líder resolveria nossa escassez de alimentos", contou-me Pak na cidade de Yanji, no norte da China, onde vivia escondido depois de ter escapado da Coreia do Norte.[24] Mas o Querido Líder não fez nada disso.

A fome na Coreia do Norte coincidiu quase exatamente com a ascensão de Kim Jong Il ao poder, associando-o para sempre com uma época de dificuldade extrema. Até hoje, as pessoas que escaparam do país tendem a lembrar carinhosamente de Kim Il Sung e recordam uma época em que a Coreia do Norte era realmente forte e próspera e não apenas na versão dos eventos da mídia estatal.

Kim Jong Il não recebia o mesmo tipo de amor. Os norte-coreanos se perguntavam: *se ele se preocupa tanto conosco, por que estamos morrendo de fome?*

Depois que a fome acabou e a Coreia do Norte voltou a um estado de fome meramente incômoda e má nutrição, Kim Jong Il começou a concentrar suas energias no exército. Fomentou uma política de "exército em primeiro lugar" e promoveu-o à primeira posição dentro da hierarquia do regime. O Partido dos Trabalhadores da Coreia, o braço político do regime, adotou o slogan "O Exército é o Partido, o Povo e a Nação".[25] Para um regime falido com a intenção de fortalecer seu exército, nenhuma arma oferece melhor relação custo-benefício do que uma bomba nuclear. O regime esteve canalizando todas as suas energias e recursos em um programa nuclear secreto ao longo dos anos. Então, Kim Jong Il o revelou quando seu regime conduziu seu primeiro teste nuclear em 2006.

A essa altura, o líder, com 64 anos, havia começado a parecer notavelmente mal. Para quem fora cheinho, seu rosto estava abatido e sua pele, pálida. Em meados de agosto de 2008, sofreu um derrame.

Ele se recuperou, mas quando finalmente reapareceu em público, parecia ter diminuído. Parecia menor e mais magro e estar com certa paralisia do lado esquerdo, que afetava sua perna e o uso do braço esquerdo.

Surgiram especulações sobre quem sucederia o Querido Líder.

De acordo com as regras da hierarquia coreana tradicional, deveria ser o filho mais velho, Kim Jong Nam.

Ao longo dos anos, muitas pessoas afirmaram que o Primogênito perdeu a coroa devido a um incidente vergonhoso ocorrido em 2001.

Naquele ano, Kim Jong Nam foi pego em um aeroporto de Tóquio entrando escondido no Japão com um passaporte falso da República Dominicana com o nome de Pang Xiong — "Urso Gordo" em chinês. Kim Jong Nam, que estava com sua esposa e filho, justificou às autoridades japonesas que estava apenas tentando levar sua família à Disneylândia de Tóquio. Depois disso, foi exilado em Macau, um território chinês próximo de Hong Kong, e permaneceu lá pelo resto de sua vida. Nunca ficou claro se o exílio foi forçado ou voluntário.

Na verdade, ele tinha perdido a popularidade muitos anos antes.

A questão da sucessão tinha muito mais a ver com as ambições das mães do que a adequação dos filhos.

A mãe de Kim Jong Nam morava em Moscou desde mais ou menos 1974, quando Kim Jong Il se "casou" outra vez. Quando ela voltou de fato para Pyongyang, por vezes era temperamental, sofrendo de enxaquecas ou episódios de inconstância que deixavam a casa inteira de mau humor. Além disso, fora criada para ter ambições e uma carreira e não ser uma dona de casa tradicional. O papel de esposa submissa e diligente foi um que a atriz nunca conseguiu aceitar desempenhar.

A mãe de Kim Jong Un, por outro lado, tornou-se uma presença constante na vida de Kim Jong Il. Como sua consorte favorita, ela plantou as sementes da mudança dos bastidores. Sua influência passou a ser vista em tudo, por exemplo quando os desenhos do *Pato Donald* e do *Tom e Jerry* repentinamente apareceram na TV dublados em coreano, mais ou menos na época em que seus filhos os assistiriam.[26]

Por volta da mesma época, Kim Jong Il teve um ataque de raiva quando descobriu que Kim Jong Nam, que na época tinha cerca de 20 anos, estava saindo e bebendo em Pyongyang. Por desobedecer a suas ordens, Kim Jong

Il deixou toda a família de Kim Jong Nam em prisão domiciliar por um mês, cortando seus suprimentos alimentares e fazendo-os limpar tudo sozinhos. Até ameaçou enviá-los para trabalhar nas minas nos campos de trabalho onde os prisioneiros políticos eram mantidos.

Além disso, Kim Jong Nam foi considerado ilegítimo, pois sua mãe fora casada anteriormente e tinha pelo menos um filho com esse outro homem.

A prima de Kim Jong Nam, que vivia com ele, viu "o dedo da outra mulher" em tudo isso. Ela achava que a mãe de Kim Jong Un estava armando toda a situação, encorajando Kim Jong Il a dar mais liberdade para seu filho mais velho — e então dedurando o jovem quando ele aproveitava sua liberdade.[27]

Também havia especulações em Seul, uma capital em perpétuo burburinho de teorias sobre a Coreia do Norte, de que a mãe ambiciosa e calculista de Kim Jong Un havia vazado propositalmente o cronograma de viagem de Kim Jong Nam para as autoridades japonesas a fim de que fosse pego e descredibilizado.[28]

Isso colocaria seu filho como sucessor, contanto que alguns fatos inconvenientes fossem ignorados: ela também não se casara legalmente com Kim Jong Il, o que tecnicamente tornaria seus filhos ilegítimos; ela nascera no Japão, o país dos "agressores imperialistas"; e sua irmã havia desertado.

Seu filho mais velho, Kim Jong Chol, era quieto e introvertido, de acordo com seus colegas na Suíça. Kenjo Fujimoto, o chef de sushi japonês que passou anos cortando peixe para a família real, disse que Kim Jong Chol nunca mostrou ambição alguma. De qualquer forma, parecia ter algum tipo de desequilíbrio hormonal que fazia com que seu pai pensasse que ele era "como uma menininha" e inadequado para a liderança.[29]

Fujimoto declarou que Kim Jong Il ungiu seu terceiro filho, Kim Jong Un, como seu sucessor. E ele estava certo.

CAPÍTULO 2

VIVENDO COM OS IMPERIALISTAS

"O Camarada Kim Il Sung disse a seus vizinhos: japas são bastardos que matam coreanos. Sua prole é de bastardos da mesma laia. Devemos jogar no meio deles e, se disserem alguma coisa, juntos os atacaremos e lhes daremos uma surra."

— De uma biografia do pai de Kim Il Sung, publicada em 1968[1]

KIM JONG UN, AOS 6 ANOS, ESTAVA AO LADO DA MESA DE BILHAR NA sala de jogos da residência da família real em Sinchon, ao sul de Pyongyang. Ele e seu irmão mais velho esperavam que o pai saísse de uma reunião com alguns oficiais, incluindo seu tio Jang Song Thaek.

Os meninos estavam vestidos em uniformes militares de tamanho infantil, túnicas verde-oliva completas com botões dourados e ornamentos vermelhos. Tinham chapéus em forma de lua nas cabeças e estrelas douradas nos ombros. Eram pequenos generais.

Quando seu pai entrou na sala, adotaram a posição de sentido e bateram continência a ele, com expressões sérias em seus rostos rechonchudos. Kim Jong Il ficou encantado e quis apresentar os meninos aos oficiais e aos funcionários da casa antes de irem para a sala de jantar no cômodo ao lado. Todos fizeram fila para conhecer os pequenos príncipes.

Kenji Fujimoto, que se mudara do Japão para a Coreia do Norte para fazer sushi nas casas reais, estava no fim da fila. Ficava cada vez mais nervoso à medida que os príncipes se aproximavam, seu coração acelerando a cada passo que eles davam.

Kim Jong Chol foi o primeiro. Fujimoto estendeu a mão e o menino de 8 anos correspondeu com um aperto de mão firme. Depois Fujimoto estendeu a mão para o menino mais novo. Esse não foi tão educado.

Em vez de apertar a mão de Fujimoto, Kim Jong Un observou-o com um "olhar penetrante" que parecia dizer: "Seu japonês repugnante." O chefe ficou chocado e envergonhado de uma criança conseguir encarar um homem de 40 anos. Depois de alguns segundos que pareceram dolorosamente longos para Fujimoto, Kim Jong Il interveio para salvar a situação.

"Este é o Sr. Fujimoto", disse Kim Jong Il, induzindo o "Príncipe Jong Un" a finalmente concordar em apertar sua mão, embora sem muito entusiasmo. O chef achou que ele tivesse reconhecido seu nome. Talvez os meninos tivessem comido o sushi que ele preparara e ouvido falar que tinha sido feito por "Fujimoto do Japão".

A reação do menino fez o chef pensar se ele havia assumido a mentalidade "anti-imperialista" que é uma parte principal da narrativa norte-coreana, mas talvez tenha apenas se surpreendido com a excentricidade de Fujimoto, uma pessoa que poderia ser descrita, com muito boa vontade, como idiossincrática.

Em 1982, sem muita sorte e infeliz no casamento, Fujimoto respondeu a um anúncio em um jornal japonês que procurava um chef de sushi para a Coreia do Norte. Era uma escolha de carreira incomum, dado que o Japão estava entrando em seus anos de prosperidade econômica, quando banqueiros em Lamborghinis não hesitavam em pagar centenas de dólares por um jantar de peixe cru. Enquanto isso, a Coreia do Norte era, bem... a Coreia do Norte.

Mas Fujimoto conseguiu o emprego e lá foi ele. Acabou cortando peixe para Kim Jong Il por mais ou menos quinze anos e via Kim Jong Un regularmente durante sua infância e adolescência.

Quando falou-se em 2010 que Kim Jong Un seria o próximo líder da Coreia do Norte, Fujimoto se tornou instantaneamente uma fonte improvável de inteligência sobre a liderança norte-coreana, talvez a mais improvável até que surgiu um jogador de basquete norte-americano rebelde, tatuado e cheio de piercings.

Fujimoto morou na Coreia do Norte por um ano em 1982 — antes do nascimento de Kim Jong Un —, depois retornou em 1987 e ficou até 2001.

Ele morou no Bloco Residencial do Secretariado em um complexo em Pyongyang que também continha escritórios do Partido dos Trabalhadores da Coreia e uma das residências de Kim Jong Il.

As refeições preparadas pela equipe de chefs para Kim Jong Il eram extravagantes. Havia faisão grelhado, sopa de barbatana de tubarão, carne de cabra assada ao estilo russo, tartaruga cozida no vapor, frango e porco assados e raclette de queijo derretido com batatas ao estilo suíço. A família real só comia arroz produzido em uma área específica do país. As mulheres trabalhadoras escolhiam cada grão de arroz à mão, um por um, para garantir grãos impecáveis de tamanhos iguais.[2]

O sushi aparecia no cardápio uma vez por semana. Fujimoto fazia sashimi de lagosta com molho de soja e wasabi, e niguiri sushi com atum gordo, amberjack japonês, enguia e caviar. O favorito de Kim Jong Il era o robalo.

Devido ao seu cargo dentro do círculo íntimo, Fujimoto frequentemente visitava outros complexos reais pelo país, incluindo o palácio à beira-mar em Wonsan. Ele andava de jet ski com Kim Jong Il, pilotou motocicletas com ele — uma Honda poderosa para Kim Jong Il, uma Yamaha menos potente para Fujimoto — perto da fronteira ocidental com a China e se juntou a ele em expedições de caça aos patos no interior. Eles viajaram no trem luxuoso dos Kim ou em um comboio de Mercedes-Benz.

E Fujimoto passou muito tempo com as crianças.

Preso em complexos em Pyongyang, sendo educado em casa por tutores e passando os verões sozinho na praia em Wonsan, Kim Jong Un teve uma infância solitária. Ele e Jong Chol não tinham amigos — nem brincavam com seu meio-irmão mais velho, Jong Nam, que viveu sua própria vida de total isolamento e distanciamento — e a irmã mais nova era jovem demais para ser uma boa companheira de brincadeiras.

Isso parece tê-los feito aproveitar qualquer oportunidade de companhia externa. Mesmo um principezinho que tinha de tudo desejava ter amigos.

Para descobrir como Kim Jong Un era quando criança, eu entrei no trem bala de Tóquio e corri para Sakidaira, uma pequena cidade nos Alpes Japoneses onde Fujimoto — um pseudônimo, que ele diz ser necessário para sua proteção — estava morando.

"Ele era um pouco solitário quando criança", contou-me Fujimoto durante um almoço na pacata cidade. "Eu meio que me tornei seu colega; nos tornamos amigos."

Eu tinha visto fotos de Fujimoto, então sabia que ele estava vestindo um tipo de disfarce para ocultar um pouco a sua identidade. Ainda assim, foi chocante vê-lo esperando por mim quando saí da estação: uma bandana preta com uma estampa de caveira branca na cabeça, óculos roxos, um relógio enorme e um anel quadrado encrustado de diamantes que pareciam mais joias ostentosas de rappers do que um esquema discreto de proteção à testemunha.

Em minha primeira viagem para vê-lo, quando subimos para um cômodo privado no andar de cima de um restaurante chinês, Fujimoto me deu seu cartão de visitas. Nele havia uma foto de Kim Jong Un abraçando Fujimoto de um lado e do outro lia-se: "Ligue-me se quiser falar sobre a Coreia do Norte." Ele carregava uma prancheta com clippings de jornais japoneses sobre sua viagem mais recente a Pyongyang e algumas fotos que mandou imprimir em tamanho A4. Com tão poucas pessoas de fora tendo conhecido o jovem líder norte-coreano, Fujimoto tinha se tornado algo como um especialista em Kim Jong Un.

A presença de Fujimoto na residência real era uma contradição no regime. Ao mesmo tempo em que a existência da Coreia do Norte era baseada em sua rejeição dos Estados Unidos e de sua visão por uma ordem mundial democrática, era também fundamentada pelo ódio ao Japão.

A Coreia sofreu muito durante sua colonização pelo Japão imperial na primeira metade do século XX. Nas décadas anteriores, o Japão embarcou em uma expansão agressiva pela Ásia, derrotando militarmente a China e a Rússia e assumindo o controle de toda a Península Coreana. Transformou a Coreia em seu protetorado em 1905 e anexou a península formalmente em 1910, começando 35 anos de regência colonial frequentemente cruel.

Mais para o final desse período, os coreanos foram forçados a adotar nomes japoneses e falar japonês na escola e no trabalho. Com o início da Segunda Guerra Mundial, os homens foram forçados a trabalhar em fábricas e minas japonesas para ajudar o esforço de guerra e foram alistados como soldados no

Exército Imperial japonês. Dezenas de milhares de meninas e mulheres coreanas foram forçadas a se tornar escravas sexuais para soldados japoneses em "estações de conforto".

Quando o Japão foi derrotado em 1945, precisou abrir mão do controle da península para os vitoriosos. Em ambas as metades da Península Coreana, as memórias desse período estão enraizadas até hoje.

A família Kim baseou seu regime nas credenciais antijaponesas e anti-imperialistas de Kim Il Sung: os japoneses "odiavam o General Kim Il Sung mais do que qualquer um dentre os 30 milhões de coreanos", observou em tom de aprovação uma biografia publicada em 1948.[3]

Durante décadas depois da derrota do Japão, o regime norte-coreano achou útil manter o ódio alimentado. E também realizaram insuflados atos de vingança. Começando no fim da década de 1970 e por toda a década de 1980, espiões norte-coreanos sequestraram dezenas de cidadãos japoneses, capturando-os em praias e parques na costa oeste do Japão e colocando-os em barcos.

Assim que os japoneses sequestrados chegavam à Coreia do Norte, os agentes do regime faziam de tudo para subjugá-los psicologicamente e, então, quando estavam sob seu controle, usá-los como espiões ou professores de idiomas.[4]

O governo japonês declarou oficialmente que dezessete de seus cidadãos foram levados à Coreia do Norte, que reconheceu ter levado apenas treze deles. A sequestrada mais famosa é Megumi Yokota, uma adolescente de 13 anos que foi capturada a caminho da escola em 1977. A Coreia do Norte permitiu que cinco dos sequestrados retornassem em 2002, mas alega que os oito remanescentes — incluindo Megumi — morreram no país.

Até hoje, a Coreia do Norte ainda demoniza regularmente o Japão em sua mídia estatal, denunciando "reacionários japoneses" e ameaçando transformar o país em um "mar de fogo nuclear".

Mas há um detalhe importante que a propaganda estatal nunca declarou: Kim Jong Un tem uma forte conexão pessoal com o Japão. Sua amada mãe nasceu lá.

Em 1929, quando a Península Coreana estava sob a regência colonial japonesa, um jovem de 16 anos chamado Ko Kyon Taek, filho de um barqueiro, mudou-se do sul da ilha coreana de Jeju para Osaka, uma cidade japonesa que estava se transformando no lar de uma comunidade coreana cada vez maior.

36 O GRANDE SUCESSOR

Ele se instalou na área de Ikuno, uma parte do centro de Osaka que ainda é um bairro fortemente coreano. Lá, trabalhou em uma fábrica chamada Hirota Saihojo Sewing Plant, que interrompera sua produção de camisas sociais e começara a produzir uniformes e tendas militares.

Depois do fim da guerra, enquanto o Japão rapidamente tentava se reconstruir como uma nação moderna e democrática, Ko e sua esposa começaram uma família: primeiro, um filho, e depois, em 26 de junho de 1952, uma filha que chamaram de Yong Hui.

Yong Hui atendia pelo nome japonês Hima Takada na escola pública fundamental de Osaka. Ela adorava interpretar e cantar hinos no coral de uma igreja todo domingo. Quatro anos depois, ganhou uma irmã. Seu nome era Yong Suk.

Depois da guerra, seu pai teve problemas com a polícia. Circulavam boatos de que ele estava operando um barco ilegal que conectava Osaka e Jeju e supostamente ordenaram sua deportação. Houve rumores de que Ko também era mulherengo e tinha vários filhos com amantes diferentes. Para cortar os laços com essas outras mulheres e sair dessa enrascada, Ko decidiu fugir do Japão.[5]

Convenientemente, a Coreia do Norte havia começado a encorajar os coreanos e seus descendentes a voltar do Japão no fim da década de 1950. Não importava que quase todos os coreanos no país fossem do Sul. O governo japonês apoiou a ideia, vendo-a como um modo de diminuir a população coreana em seu país.

Os migrantes em potencial foram informados que a Coreia do Norte era um paraíso socialista na terra — um país que oferecia moradia, educação e assistência médica gratuitas, onde os empregos eram garantidos, e os coreanos não sofreriam nenhum dos preconceitos que toleravam no Japão.

Além do mais, a economia norte-coreana estava em melhor forma do que a do Sul na época, e o Sul era liderado por Syngman Rhee, um conservador feroz que era visto como um fantoche dos Estados Unidos.

Entre 1959 e 1965, mais de 93 mil pessoas acreditaram na proposta vendida pelo regime de Kim e se mudaram do Japão para a Coreia do Norte.

A família Ko aderiu a essa onda. Quando Yong Hui tinha 10 anos, eles embarcaram no 99º navio de repatriação que faria a jornada de 900km até a Coreia do Norte. Desembarcaram em Chongjin, a cidade portuária na costa leste e o lugar mais distante na Península Coreana do lar ancestral da família Ko na Ilha de Jeju.

Para muitos coreanos étnicos que saíram de um país que se transformava rapidamente em uma potência econômica mundial depois da guerra, voltar para "casa" era uma grande decepção. Alguns se suicidaram logo ao chegar, quando perceberam que tinham sido ludibriados.

A versão de Pyongyang da vida que os regressos levaram na Coreia do Norte certamente era muito diferente. A revista norte-coreana *Korean Pictorial* destacou a família Ko em sua edição de dezembro de 1972 sob a manchete "Minha Família Repleta de Alegria".[6]

A foto mostrava a família reunida em volta de uma mesa em um retrato de felicidade doméstica. Ko está de pé observando sua esposa e duas filhas, todas animadas à mesa, enquanto uma avó segura um bebê. Todos estão bem vestidos e sorrindo. O cômodo está repleto de móveis, incluindo um grande rádio, que devia ser algo inovador na época.

Na história que acompanhava a foto, Ko Kyon Taek diz que, quando foi para o Japão em 1929, enfrentou dificuldades e discriminação, e mudar-se para a Coreia do Norte pôs um fim a tudo isso. "Não há família mais feliz do que a minha no momento", declara ele, segundo a revista. O artigo também menciona que a filha mais velha, uma certa Ko Yong Hui que havia se juntado à respeitada Mansudae Art Troupe, havia recebido uma medalha de Kim Il Sung.

No ano seguinte, essa mesma Ko Yong Hui pegou a balsa de volta para o Japão. No verão de 1973, ela e 35 outros dançarinos da trupe Mansudae partiram em uma turnê de 2 meses de duração e 60 apresentações por Tóquio, Nagoya, Hiroshima e Fukuoka — bem como para sua cidade natal de Osaka.

Mas a identidade de Ko já havia sido ocultada. Durante a viagem para o Japão, o jornal pró-Coreia do Norte *Choson Sinbo* chamou-a de Ryu Il Suk e disse que ela era a dançarina principal durante a performance de uma canção chamada "Azalea of the Motherland". O autor do informativo disse que ela era a estrela do grupo, mas que não conseguiu se aproximar para entrevistá-la porque suas colegas dançarinas a protegiam com muito afinco.

De volta à Coreia do Norte, as belas dançarinas da trupe Mansudae eram muito convidadas a participar das festas regadas a álcool que Kim Jong Il promovia e para se apresentarem para os homens de sua corte.

Kim Jong Il ficou encantado com Ko Yong Hui e pedia que ela se sentasse com ele nas festas, recordou mais tarde outra dançarina da trupe. "Kim Jong Il passou a gostar tanto dela que muitas vezes ia às salas de ensaio para assisti-la praticar", escreveu a dançarina em uma biografia depois de desertar do regime.[7] Ko faltava cada vez mais os ensaios e surgiram boatos entre as outras dançarinas de que ela estava morando com Kim Jong Il ou que tinha dado à luz um filho dele.

Ko Yong Hui se "casou" com Kim Jong Il em 1975 — sua união parece não ter sido oficializada, mas é assim que sua irmã a descreveu mais tarde. Seu relacionamento levou a uma rápida melhoria no status de sua família na Coreia do Norte. Seu pai se tornou o gerente da Mangyongdae Souvenir Factory em Pyongyang e permaneceu na capital até 1999, quando morreu aos 86 anos.

Fujimoto se lembra de conhecer Ko Yong Hui e notar que ela era tão linda quanto Sayuri Yoshinaga e Setsuko Hara, duas atrizes japonesas famosas por sua beleza. A comparação sem dúvida teria agradado o líder norte-coreano louco por filmes.

Mas Ko Yong Hui era mais do que uma esposa troféu. Normalmente ficava acordada até tarde, lendo papeladas atentamente com Kim e oferecendo suas opiniões. Um dia, quando um guarda-costas estava bêbado e apontou sua arma para Kim Jong Il, Ko disse que se jogou entre eles. Ela pode ter nascido no Japão, mas havia se provado uma verdadeira patriota, leal não apenas à Coreia do Norte mas também a seu poderoso marido.

O segundo encontro do chef Fujimoto com os meninos foi mais afortunado. Eles ainda estavam no complexo em Sinchon, e todos estavam no enorme jardim. Fujimoto empinava uma pipa. Os meninos ficaram maravilhados.

"Isso é bom. Muito obrigada, Fujimoto, a pipa está voando", disse Ko Yong Hui para seus filhos. Kim Jong Un estava animado e o episódio parece ter ajudado a quebrar um pouco o gelo. Cerca de um mês depois, Fujimoto disse que foi convidado a se tornar o "colega" dos meninos.

Ele ficou muito surpreso. Era um homem adulto e eles eram crianças. Mas não podia recusar. Imaginou que fosse por ser estrangeiro e, portanto, de certa forma exótico para os meninos. Eles admiraram seus tênis: um par de Nike Air Max, o auge do que era descolado no início da década de 1990. Kim Jong Un perguntou se eram genuínos, mostrando que estava acostumado com pessoas usando falsificações. Fujimoto garantiu que não usava nada falso.

Mas talvez Fujimoto só parecesse oferecer um pouco de diversão. Afinal de contas, os meninos tinham poucas opções diferentes em sua corte real isolada.

Sempre que podia, Fujimoto levava Ko Yong Hui e os dois "príncipes" para pescar robalos no barco particular de Kim Jong Il. Todas as vezes que Fujimoto pegava um peixe, o jovem Kim Jong Un, ainda na escola fundamental, exigia segurar a vara de pescar e, então, gritava alegremente: "Eu peguei um!"

Os meninos desenvolveram uma fascinação pelo Japão depois de viajar para lá com sua mãe em 1991. Com passaportes brasileiros falsos em mãos, Ko Yong Hui levou seus filhos consigo em uma viagem para Tóquio. Embora o Japão fosse o inimigo declarado da Coreia do Norte, ainda havia uma comunidade considerável de coreanos étnicos por lá.

Portanto, enquanto o regime exalava ódio antijaponês, Ko Yong Hui fazia compras em Ginza, o chique distrito comercial no centro de Tóquio mundialmente famoso pelo luxo, e arrumava seu cabelo com pessoas conhecidas em casa como "agressores imperialistas". Levou os meninos à Disneylândia de Tóquio, onde ficaram encantados com uma atração em 3D com uma cadeira em movimento. Eles gostaram tanto que Ko fez com que seus funcionários perguntassem o preço de uma cadeira daquelas.

Ela queria levar uma para a Coreia do Norte para seus filhos, contou-me Fujimoto. Mas mesmo para a família real norte-coreana o preço era excessivamente alto. Ainda assim, durante anos, eles comentaram sobre sua viagem à Disneylândia de Tóquio e todos os brinquedos em que estiveram, tentando decidir qual era o mais divertido.

Os meninos também pareceram estar aprendendo um pouco de japonês. Kim Jong Un comentou com Fujimoto que era estranho que o povo japonês tivesse cumprimentos para diferentes momentos do dia — bom dia, boa tarde, boa noite — enquanto os coreanos usavam apenas um, independentemente da hora.

Certa vez, Kim Jong Un pediu que Fujimoto escrevesse "onda" em japonês. O menino esteve aprendendo os caracteres chineses que são a base tanto do japonês quanto do coreano, e queria ver se continuavam igual nas duas línguas. Fujimoto se perguntou quem estava ensinando japonês para eles.

Um dia, quando a comitiva real estava na residência à beira-mar em Wonsan, Kim Jong Un pediu que duas jovens mulheres no complexo cantassem duas músicas japonesas específicas para Fujimoto. Eram canções famosas sobre sentimentos de saudade — uma sobre uma menina que fora levada da cidade de Yokohama por estrangeiros e outra sobre uma mãe corvo chorando à espera de seu filho.

Fujimoto mais tarde se perguntou se aquelas duas mulheres haviam sido sequestradas. Será que os filhos reais aprenderam japonês com Megumi Yokota, a adolescente japonesa sequestrada em seu caminho para a escola? Nessa época ela estaria com 20 e tantos anos, e essas canções eram exatamente o tipo de música que uma menina arrancada do lar cantaria.

Em outra ocasião, Kim Jong Un estava desenhando a Torre Juche, um obelisco com uma chama vermelha no topo que fica no centro de Pyongyang e é o monumento que representa a filosofia de "autossuficiência" da Coreia do Norte. Enquanto desenhava, Kim Jong Un perguntou a Fujimoto sobre a Torre de Tóquio, uma estrutura vermelha e branca semelhante à Torre Eiffel que foi construída na década de 1950 e rapidamente se tornou um símbolo do renascimento do Japão após a guerra.

Pediu que Fujimoto desenhasse a Torre de Tóquio para ele e disse que a imagem era legal. E cuidadosamente colocou-o na caixa em que guardava os próprios desenhos. Fujimoto ficou contente. Estava se aproximando do menino — e ser estimado pela criança melhorava a posição do chef dentro da residência Kim.

À medida que Kim Jong Un passava a gostar de seu improvável colega, tornou-se mais abertamente amigável. O menino era louco por basquete, e Fujimoto trouxe para ele do Japão uma fita adesiva resistente para que pudesse delimitar uma quadra. Um dia, Kim Jong Un deu a Fujimoto uma foto de Ri Myong Hun, o jogador de basquete mais famoso da Coreia do Norte. Ri tinha impressionantes 2,35m de altura e jogava como pivô na seleção nacional. Nos anos 1990, houve boatos de que Ri — apelidado de Michael Ri porque idolatrava Michael Jordan — jogaria na NBA. Ele foi para o Canadá e lá foi procurado por várias equipes, mas não passou disso. Ri entrar para a NBA era considerado uma violação da Lei do Comércio com o Inimigo (Trading with the Enemy Act) por parte dos Estados Unidos.

De volta à Coreia do Norte, o jogador se tornou uma figura importante na vida do jovem Kim. No funeral de Kim Jong Il em 2011, a enorme silhueta de Ri podia ser vista destacando-se sobre as dos outros enlutados. Ele também estava lá alguns anos depois na visita de Dennis Rodman para fazer um pouco de diplomacia esportiva.

Ainda assim, mesmo quando Fujimoto conquistou uma posição fixa na residência real, Kim Jong Un fazia questão de lembrar ao chef de sushi de seu lugar. Enquanto Jong Chol se referia a ele com um sufixo coreano honorífico que pode ser traduzido como "Sr.", Jong Un continuava se referindo a ele pelo desrespeitoso "Fujimoto".

Se Kim Jong Un fosse qualquer outra criança, ou melhor, qualquer outra criança rica, esses episódios seriam considerados um comportamento normal de criança mimada. Mas como temos tão poucas informações sobre ele, essas histórias ganharam grande significado. Analistas e especialistas examinam atentamente esses relatos em busca de evidência de falhas no caráter ou influências que possam, de certa forma, ter moldado esse homem.

Eles prestaram atenção quando Fujimoto relatou um episódio em que Kim Jong Un desafiou as ordens de sua mãe de permanecer sentado à mesa enquanto todo mundo terminava de jantar. "Vamos, irmão", disse a Jong Chol, e eles correram para fora.

Em outra ocasião, quando Kim Jong Un tinha cerca de 10 anos, o jovem príncipe ficou com muita raiva de sua tia, Ko Yong Suk, por se referir a ele como "irmãozinho".

"Não me trate como uma criança!", gritou a criança. Então Fujimoto sugeriu chamá-lo de Camarada General, e o menino gostou. "Todos começaram a se referir a ele dessa forma depois disso", contou-me Fujimoto durante um de nossos encontros no Japão. "Então é como se eu fosse o padrinho dele."

O que ele não mencionou foi que Kim Jong Un não era o primeiro Camarada General. Kim Jong Nam, o filho primogênito de Kim Jong Il, também tinha sido chamado dessa forma quando tinha a mesma idade, mais ou menos uma década antes. Mas os ventos mudaram, e agora o terceiro filho era favorito como sucessor.

Certamente, o menino cresceu achando que era especial. Fujimoto recorda a festa de aniversário de 8 anos do Camarada General Jong Un, ocorrida em um salão de festas no complexo real em Wonsan. Os convidados eram oficiais de alto escalão em vez de outras crianças.

Kim Jong Un vestia um terno preto e uma gravata borboleta e foi presenteado com buquês de flores. Ele parecia bem desconfortável. Quando o chef assumiu seu lugar à mesa, notou outro pedaço de papel ao lado do cardápio impresso. Era a letra de uma canção chamada "Footsteps" ["Passos", em tradução livre].

Depois dos brindes de felicitações ao jovenzinho, o Pochonbo Electric Ensenble, o grupo orquestral mais proeminente da Coreia do Norte na época, famoso por tocar versões que enalteciam o regime com sintetizadores, tocou a canção. Foi fácil de cantar junto depois de ouvi-la uma vez, disse Fujimoto, e logo todos acompanharam.

Tum, tum, tum
Os passos de nosso General Kim
Propagando o espírito de fevereiro
Tum, tum, marchando em frente
Nos aproximando de um futuro brilhante
Tum, tum, tum, ah, os passos.

Kim Jong Il nasceu em 16 de fevereiro, e seu aniversário era comemorado todos os anos com muita festa. A mensagem era inconfundível para todos os presentes: o sucessor de Kim Jong Il, outro General Kim, os levaria para o futuro.

Daquele momento em diante, até mesmo os oficiais do mais alto escalão faziam uma reverência em respeito a Kim Jong Un sempre que o viam, contaram-me sua tia e tio. Era impossível que o menino crescesse como uma criança normal quando as pessoas à sua volta o tratavam assim, disseram eles. E ele se acostumou rapidamente a dar ordens.

Quando criança, Kim Jong Un era louco por qualquer tipo de aparelho mecânico, aeromodelos e navios de brinquedo em particular. Ele queria saber como eles voavam e flutuavam. Ainda com 8 ou 9 anos e em Pyongyang, ele ficava acordado a noite toda fazendo experimentos com suas máquinas — e insistia em falar com algum especialista mesmo a altas horas da madrugada se não conseguisse entender as coisas sozinho. Quando tinha perguntas ou quando algo não funcionava direito, ele chamava um engenheiro naval para lhe explicar as coisas, independentemente da hora, contou-me sua tia.

Para ela, isso revelava um aspecto duplo de sua personalidade: por um lado, ele tinha um nível incrível de concentração, mas por outro, tinha uma tendência a se fixar a uma ideia e levá-la longe demais. Ela não usou a palavra "obsessão", mas foi esse o traço que descreveu. Na verdade, posteriormente, quando morou com eles em Bern, o menino sempre queria que seus tios comprassem aeromodelos da loja de brinquedos ou o levassem ao parque onde entusiastas costumavam fazer seus modelos voarem, e a obsessão perduraria até a vida adulta.

O próprio Kim Jong Un pareceu confirmar isso anos mais tarde, quando era o herdeiro aparente. Contou a um oficial como tinha construído uma pista de voo nos fundos da casa quando era criança e brincava com seus aeromodelos lá. O oficial tomou isso como uma prova adicional das qualificações inigualáveis de liderança de Kim Jong Un, de acordo com a versão norte-coreana dos acontecimentos.[8]

Isso também explica por que mais tarde pilotava o próprio avião pela Coreia do Norte sozinho, e construiu uma nova pista de pouso em Wonsan para que pudesse aterrissar perto de sua casa de praia. Atualmente, quando analistas da inteligência verificam imagens de satélites para descobrir se a Coreia do Norte lançará um míssil, uma das coisas que procuram é o avião particular de Kim Jong Un em uma pista próxima.

Embora seus anos de adolescência coincidam com a fome nacional, o Grande Sucessor não sofreu privação alguma e provavelmente nunca viu o sofrimento de seus compatriotas pessoalmente. Em vez disso, cresceu em um mundo em que tudo girava em torno dele. Ele não só tinha amigos especialmente designados como Fujimoto, mas também professores, treinadores, cozinheiros, guarda-costas e motoristas.

Ele cresceu sentindo-se o menino mais especial do universo, que proclamaria sua autossuficiência enquanto, na verdade, dependia de seu exército de servos, peticionários e tutores.

Os vários filhos de Kim Jong Il foram confinados em complexos murados com portões de ferro de 4,5m de altura ou isolados no complexo à beira-mar em Wonsan, onde a vida era de puro luxo. Havia televisores da Sony, computadores e videogames para que pudessem jogar Super Mario. Havia fliperamas e pianos de cauda, da Yamaha e da Steinway, em todas as casas.

As crianças tinham enormes quartos para brincar com mais brinquedos do que qualquer loja europeia. Havia montanhas de Lego e Playmobil; mais caixas de quebra-cabeças do que conseguiam montar; e pistolas de plástico com balas surpreendentemente realistas. Havia todos os tipos de brinquedo de quatro rodas imagináveis, mas Kim Jong Un também tinha um veículo e uma arma reais: um carro que seu pai mandou modificar especialmente para que o menino pudesse dirigir aos 7 anos e uma pistola Colt .45 que ele carregava no quadril quando tinha 11 anos.

As casas tinham grandes cinemas à prova de som forrados com painéis de madeira para melhorar a acústica e cortinas de veludo preto que se abriam quando as luzes eram apagadas. As crianças podiam se sentar em poltronas macias e assistir a *Ben Hur, Drácula* ou filmes do James Bond.

Nas cozinhas, havia bolos e confeitos franceses, salmão defumado e em forma de patê, e frutas tropicais como mangas e melões. Elas usavam roupas feitas sob medida com tecidos vindos da Grã-Bretanha que chegavam em malas de viagem da Samsonite. Escovavam os dentes com pasta Colgate importada.

Havia jardins tão grandes que eram chamados de parques, com cachoeiras artificiais que desembocavam em lagos artificiais. Elas se movimentavam pelos complexos em carrinhos de golfe ou lambretas. Havia ursos e macacos em gaiolas. Alguns dos complexos tinham grandes piscinas; alguns tinham campos de tiros internos e externos.[9]

Kim Jong Un passava os dias escutando o CD de Whitney Houston de Fujimoto no discman do chef de sushi ou jogando basquete nas quadras das residências oficiais — geralmente com crianças trazidas especialmente para jogar com os príncipes.

Kim Jong Un analisava obsessivamente os jogos de basquete, afirmou Fujimoto. Ele apontava os pontos fortes e fracos dos jogadores, elogiando aqueles que ele achava que tinham jogado bem e censurando os que não tinham.

"Ele tinha a habilidade de fazer bons julgamentos com uma fundamentação sólida; sabia quando elogiar e quando criticar", recordou o chef. Quando Kim Jong Un falava sobre a severidade com que tinha criticado um jogador, ele sorria. Parecia estar praticando a arte do comando, e estava gostando do terror que sua autoridade absoluta podia provocar.

CAPÍTULO 3

ANÔNIMO NA SUÍÇA

"Eu tenho uma forte ligação com aviões e navios de guerra desde minha infância."

— Kim Jong Un, retirado de *Anecdotes of Kim Jong Un's Life*

KIM JONG UN AINDA ERA MUITO JOVEM QUANDO PARTIU PARA BERN, a capital da Suíça, no verão de 1996 para se juntar a seu irmão mais velho, Kim Jong Chol, na escola. O menino tinha 12 anos, um corte de cabelo estilo "tige-linha" e o início do que um dia seria um queixo duplo bem evidente.

Ele se viu em uma pitoresca cidade de caixa de chocolates que parecia mais excêntrica do que uma capital internacional. Bern era famosa por sua torre do relógio, conhecida como Zytglogge, que levou um jovem funcionário de patentes chamado Albert Einstein a descobrir a teoria da relatividade noventa anos antes. Einstein, voltando para casa do trabalho em um bonde certa noi-te de 1905, olhou para o relógio, que ficava cada vez mais distante dele, e se perguntou o que aconteceria se ele estivesse viajando na velocidade da luz. O pensamento o levou a resolver o mistério do "espaço-tempo" que o incomodava há anos.

Kim Jong Un partiu em sua própria jornada de iluminação, viajando da Coreia do Norte assolada pela fome para um dos países mais ricos da Europa.

Naquele mês de agosto, o filme *Missão Impossível* era exibido nos cinemas, e *Trainspotting – Sem Limites* estava prestes a estrear. Computadores pessoais top de linha usavam disquetes e rodavam o sistema operacional MS-DOS.

As Olimpíadas de Verão estavam se desenrolando em Atlanta. Bill Clinton fazia sua campanha para a reeleição nos Estados Unidos. O autor George R. R. Martin publicou naquele mês um romance de fantasia épica chamado *A Guerra dos Tronos*.

O príncipe norte-coreano surgiu do cosmos do seu complexo para esse novo mundo terrestre. Não era sua primeira vez no exterior — ele já tinha viajado para Europa e Japão antes —, mas era a primeira vez que morava fora dos limites da corte real da Coreia do Norte.

Ele se juntou a seu irmão mais velho, que morava em Liebefeld, um bairro residencial na periferia de Bern, há dois anos com sua tia materna, Ko Yong Suk, e seu marido, Ri Gang.

"Morávamos em uma casa normal e agíamos como uma família normal. Eu agia como sua mãe", contou-me a tia de Kim quando a encontrei nos Estados Unidos quase vinte anos depois. "Os amigos deles nos visitavam e eu fazia lanches. Foi uma infância bem normal, com festas de aniversário, presentes e crianças suíças visitando para brincar."

Em casa, falavam coreano e comiam comida coreana, e os amigos dos meninos não sabiam que Imo — como Jong Chol e Jong Un a chamavam — era "tia", e não "mãe", em coreano.

Eles gostavam de viver na Europa e ter dinheiro. O álbum de fotos da família continha imagens do futuro líder da Coreia do Norte nadando no Mediterrâneo da Riviera Francesa, jantando ao ar livre na Itália, visitando a Euro Disney em Paris — não foi a primeira vez dele por lá; sua mãe já o levara alguns anos antes — e esquiando nos Alpes Suíços.

Eles relaxavam em um hotel de luxo em Interlaken, a requintada cidade resort próxima a Bern que é porta de entrada para as montanhas Jungfrau e lar de um famoso parque de diversões. Ele foi duas vezes ao museu Olímpico em Lausanne, cidade suíça às margens do Lago Léman e que abriga o Comitê Olímpico Internacional. Uma das exposições no museu era perfeita para sua obsessão por máquinas: era uma atração em que o visitante podia solicitar um vídeo sobre um atleta ou evento esportivo, e um robô no porão o entregava.

Isso foi na era antes do armazenamento digital, e o robô deixou o menino, que passava horas brincando com aviões e navios em seu quarto, muito impressionado. Duas décadas depois, ao receber o chefe do Comitê Olímpico Internacional em Pyongyang, ele perguntaria se essa exibição ainda existia. A resposta foi não.[1]

Na Suíça, todos os membros da família Kim criaram meticulosamente identidades para ocultar quem realmente eram. Ri foi registrado como um motorista na embaixada norte-coreana e atendia pelo nome Pak Nam Chol. Pak é um dos sobrenomes coreanos mais comuns depois de Kim. Ko, seguindo a prática coreana em que as mulheres mantêm seus sobrenomes depois de casadas, tinha documentos com o nome de Chong Yong Hye.

Kim Jong Chol era oficialmente Pak Chol, e Kim Jong Un era Pak Un. Mas os pseudônimos não eram novos. Todos já tinham sido atribuídos à missão da Coreia do Norte nas Nações Unidas em Genebra desde 1991, e esses documentos diplomáticos permitiam que viajassem livremente pela Europa.

A foto que foi submetida às autoridades suíças mostra um jovem Kim Jong Un com bochechas rechonchudas e cabelo bufante que parece ter um permanente, assim como fez Kim Jong Nam quando foi para a Suíça. Aparentemente foi uma tentativa de não ficar muito em destaque. Ele está usando uma jaqueta aveludada azul-marinho fechada sobre uma blusa de gola rolê branca — o melhor da moda dos anos 1970, só que nos anos 1990.

"Pak Un" também tinha outro passaporte para viajar pela Europa. Um novo passaporte brasileiro emitido em 1996, talvez especificamente para possibilitar sua movimentação sem ser reconhecido como norte-coreano, o identificava como Josef Pwag — aparentemente, a versão brasileira de Pak.

Norte-coreanos com passaportes diplomáticos podem cruzar fronteiras, mas não sem passarem despercebidos. A Coreia do Norte, tanto na época quanto agora, era um estado pária com ambições nucleares. Além disso, os norte-coreanos eram uma raridade, até mesmo novidade. Mas uma família comum de brasileiros asiáticos — o Brasil tem a maior população coreana da América do Sul — de férias na Europa não disparava nenhum alarme.

O passaporte dizia que o adolescente, em uma foto nada lisonjeira com cabelo bufante e claramente identificável como o jovem Kim Jong Un, tinha nascido em São Paulo no dia 1º de fevereiro de 1983. Listava como pais Ricardo e Marcela Pwag.[2]

Ricardo Pwag era um norte-coreano que viajava com frequência e de forma extravagante pela Europa, voando de primeira classe pela Swiss Air e se hospedando em hotéis de luxo em Bern, Genebra e Zurique. Ele parece ter sido encarregado de comprar prédios para a classe governante da Coreia do Norte. Ricardo Pwag provavelmente era o tio de Kim Jong Un, Jang Song Thaek.

Com seu novo pseudônimo, Kim Jong Un se instalou em Liebefeld, onde a arquitetura é mais parecida com a de blocos de concreto dos anos 1970 do que de vilas alpinas. Não é diferente do estilo brutalista de Pyongyang. Atrás da rua principal em um "beco industrial", como diz a placa, ao lado de uma grande empresa de comércio de vinhos que parece um monastério, está Kirchstrasse nº 10. Esse era o endereço de Kim Jong Un enquanto esteve na Suíça. Em um prédio de arenito de cor alaranjada-clara de três andares cercado de hortênsias.

O regime da Coreia do Norte tinha comprado seis apartamentos no prédio logo depois de sua construção em 1989 pelo valor de 4 milhões de francos suíços — pouco mais de 4 milhões de dólares na época — para a família e alguns outros dignatários norte-coreanos que moravam na capital suíça. A família tinha três carros, com placas diplomáticas e vidros escurecidos, que mantinham em um estacionamento subterrâneo.

Kim Jong Un se juntou ao seu irmão mais velho na Escola Internacional de Berne, uma escola particular de língua inglesa frequentada pelos filhos de diplomatas e outros expatriados na capital suíça. Os custos ultrapassavam os US$20 mil por ano.

A escola ficava a apenas cinco minutos de carro da embaixada norte-coreana, que era, e ainda é, localizada em uma grande casa em uma rua residencial típica, Pourtalèsstrasse, em frente ao rio do centro da cidade. É um bairro rico cheio de casas de embaixadores.

Ninguém ligava quando Kim Jong Un, às vezes, usando a camiseta da escola com a bandeira suíça e um urso, o símbolo da capital, chegava na escola em um carro dirigido por um chofer. Muitos outros filhos de diplomatas chegavam da mesma forma.

A escola, cuja população estudantil continha cerca de quarenta nacionalidades, se autoproclama "perfeitamente situada em um país neutro". De fato, a Suíça, famosa por sua discrição com tudo, desde contas bancárias até a instrução de filhos de ditadores, era a localização ideal para norte-coreanos discretos.

Quando a notícia de que Kim Jong Un seria o sucessor de Kim Jong Il surgiu pela primeira vez, havia tanta confusão que muitos forneceram informações que eram, na verdade, sobre seu irmão. Os colegas o descreveram como introvertido, mas relativamente fluente em inglês, mas acabou que estavam se lembrando do norte-coreano errado, "Pak Chol" em vez de "Pak Un".

Um desses relatos — a predileção pela estrela de ação, Jean-Claude Van Damme — pareceu, de fato, se aplicar aos dois meninos, ambos aparentemente adoravam assistir a seus filmes. Em uma coincidência que valeria a pena mais tarde, Van Damme coestrelou em um filme de Hollywood chamado *A Colônia* com um certo jogador de basquete chamado Dennis Rodman. O filme estreou em 1997, enquanto Kim Jong Un estava na Suíça.

Kim Jong Chol até encontrou um jeito de colocar o astro do cinema belga em seus trabalhos de escola. "Se eu tivesse meu mundo ideal, não permitiria mais as armas e as bombas atômicas", escreveu em um trabalho escolar ainda em Bern. "Eu destruiria todos os terroristas ao lado do astro de Hollywood Jean-Claude Van Damme. Todos seriam felizes: sem guerras, sem mortes, sem choro."

Como um bom socialista norte-coreano, ou talvez apenas como um adolescente idealista, o poeta diz que todos devem ter a mesma quantia de dinheiro. "Apenas em meu mundo ideal as pessoas têm liberdade e vivem muito felizes", concluiu.[3]

O apartamento em Kirchstrasse era mais modesto do que ele estava acostumado na Coreia, mas lá Kim Jong Un podia levar uma vida relativamente normal. E podia se dedicar ao seu passatempo favorito: o basquete. Foi sua mãe que despertou seu interesse pelo esporte. Há uma história antiga que as mães coreanas, do Norte e do Sul, gostam de contar a seus filhos: se você jogar basquete, ficará mais alto.

Kim Jong Un foi uma criança baixa, e seu pai não era um homem alto — tinha apenas 1,60m, e ficou conhecido por usar sapatos plataforma para tentar compensar a altura —, então Ko Yong Hui encorajou seu filho a jogar basquete na esperança de que a história fosse verdade. Ele chegou a 1,70m, então talvez tenha funcionado um pouco.

Ela ficou animada em ver seu filho apreciando o basquete, um esporte que ela achava que o ajudaria a limpar a mente e abandonar sua obsessão infantil por aviões e motores. Em vez disso, a mãe e a tia de Kim Jong Un viram que o basquete também se tornou um vício — o menino dormia com a bola de basquete — e que acabou pesando em seus estudos. Sua mãe o visitava em Bern regularmente para censurá-lo por jogar demais e estudar de menos.

Ela chegou com um passaporte sob o nome de Chong Il Son, atribuído à missão norte-coreana nas Nações Unidas em Genebra desde 1987, mas os suíços sabiam exatamente quem ela era. Afinal, ela chegou no país em um jato Ilyushin 62 de fabricação russa com a insígnia da Air Koryo, a companhia aérea estadual da Coreia do Norte. O avião, que tinha o prefixo P882, era apenas para VIPs. Tinha até mesmo um quarto completo a bordo.

Vários tipos de malas e mercadorias eram carregadas e descarregadas do avião, cuidadosamente supervisionadas pela inteligência suíça. Eles monitoravam Ko Yong Hui de perto, mantendo registros de tudo, desde suas jornadas de compras na Bahnhofstrasse de Zurique, uma das avenidas comerciais mais exclusivas do mundo, até suas contas de hospital em sofisticadas clínicas privadas próximas do Lago Léman.

Também sabiam quem eram seus filhos. Chamavam Kim Jong Chol de "o alto e magro" e Kim Jong Un de "o baixo e gordo". Mas a nova procuradora-geral suíça, Carla Del Ponte (que mais tarde seria promotora-chefe dos tribunais penais internacionais para a ex-Iugoslávia e para Ruanda), proibira as autoridades suíças de monitorar as crianças. Na reconhecidamente discreta Suíça, eles tinham permissão de ser crianças — mesmo que fossem filhos de um dos tiranos de pior reputação do mundo.

Quando a mãe de Kim chegava em Bern, levava cadernos preenchidos à mão contendo mil caracteres chineses, que formam as palavras coreanas mais básicas, que ela mesma havia feito e tirado cópias para que os filhos pudessem manter suas habilidades linguísticas. Ela dizia aos filhos que precisavam memorizar cinco ou seis páginas por dia, o tipo de lição de casa que atormenta crianças coreanas pelo mundo todo.

Ela era o que chamamos hoje em dia de "mãe tigre", dedicando muita energia à educação de seus filhos e acompanhando seus diários e tarefas de casa independentemente da hora que chegasse em casa.

Mas Kim Jong Un tinha outras prioridades.

Embora tenha chegado a se considerar como superior a todos os outros por ter sido ungido como sucessor de seu pai aos 8 anos, ele sabia que ainda precisava obedecer aos seus pais. Ele não respondia sua mãe, mas saía enfurecido e muitas vezes se recusava a jantar como forma de demonstrar sua raiva. Já nessa época ele era irritadiço e intolerante. "Ele é teimoso", contou-me sua tia. "Só quer fazer o que tem vontade."

Previsivelmente, Kim Jong Un ficou encantado quando o verão chegou e o ano escolar terminou, pois poderia voltar para casa, onde não havia estudos, apenas basquete e praia.

O mundo de Kim Jong Un virou de pernas para o ar em 1998. Sua mãe fora diagnosticada com câncer de mama em estágio avançado e começara um tratamento médico intenso na França. Seu prognóstico não era bom.

A doença também se provaria terminal para os guardiões de Kim Jong Un. Sua ligação com o regime, o relacionamento que garantia sua posição privilegiada, estava enfraquecendo dia após dia.

Eles decidiram abandonar suas responsabilidades e correr para a liberdade.

Então, depois do anoitecer de domingo, dia 17 de maio, a tia e o tio de Kim Jong Un colocaram seus três filhos em um táxi e foram até a embaixada norte-americana. Apenas o mais velho, que tinha 14 anos, a mesma idade de Kim Jong Un, sabia o que aconteceria em seguida.

Quando chegaram à embaixada, explicaram que eram norte-coreanos, que Ko era a cunhada do líder e que estavam buscando asilo nos Estados Unidos. Até então, o governo norte-americano não sabia quem era Kim Jong Un, então deixaram de mencionar essa parte.

Na manhã seguinte, a primeira coisa que os norte-americanos fizeram foi informar a inteligência suíça da inacreditável deserção, e juntos criaram um plano: se a embaixada norte-coreana fosse até os hospedeiros suíços e perguntasse sobre a família, o governo alegaria não saber de nada.

A família passou a segunda-feira inteira na embaixada respondendo a perguntas. No dia seguinte, foram colocados em uma minivan para fazer a viagem de quatro horas atravessando a fronteira da Alemanha em direção ao norte para a base de Força Aérea dos EUA em Ramstein. Eles ficaram na Alemanha por cerca de dois meses enquanto eram interrogados e os oficiais da inteligência conferiam suas histórias.

Os interrogadores queriam saber todos os seus "segredos", mas Ri Gang, o tio de Kim Jong Un, disse que não sabiam de nada sobre as operações militares da Coreia do Norte, apenas sobre a vida da família regente. "Estávamos apenas cuidando das crianças e ajudando-os a estudar", segundo me contou. Eles receberam asilo nos Estados Unidos e se instalaram no coração do país, abriram uma lavanderia de lavagem a seco como muitos outros imigrantes coreanos e viram seus filhos desabrocharem no novo ambiente.

Consegui encontrar o casal e passei uma semana com eles, falando sobre o sobrinho que um dia se passou por seu filho. Visitei a lavanderia deles e voltei à sua casa, quase idêntica às outras alinhadas à rua de classe média onde moravam, com um gramado bem cortado e dois carros estacionados na garagem.

Enquanto nos sentávamos em seus sofás pretos estofados, o jornal sul-coreano passava na televisão mostrando seu ex-tutorado sorrindo com seus camaradas enquanto celebravam o lançamento de um míssil. O jornalista proferia avisos agourentos sobre o jovem líder norte-coreano. "Nunca dizem nada de bom sobre ele", resmungou Ri.

Perguntei ao casal a razão de sua deserção. Eles disseram que foi porque queriam obter tratamento médico para a mãe de Kim Jong Un. Segundo Ko, eles ouviram falar que o tratamento médico nos Estados Unidos era o melhor do mundo, e estavam preparados para fazer o que fosse necessário para obtê-lo para ela.

Ri acrescentou que eles acreditavam que, se conseguissem convencer o governo dos EUA a permitir que Ko Yong Hui entrasse no país, isso teria ajudado a criar um relacionamento melhor entre Washington e Pyongyang. Ri comparou a ideia à "diplomacia ping-pong" do ex-presidente Nixon com a China, que abriu uma nova era de relações entre os países previamente hostis.

Esse período foi um ponto alto nos relacionamentos entre os Estados Unidos e a Coreia do Norte. A administração Clinton fizera um acordo nuclear com os norte-coreanos, e Bill Clinton enviou o ex-secretário de defesa William Perry para Pyongyang a fim de entregar uma carta a Kim Jong Il.

Isso deu início a uma série de encontros que levaram à visão extraordinária da viagem do braço direito de Kim Jong Il a Washington como enviado especial. Usando seu uniforme militar norte-coreano, várias faixas cruzando o peito e seu distinto chapéu militar em forma de lua com uma estrela vermelha comunista na frente, o vice-marechal entrou no Salão Oval da Casa Branca e posou para fotos com o Presidente Clinton.

Então não era um absurdo imaginar que um membro de um regime "inimigo" pudesse entrar nos Estados Unidos para obter tratamento médico. Mas quando Ko Yong Hui se candidatou para o visto, foi rejeitada. Parece que as trocas de gentilezas não duraram muito tempo.

Mas eu não conseguia acreditar que essa era a história toda de sua deserção. A posição central de Ri e Ko no regime norte-coreano dependia totalmente de seu relacionamento com a mãe de Kim Jong Un. E agora que ela estava morrendo — e seus filhos estavam ficando mais velhos e superando a necessidade de guardiões — sua posição também parecia estar em risco.

Depois de anos viajando e vivendo na Europa, o casal — como dezenas de milhares de outros norte-coreanos que viram um pouco do mundo exterior nas últimas décadas — deve ter percebido que a Coreia do Norte não era a sociedade ideal que afirmava ser. Histórias sobre o casal na imprensa sul-coreana — que reconhecidamente não tem um relacionamento muito bom com a verdade — sugeriam que eles buscaram asilo nos Estados Unidos porque estavam preocupados com o que poderia acontecer com eles depois da morte da irmã de Ko ou de Kim Jong Il.

Na verdade, a mãe de Kim Jong Il viveu por mais seis anos, morrendo em um hospital em Paris em 2004, enquanto seu pai resistiu a derrames e outras doenças e sobreviveu até o fim de 2011.

Quando voltou para Bern, depois do verão de 1998, Kim Jong Un não voltou para a escola internacional particular do outro lado do rio. Em vez disso, recomeçou seus estudos em uma escola pública em seu bairro, Schule Liebefeld Steinhölzli. Começar em uma nova escola significava que ele não precisaria explicar por que seus "pais" eram diferentes.

A escola ficava a menos de 400m da quadra em que eles moravam, uma caminhada de cinco minutos descendo as escadas de concreto, passando pelo supermercado e outras lojas e contornando a rotatória.

Quando Kim Jong Un frequentou a escola no final da década de 1990, ela tinha apenas duzentos alunos e nove turmas. O departamento de educação gostava de ter várias escolas pequenas para que nenhum aluno precisasse se deslocar para muito longe todos os dias.

As aulas começavam às 7h30 todas as manhãs, mas paravam ao meio-dia para uma pausa de duas horas para o almoço, então as crianças podiam ir para casa almoçar. Mesmo na década de 1990, havia uma expectativa de que as mães estivessem esperando seus filhos em casa.

Às 14h, a crianças voltavam para mais três horas de aulas, exceto às quartas-feiras, quando não havia aula à tarde. A quarta-feira à tarde era o horário em que as crianças suíças iam para o médico, o dentista ou — provavelmente como era o caso de Kim Jong Un — a quadra de basquete.

A escola é a combinação de prédios de dois e três andares projetados funcionalmente. Há um jardim na frente no qual os alunos plantam milho, vagem e morango. Na biblioteca há livros sobre Picasso e Pedro, o Grande, em alemão e também livros em inglês. Ferramentas e tornos ficavam organizadamente alinhados na sala de marcenaria e as artes feitas pelos alunos decoram o saguão principal e os quadros de anúncios. É basicamente uma escola comum.

Ao lado dos prédios escolares há um grande campo de grama sintética. No dia em que o visitei, um grupo de crianças imigrantes de várias origens jogavam futebol juntas. Na lateral, dois meninos falando árabe brincavam com um carrinho de controle remoto, um corria atrás dele enquanto o outro tentava escapar.

Quando a notícia de que Kim Jong Un seria o sucessor de seu pai saiu em 2009, os jornalistas se aglomeraram na escola para obter informações sobre o futuro ditador, abarrotando o prédio na tentativa de entrevistar seus antigos professores.

Um jornalista japonês tirou uma foto da foto da turma de Kim Jong Un que estava exposta em um dos corredores e a publicou em seu jornal em julho de 2009. Depois disso a foto foi removida da parede e guardada em algum lugar privado, e os jornalistas foram banidos do campus.

Ela ainda existe na internet. A turma, vestida com a moda da década de 1990, com camisas de cambraia e moletons enormes, está reunida debaixo de uma árvore no pátio da escola. Kim Jong Un está de pé no centro da fileira de trás usando um moletom cinza e preto com um bordado vermelho e grandes letras em que se pode ler "NIKE" na manga. Ele está encarando a câmera sem sorrir.

Outra foto tirada mais ou menos na mesma época mostra Kim com um sorriso, com um colar prateado sobre a camiseta preta e parecendo um adolescente comum. Outra revela uma penugem sobre o lábio superior e várias espinhas nas bochechas.

Apesar dos esforços da escola para se livrar dos jornalistas, o interesse era tanto que as autoridades organizaram uma coletiva de imprensa em uma das salas de aula. Ueli Studer, o administrador educacional da municipalidade de Köniz, que inclui Liebefeld, confirmou que um menino da Coreia do Norte frequentou a escola de agosto de 1998 ao outono de 2000. Ele foi matriculado como o filho de um funcionário da embaixada, disse Studer, acrescentando que isso não era incomum, dado que alguns diplomatas estrangeiros também enviavam seus filhos para essa escola.

"O pupilo era considerado bem integrado, diligente e ambicioso", continuou Studer. "Seu hobby era o basquete." Na parte inferior da declaração havia palavras em negrito dizendo que esse seria seu último comentário. Até hoje, esses foram os únicos detalhes fornecidos pela escola.

Os professores nunca conheceram os pais do menino. Em vez disso, vários norte-coreanos participavam das reuniões de pais em seu lugar, desculpando-se e explicando que era porque os pais não sabiam falar alemão, recordou o então diretor, Peter Burri.[4]

Quando foi matriculado na escola em Liebefeld, Kim Jong Un iniciou em uma turma de "adaptação" para crianças que não falavam alemão, e passou vários meses fazendo suas aulas em alemão, mas em um ritmo mais lento e com instruções mais simples.

Na época de sua matrícula, cerca de um quarto dos alunos não eram suíços, então as autoridades estavam acostumadas a lidar com crianças que chegavam sem serem capazes de falar o idioma local. Kim Jong Un também teve aulas particulares de alemão fora da escola.

Para saber mais sobre o que o jovem norte-coreano aprendeu na escola, peguei um ônibus para Köniz um dia e visitei o escritório municipal. Marisa Vifian, chefe do departamento de educação de Köniz, pegou um grande fichário contendo os currículos escolares da década de 1990.

Havia as matérias comuns — alemão, matemática, ciências, saúde, língua estrangeira, música, artes, esportes —, e também temáticas como "O Mundo à Nossa Volta", que ensinava religiões e culturas do mundo. As autoridades escolares avaliavam as crianças com base nas capacidades e não na idade. Preferiam não arriscar e deixar a criança um ano atrasada para ter resultados melhores em uma turma anterior, contou-me Vifian.

Assim que concluiu a adaptação preparatória, Kim Jong Un entrou para a turma de sexto ano regular.

João Micaelo, na época com 14 anos e filho de imigrantes portugueses, se recorda claramente do menino asiático de moletom e tênis Nike entrando na 6A, uma turma de 22 alunos. As crianças já estavam sentadas em suas mesas quando o aluno novo foi trazido e apresentado como Pak Un, filho de diplomatas norte-coreanos. Havia uma mesa vaga ao lado de Micaelo, então o aluno novo, que atendia apenas por Un, sentou-se ali.

Os dois logo se aproximaram, criando laços por causa de seus lugares em sala, e também porque nenhum dos dois era particularmente estudioso. No 6º ano, as aulas eram divididas em dois grupos, e tanto Kim Jong Un quanto Micaelo foram colocados no grupo de alunos com desempenho mais fraco.[5] Kim Jong Un ficava envergonhado quando era chamado para responder a perguntas na frente da turma — não necessariamente por não saber as respostas, mas porque não conseguia se expressar. Então Micaelo o ajudava com o dever de casa de alemão, enquanto o recém-chegado ajudava seu novo amigo com matemática.

Micaelo se lembra de Kim como alguém quieto, mas disse que era muito determinado e capaz de mostrar seu ponto de vista. "Ele era ambicioso, mas não agressivo", disse.[6]

Mas outros alunos se lembram do menino novo como sendo enérgico, pois tinha problemas para se comunicar. Enquanto as aulas eram em alto-alemão, a variedade mais formal da língua falada em ocasiões oficiais na Suíça, familiares e amigos falavam uns com os outros no alemão suíço, relembram os antigos colegas de turma. Isso é tecnicamente um dialeto, mas, para um estrangeiro, parece tão diferente que poderia muito bem ser holandês. Era frustrante para Kim Jong Un, que se ressentia de sua incapacidade de compreensão. "Ele nos dava chutes nas canelas e até cuspia", disse uma ex-colega.[7]

Além dos problemas de comunicação, os outros alunos tendiam a pensar em Kim Jong Un como um estrangeiro estranho, relembram seus colegas de escola, notavelmente porque ele sempre usava moletons, nunca jeans, o uniforme padrão dos adolescentes do mundo todo. Na Coreia do Norte, o jeans é um símbolo dos odiosos capitalistas.

Um colega lembra dele vestindo moletons da Adidas com três listras do lado e o mais recente modelo do tênis Air Jordan da Nike. Os outros alunos só sonhavam em ter um desses, disse Nikola Kovacevic, outro ex-colega que geralmente jogava basquete com Kim depois da aula, estimando que um par custava mais de US$200 na Suíça na época.[8]

Ao chegar nos anos escolares mais avançados, Kim Jong Un melhorou seu alemão o suficiente a ponto de conseguir se virar na sala de aula. Até a menina que ele chutou e cuspiu admitiu que ele "derreteu" aos poucos e foi ficando mais sociável.

Mas ele ainda continuava introvertido. Pensamentos mais complicados estavam além de seu conhecimento em alemão, então ele tendia a mantê-los para si, disse Micaelo.[9]

Kim Jong Un passou dos 7º e 8º anos e esteve na escola em parte do 9º ano, no ensino médio, confirmaram as autoridades educacionais de Köniz. Suas notas nunca foram ótimas. Suas faltas certamente não ajudavam: 75 no primeiro ano, 105 no segundo.[10]

Partes do currículo focavam questões sociais e teriam apresentado uma visão de mundo muito diferente da experimentada por Kim na Coreia do Norte.

"Geralmente, as pessoas aprendem a respeitar umas às outras", contou-me Godi Huber, que também trabalha na municipalidade de Köniz, enquanto eu folheava as pastas de currículos. "Elas aprendem a resolver conflitos de forma pacífica e como viver juntas em harmonia. Esses são nossos valores."

Na época em que frequentou a escola, as aulas de Kim Jong Un incluíam direitos humanos, direitos das mulheres e o desenvolvimento da democracia. Havia até mesmo uma matéria temática chamada "Felicidade, Sofrimento, Vida e Morte".

Os alunos aprenderam sobre Martin Luther King Jr., Nelson Mandela e Mahatma Gandhi. Havia uma forte ênfase na "educação intelectual", disse Huber, no aprender sobre diversidade cultural; grupos religiosos, étnicos e sociais; os direitos dos seres humanos; e a solidariedade pelos desfavorecidos.

É difícil saber o que Kim Jong Un pensava durante essas aulas. Não existiam direitos na Coreia do Norte. Mas isso provavelmente não foi tão chocante para ele como parece, porque ele tinha conhecido alguns poucos norte-coreanos e quase nenhum deles em situações fora daquelas cuidadosamente coreografadas para exibir cidadãos sorridentes que irradiavam alegria para ele. Kim pode ter dito a si mesmo que seu povo não precisava de todos aqueles ideais porque claramente eram muito felizes sob a liderança de seu pai.

O Kim adolescente também teria aprendido sobre como a população francesa se rebelou e tomou a Bastilha, levando à consequente execução do rei e da rainha. Todos os alunos suíços aprendiam sobre a Revolução Francesa como um exemplo de como uma sociedade pode mudar.

A turma de Kim Jong Un aprendeu que a Revolução Francesa começou, em grande parte, porque a população estava insatisfeita com os padrões de vida que tinham começado a melhorar e não continuaram. Os cientistas políticos ainda falam hoje sobre o efeito potencialmente desestabilizador de expectativas crescentes não satisfeitas.

Será que o Grande Sucessor se lembra dessas aulas? A vida tem melhorado para muitos norte-coreanos desde que Kim Jong Un assumiu o poder em 2011. Eles têm mais liberdade de ganhar dinheiro por esforço próprio, e aqueles que ganham o suficiente conseguem comprar cappuccinos, patins e smartphones.

Como resultado, há agora disparidades óbvias entre o modo como as pessoas vivem na suposta utopia igualitária. Existe o 1% mais rico. Os 99%, o equivalente norte-coreano da burguesia e do campesinato, começarão a se ressentir da lacuna entre eles e a elite e, mais importante, farão alguma coisa a respeito? Expressarão sua raiva se as pequenas melhorias em seu padrão de vida não prosseguirem?

As lições sobre a Revolução Francesa e o destino de Luís XVI não são um bom presságio para Kim e seu círculo.

Mas, naquela época, o aluno não se preocupava com agouros históricos. Estava ocupado jogando basquete.

Todos os dias às 17h, quando o sinal da escola tocava, Kim Jong Un ia para as quadras de basquete de sua escola ou da escola Lerbermatt, a uma caminhada de menos de dez minutos de distância. Muitas vezes estava com seu irmão mais velho, Kim Jong Chol, e com um menino norte-coreano mais velho que agia como seu guarda-costas.

Simon Lutstorf, um aluno da Lerbermatt na época, jogava basquete com o grupo várias vezes por semana entre 1998 e 2001, geralmente até as 20h. Ele só supunha que o menino asiático estava associado à embaixada tailandesa, que ficava próxima da escola.

Kim Jong Un sempre vestia a mesma roupa para jogar basquete: uma camiseta autêntica do Chicago Bulls com o número do Michael Jordan — 23 — calção do time e seus tênis Air Jordan. Sua bola também era top de linha: uma Spalding com a marca oficial da NBA.

O lado competitivo de Kim aparecia nas quadras. Ele podia ser muito agressivo e geralmente exagerava nos xingamentos.[11] Era sério em quadra, raramente ria ou falava, concentrando-se apenas no jogo. Quando as coisas iam mal, ele xingava ou até batia a cabeça contra a parede.

Às vezes, além dos outros adolescentes asiáticos que chegavam com Kim Jong Un, um casal de adultos vinha junto e montava pequenas cadeiras de acampamento ao lado da quadra, mantendo o placar em um quadrinho e aplaudindo quando Kim fazia uma cesta. Lutstorf descreveu a cena como "extremamente bizarra". "Era óbvio que aquele cara, que agora conhecemos como Kim, era especial de alguma forma", disse.

Fora da quadra, Kim Jong Un jogava basquete em seu PlayStation. "Seu mundo inteiro era só basquete o tempo todo", disse Micaelo.[12] Ele até foi para Paris para ver um jogo amistoso da NBA e tinha fotos ao lado de Toni Kukoc do Chicago Bulls e Kobe Bryant do Los Angeles Lakers.[13]

Alguns de seus amigos mais próximos em Bern estiveram em sua casa, que descreveram como simplória, sem quadros nas paredes. Mas tinha uma cesta de basquete do lado de fora e os adolescentes jogavam lá com frequência, às vezes fazendo mais barulho do que os vizinhos gostariam.

No apartamento, Micaelo conheceu os "pais" de Kim Jong Un, seu irmão mais velho e sua irmã mais nova, Kim Yo Jong, que era conhecida na Suíça como Pak Mi Hyang. Eles não conversavam muito, já que os coreanos não falavam alemão e Micaelo não falava nem inglês nem coreano.

Ainda assim, Micaelo volta e meia aparecia para o almoço, no qual um cozinheiro fazia "frango cozido com estranhos molhos agridoces" que não eram muito do gosto do aluno português.

Às vezes iam a uma piscina local na minivan de vidros escuros dos norte--coreanos, rindo o caminho todo. Outro colega, Marco Imhof, volta e meia também ia ao apartamento de Kim e notou como a personalidade do menino mudou, revelando lampejos do mau temperamento. Uma vez serviram espaguete a eles, mas estava frio. Ele falou "de modo ríspido" com o cozinheiro, disse Imhof, de uma forma que o surpreendeu.[14]

Kim Jong Un tinha dispositivos que seus amigos só sonhavam em ter: um MDplayer, que era a forma mais avançada de armazenar música na época anterior aos iPods; um PlayStation da Sony; e vários filmes que ainda não tinham estreado nos cinemas. Eles adoravam assistir a filmes de ação, especialmente com Jackie Chan ou o mais recente do James Bond.

Mas, na época em que os adolescentes geralmente ultrapassam limites, Kim Jong Un não era festeiro nem um aspirante a playboy. Não ia para acampamentos escolares, festas ou danceterias, e não bebia uma gota de álcool sequer.

Ele "evitava qualquer contato com meninas", disse uma antiga colega de classe, acrescentando que nunca teve uma conversa significativa com ele. "Era um solitário e não compartilhava nada sobre sua vida privada... Quando estava com alguém, era Marco Imhof e João Micaelo."[15]

Com esses amigos, ele falava sobre a Coreia do Norte e o que fez lá durante as férias de verão. Mostrava fotos da praia em Wonsan e de si mesmo andando de jet ski. Um dia, enquanto Kim e Micaelo passavam um tempo juntos na sala de estar, o norte-coreano foi até o quarto e voltou com uma foto sua e de um homem mais velho. O homem no apartamento não era seu pai, revelou Kim. Apresentou o homem na foto como seu verdadeiro pai: Kim Jong Il, o líder da Coreia do Norte.

Micaelo achou que seu amigo estava falando bobagens e respondeu sarcasticamente: "Claro, seu pai é o presidente." Kim Jong Un só riu, mas insistiu que realmente era o filho do líder norte-coreano. Eles deixaram o assunto de lado.

Mas então, um dia, por volta da Páscoa de 2001, com apenas alguns meses para terminar o 9º ano, Kim disse a Micaelo que seu pai ordenara que voltasse para a Coreia do Norte e que logo ele partiria.[16] E não deu explicação alguma para esse chamado repentino.

Os outros amigos de Kim não receberam esse aviso. O menino só parou de aparecer na escola um dia. Seus professores disseram que também não faziam ideia do que acontecera com ele.

De uma hora para outra, Pak Un simplesmente sumiu.

CAPÍTULO 4

DITADURA PARA INICIANTES

"Expresso minha firme determinação de estudar mais e me tornar um homem fiel que alivia o fardo do General tão preocupado com a prontidão de combate do exército."

— Kim Jong Un em 2006, retirado de *Anecdotes of Kim Jong Un's Life*

NOVAMENTE EM CASA, KIM JONG UN SE PREPAROU PARA SE JUNTAR a seu irmão mais velho na Universidade Militar Kim Il Sung, o equivalente norte-coreano à Academia Militar das Agulhas Negras. Foi ideia de sua mãe enviá-los para lá, uma maneira de apoiar a reivindicação de seus filhos à sucessão.

As ambições de sua mãe eram evidentes. Uma das poucas fotos deles juntos a mostra inclinada sobre o menino que ela chamava de Rei Estrela da Manhã enquanto ele coloria. Ele tinha mais ou menos 6 anos e usava um uniforme de general com quatro estrelas nos ombros.

Kim Jong Un entrou na universidade, que foi nomeada em homenagem a seu avô, em 2002 e começou a estudar a liderança militar de orientação juche, a ideia de que a Coreia do Norte podia se defender sozinha. Era uma lição ideológica importante, mesmo que não tivesse base alguma na realidade. A estabilidade da Coreia do Norte era totalmente dependente da China.

Aquele ano foi crucial tanto para o herdeiro aparente quanto para o regime.

Em primeiro lugar, marcou um novo capítulo nas relações entre a Coreia do Norte e os Estados Unidos — para pior. No início de 2002, o Presidente George W. Bush rotulou a Coreia do Norte como parte de um "eixo do mal". Ele declarou que, junto do Irã e do Iraque, a Coreia do Norte estava "tramando para ameaçar a paz mundial... Todas as nações devem saber: os Estados Unidos farão tudo o que for necessário para garantir a segurança de nossa nação".

Apenas algumas semanas depois desse discurso, Kim Jong Il se tornou oficialmente um sexagenário. Seu aniversário sempre foi comemorado com muita festa na Coreia do Norte, mas esse foi ainda mais importante do que o normal. Na cultura coreana, os 60 anos de um homem é um grande marco: a conclusão de um ciclo de 60 anos do zodíaco chinês, observado em muitos países asiáticos.

Enquanto isso, a antiga consorte de Kim Jong Il, e mãe de Kim Jong Nam, morria em Moscou naquele ano. Entre isso e seu grande aniversário, a mortalidade estava claramente em sua mente. Havia sinais do início da preparação para a sucessão.

Para começar, havia uma nova "mãe da nação", um nome anteriormente reservado para a mãe de Kim Jong Il, nas propagandas. O Exército Popular da Coreia emitiu um panfleto de dezesseis páginas naquele ano chamado "Nossa Respeitável Mãe que é Leal a Nosso Amado Comandante Supremo é a Mais Leal dentre os Lealistas". Canções sobre "Nossa Respeitável Mãe" logo começaram a ecoar em todas as ondas de rádio norte-coreanas.[1]

Elas não citavam Ko Yong Hui explicitamente, mas era possível ler as entrelinhas e ver de quem se tratava. Ela foi elevada ao status de próxima mãe da nação, uma indicação inicial de que um de seus filhos era o próximo na linha sucessória.

Então, os esforços para coroar um de seus filhos já estavam encaminhados mesmo antes da malfadada viagem de Kim Jong Nam para a Disney de Tóquio, apesar de Ko ter se aproveitado dessa mancada vergonhosa para promover seus filhos.

Ko Yong Hui sabia que não tinha muito tempo, ela estava perdendo a luta contra o câncer de mama.

Enquanto isso, Kim Jong Un se jogou nos estudos na academia, de acordo com relatos oficiais da Coreia do Norte. O jovem tinha tanto talento para a estratégia militar que estava ensinando aos instrutores em vez de aprender com eles, declarou a mídia estatal.

Tarde de uma noite em 2004, quando Kim Jong Un tinha apenas 20 anos e estava na metade do curso, ele "dava conselhos" para oficiais seniores às 2h da manhã, recusando suas sugestões de que deveria ir dormir. Tempo era algo importante — seu avô também foi conhecido por trabalhar até altas horas —, então esse detalhe foi incluído para sinalizar que Kim Jong Un era o herdeiro nato de seu avô.

Em vez de dormir, ele pegou um lápis, desenhou uma imagem da Montanha Paektu e escreveu abaixo dela: "A Sagrada Montanha da Revolução", diz a história oficial. Ordenou que essa fosse a capa de um livro de arte militar sobre a "guerra revolucionária antijaponesa", de acordo com sua versão dos eventos narrada pelos criadores da imagem pública de Kim Jong Un.

Pode ser que exista um pingo de verdade na história, mas é mais provável que seja um daqueles eventos que tomaram um significado exagerado nas mãos dos escribas estatais. Os oficiais que estavam com Kim Jong Un "ficaram profundamente emocionados quando perceberam que ele carregaria a linhagem da Montanha Paektu em sua forma mais pura", diz o relato oficial.[2]

É difícil exagerar a importância de uma linhagem pura na cultura coreana. Ao afirmar ser descendente da "linhagem de Paektu", a família Kim estava usando uma crença cultural de longa data de que havia uma pureza ungida nesses três Kims. É o equivalente norte-coreano de traçar seus ancestrais até os navios de Pedro Álvares Cabral, mas com sobrecarga totalitária.

A mãe de Kim Jong Un sucumbiu ao câncer em maio de 2004, falecendo em um hospital em Paris. Seu corpo foi levado de volta a Pyongyang para um funeral e enterro secretos.

Em público, sua glorificação como a mãe da nação continuava. Isso poderia ter funcionado como preparação da sucessão de qualquer um de seus filhos, Kim Jong Chol ou Kim Jong Un. De fato, apesar de Kim Jong Un ter sido consagrado aos 8 anos, parecia que Kim Jong Il mantinha suas opções em aberto preparando ambos.

Enquanto Kim Jong Un ainda estava na universidade, Kim Jong Chol foi posicionado no Departamento de Organização e Orientação, possivelmente a agência mais poderosa dentro da Coreia do Norte. Ela supervisiona o Partido

64 O GRANDE SUCESSOR

dos Trabalhadores da Coreia, o ministério e a Comissão de Defesa Nacional. Kim Jong Il começara sua própria educação política ali em 1964.

Mas, na virada de 2005 para 2006, houve especulações na mídia sul-coreana de que Kim Jong Chol falhara em provar que era digno de ser líder.

Talvez como prova de que não estava mais na disputa — se é que algum dia esteve —, Kim Jong Chol foi visto seguindo seu ídolo da guitarra, Eric Clapton, em uma turnê de quatro cidades na Alemanha. Ele tocava desde criança e tinha uma guitarra elétrica e um amplificador em casa, em Pyongyang.

Redes de televisão japonesas o filmaram em Frankfurt, Berlin, Leipzig e Stuttgart, cercado por um bando de guarda-costas e acompanhado por uma mulher com idade próxima da sua. Vestia uma camiseta, às vezes uma jaqueta de couro, e tinha uma franjinha caindo sobre o rosto redondo. Ele não parecia muito animado com a atenção da mídia.

Mas nada disso chegou à Coreia do Norte. A grande maioria da população nem sabia que o Querido Líder tinha um filho, muito menos que ele conhecia os acordes de "Wonderful Tonight".

Enquanto isso, Kim Jong Un, aos 22 anos, se graduava — com honras, é claro.

Sua cerimônia de graduação foi realizada em 24 de dezembro de 2006, um dia importante na Coreia do Norte. Era o 15º aniversário da nomeação de Kim Jon Il como Comandante Supremo do Exército Popular da Coreia. Era também o 89º aniversário do nascimento de sua mãe. Nenhuma data é pequena demais para que o regime norte-coreano justifique uma celebração que ajude a reforçar seu culto de personalidade.

A dissertação final de Kim foi intitulada "Uma Simulação para a Melhoria da Precisão do Mapa Operacional pelo Sistema de Posicionamento Global (GPS)". Kim Jong Il aparentemente aprovou seu tratado técnico, dizendo que refletia as "grandes teorias de estratégia militar" desenvolvidas por ele e seu pai, Kim Il Sung.

Tendo existido uma dissertação ou não, Kim Jong Un recebeu um distintivo e um certificado declarando-o como melhor aluno dessa academia de elite. Ele aproveitou a oportunidade de sua formatura para falar extensamente sobre a genialidade de seu pai.

"Enquanto aprendia as ideias militares de base juche do Comandante Supremo e a arte da guerra durante o período universitário, percebi entusiasticamente que nosso General é, de fato, um gênio militar", falou Kim Jong Un em uma reunião dos comandantes do Exército Popular da Coreia naquele dia.

Ele atribuía a seu pai a criação inigualável de ideias e jurou, mesmo ainda não tendo sido anunciado como sucessor, "tornar-se um homem leal que alivia o fardo do General, tão preocupado com a prontidão de combate do exército".

Isso tudo de acordo com a narrativa norte-coreana da reunião, em um fino livreto de 2017 chamado *Anecdotes of Kim Jong Un's Life* ["Contos da Vida de Kim Jong Un", em tradução livre], publicado, de acordo com o prefácio, para abordar o suposto enorme interesse internacional no terceiro Kim.

O livro afirma que houve publicação de 67,4 milhões de histórias em inglês sobre Kim Jong Un em um período de dez dias — isso são 230 mil por hora. "Nenhum outro político obteve tanta atenção do mundo" na história da mídia.

Os números parecem típicos frutos do exagero norte-coreano, e o livro falhou em mencionar que a atenção era devida às ameaças imprudentes e brutalidade geral de Kim Jong Un, e não motivada pela admiração pelo jovem líder.

As preparações para a sucessão assumiram um novo tom de urgência no verão de 2008, com o derrame de Kim Jong Il. Ele estava em coma, "muito mal", quando um neurologista francês, François-Xavier Roux, chegou em Pyongyang para tratá-lo.

Oficiais norte-coreanos ligaram para Roux, o chefe de neurologia do Centro Hospitalar Sainte Anne em Paris, para pedir conselhos em 1993, depois que o Querido Líder caiu enquanto cavalgava e sofreu uma lesão na cabeça. Ele nunca soube por que o escolheram. Quando ligaram novamente em 2008, levaram-no de avião em segredo para Pyongyang com uma equipe de médicos para tratar um paciente misterioso, que era o próprio Kim Jong Il, e ele estava em uma condição "potencialmente fatal".[3]

Ficou claro por que os norte-coreanos tinham procurado um médico estrangeiro — nenhum deles queria tomar decisões pelo Querido Líder, e certamente nenhuma em que sua vida estivesse em jogo. Eles precisavam de alguém que "não estivesse emocionalmente envolvido". Ao lado do leito de seu pai naquele quarto de hospital estava o filho mais novo, Kim Jong Un. Mas era "muito difícil" ter ideia da personalidade do filho porque "ele não falava com ninguém" da equipe médica, de acordo com Roux.[4]

O médico francês o visitou novamente em setembro e outubro, para acompanhar a recuperação de seu paciente. Havia risco significativo de que ele tivesse outros derrames, disse o médico.

Claramente, Kim Jong Il não tinha muito tempo.

Menos de cinco meses depois, Kim Jong Il notificou oficialmente as principais autoridades militares e civis da nomeação de Kim Jong Un como seu sucessor. Kim Jong Il não se incomodou em repetir toda a encenação que seu próprio pai fizera com ele em 1980: convocando um comício do Partido dos Trabalhadores da Coreia e fazendo parecer que os principais apparatchiks tinham influência na decisão. Simplesmente consagrou seu filho.

Primeiro, informou aos principais oficiais do Partido dos Trabalhadores em 8 de janeiro de 2009 — o 25º aniversário de Kim Jong Un — de que tinha escolhido seu filho mais novo como seu sucessor.

Depois, as notícias foram transmitidas para as hierarquias mais baixas. Apparatchiks como Thae Yong Ho foram informados. Thae estava trabalhando na divisão europeia do ministério estrangeiro em Pyongyang, um grande prédio na Praça Kim Il Sung no centro da capital, tendo retornado de um posto de trabalho na embaixada em Londres no ano anterior.

Sua "célula" no Partido dos Trabalhadores da Coreia — o órgão comunista pelo qual os Kims mantêm o controle da Coreia do Norte por mais de sete décadas — foi convocada para uma reunião. Eles se reuniram como orientado e foram informados de que Kim Jong Il escolhera seu filho, o Camarada General, para sucedê-lo. Além disso, receberam a informação de que isso se tratava de continuidade, uma mensagem que era repetidamente reforçada no decorrer do que Thae recorda ter sido uma reunião muito discreta.

"Ninguém nunca questionou essa decisão", contou-me Thae alguns anos depois em Seul. "Na Coreia do Norte, somos ensinados desde cedo que a revolução continuará de geração em geração."

Antes disso, até mesmo oficiais de escalão relativamente alto como Thae não sabiam de quase nada sobre a família real norte-coreana. De seu tempo na Europa, ele sabia que os filhos de Kim Jong Un tinham estudado na Suíça, mas não sabia quantos eram ou quais seus nomes.

O desenrolar foi lento e indireto, disseminado quase subliminarmente, para os generais, em especial aqueles de regiões nortenhas "hostis", onde a vida era mais dura e a lealdade ao regime, frágil.

Começou em 2009 com "Footsteps", a canção que o chef de sushi japonês ouviu na privacidade dos complexos reais mais de uma década antes. Agora, norte-coreanos comuns começaram a ouvir a melodia vivaz no estilo marcial soviético e seu refrão "ahhhh, os passos".

"De fato era divertido de cantar junto", disse-me Min-ah, uma jovem mãe norte-coreana da cidade fronteiriça ao norte de Hoeryong, perto de sua casa na periferia de Seul enquanto relembrava a época em que o grupo de vigilância de seu bairro — o nível popular de vigilância da polícia estadual — começou a aprender a canção e ficou sabendo da terceira geração.

"Footsteps" começou a tocar na televisão e no rádio e era cantada nos grupos de vigilâncias de bairro e nas células do Partido dos Trabalhadores. Foi impressa nos cadernos carregados pelos soldados. Norte-coreanos enviados para o exterior a fim de ganhar dinheiro para o regime também começaram a ouvir a canção em suas sessões semanais de ideologia.

"Disseram-nos para memorizar a canção e fomos informados de que o 'Camarada Líder' era grandioso", falou outra pessoa de Hoeryong, um homem que chamarei de Sr. Kang. Antes de escapar das garras de Kim Jong Un, ele era traficante.

"Sabíamos que ele seria o líder depois de Kim Jong Il, mas não sabíamos nada sobre ele. Não tínhamos ideia de sua aparência ou idade. Só sabíamos o quanto era grandioso."

O significado dessa canção também foi observado no Sul. Um analista da inteligência sul-coreana monitorava a emissora estatal do Norte, a Central Coreana de Televisão, sentado em seu escritório nos arredores de Seul. Ela exibia Kim Jong Il em um concerto em algum lugar do interior, cercado, como sempre, por seus assistentes mais próximos, incluindo sua irmã e seu influente marido, bem como o chefe de propaganda.

Então letras começaram a aparecer na frente do palco: "Footsteps". O coro começou a cantar. Uma luz se acendeu na cabeça do analista da inteligência: a questão da sucessão da Coreia do Norte fora respondida.[5]

Os serviços de inteligência da Coreia do Sul não sabiam quase nada sobre Kim Jong Un. No decorrer de 2009, sabiam tão pouco sobre ele que até escreviam seu nome errado e só conseguiam estimar sua idade correta. "Tudo sobre Kim Jong Un era cercado de mistério, seja sua foto, data de nascimento ou cargo profissional", escreveu um jornal sul-coreano na época.

Nos Estados Unidos, a CIA (Agência Central de Inteligência) ouviu falar da sagração de Kim Jong Un e começou a pensar em modos de influenciá-lo. Espiões norte-americanos abordaram Eric Clapton sobre tocar em um concerto na Coreia do Norte, sabendo que os meninos Kim eram grandes fãs do guitarrista britânico. Clapton foi favorável, mas a ideia não deu em nada. Os espiões também falaram em tentar usar um ex-jogador do Chicago Bulls como intermediário. Decidiram por Dennis Rodman. Essa ideia também não chegou a lugar algum — pelo menos não sob orientação da CIA.

Dentro da Coreia do Norte, a idade de Kim Jong Un seria um problema. Relacionamentos políticos e sociais em ambas as Coreias ainda são unidos pelo confucianismo, que envolve uma hierarquia rigorosa que iguala idade e importância. Kim Jong Un tinha apenas 25 anos, uma criança no ambiente político em que os camaradas octogenários de seu avô ainda tinham posições de poder.

Além disso, não havia um mito preexistente criado sobre Kim Jong Un. O regime norte-coreano tinha exagerado nos feitos de Kim Il Sung para transformá-lo em um guerrilheiro anti-imperialista lendário que havia triunfado sobre os japoneses. E havia a história da estrela brilhante e do arco-íris duplo sobre a Montanha Paektu para Kim Jong Il.

Kim Il Sung passou 25 anos consolidando seu poder, só tornando oficial sua total autoridade em 1972, quando uma constituição com uma posição de "Líder Supremo" foi adotada. Ele passou os vinte anos seguintes preparando o terreno para que seu filho o sucedesse.

Kim Jong Il foi promovido no partido durante os anos 1970 e foi o herdeiro aparente a partir de 1974. No Sexto Congresso do Partido dos Trabalhadores em 1980, foi revelado oficialmente ao mundo como o sucessor de seu pai. Então, quando Kim Il Sung morreu em 1994, o regime teve tempo suficiente para se acostumar com a ideia de que seu filho, que na época tinha a idade respeitável de 52 anos, assumiria e a "linhagem de Paektu" prosseguiria.

Contudo, Kim Jong Il não havia começado a preparar o sistema para seu filho — que era tão jovem que ainda estaria cumprindo seu serviço militar obrigatório se fosse qualquer outro homem norte-coreano de 25 anos — assumir o negócio da família. O derrame de Kim mudou esse cálculo sobre o futuro, e ele estimulou a ação em seu círculo íntimo.

A partir de 2009, Kim Jong Un foi rapidamente promovido por uma série de cargos civis e militares cada vez mais poderosos, e o influente departamento de propaganda e agitação começou a criar um culto de personalidade à sua volta.

Os norte-coreanos começaram a ouvir falar do "Camarada Líder", e as mídias estatais começaram a falar sobre "uma época histórica de transição". Foi só depois disso que o nome de Kim Jong Un apareceu. Pôsteres foram colocados por todos os lados anunciando o Camarada Kim Jong Un, o sucessor da linhagem de Paektu, como "a glória de nosso povo".[6]

A narrativa oficial o descrevia como um "Camarada Brilhante" e um "Jovem General", uma "estrela da manhã brilhando sobre toda a nação". O regime norte-coreano enviou um livreto para todas as unidades do Exército Popular da Coreia chamado *The Material in Teaching the Greatness of Respected Comrade General Kim Jong Un* ["O Material de Instrução da Grandeza do Respeitável Camarada General Kim Jong Un", em tradução livre].

Entre os supostos grandes feitos, listava que, aos 3 anos, Kim Jong Un já sabia usar uma arma e atirava em uma lâmpada a 91m de distância. Em outra versão dessa história, ele acerta um alvo dez vezes em dez segundos. Aos 8 anos, não só conseguia dirigir um caminhão, mas fazia isso a 130km/h. Além disso, ele sabia tudo o que havia sobre as forças armadas, fosse o exército, a marinha ou a aeronáutica. Era tudo muito difícil de engolir, mesmo na Coreia do Norte.

No decorrer de 2009, a constituição norte-coreana foi revisada para fortalecer ainda mais o poder do supremo líder do país e para deixar claro que as forças armadas deveriam cuidar do "centro da revolução" — sendo ele a família Kim, é claro. Kim Jong Un supostamente recebera um cargo na Comissão de Defesa Nacional. O Exército Popular da Coreia não era mais conhecido como as "forças armadas de Kim Jong Il", mas como as "forças armadas de Kim Jong Un".[7] O menino que prestou pouca atenção na escola logo era considerado "o gênio dos gênios".

A promessa de Kim Jong Un para os generais de que ele continuaria a revolução foi impressa em panfletos e distribuída para todas as unidades do Exército Popular da Coreia.

A bajulação de sua mãe continuou. Um documentário de 85 minutos chamado *The Mother of the Great, Military-First Korea* ["A Mãe da Grande Coreia das Forças Armadas em Primeiro Lugar", em tradução livre] apareceu na televisão estatal.

Ele mostrava fotos e filmagens de Ko Yong Hui como uma seguidora leal do regime durante o período de luto a Kim Il Sung em 1994. E a mostrava acompanhando Kim Jong Il durante suas visitas de orientação a instalações militares, industriais e culturais na década de 1990 — filmagens que certamente nunca foram exibidas na época, quando as "primeiras-damas" eram completamente invisíveis.[8]

Uma cena mostra Ko falando em sua festa de aniversário de 50 anos. "O General me falou um dia: 'Você deve contar às pessoas o quanto esses últimos sete anos foram difíceis para mim'", disse Ko, referenciando os anos desde a morte de Kim Il Sung e o período em que a fome devastou o país. "Eu, pessoalmente, vi o quanto esses sete anos foram difíceis para o Grande General Inigualável", disse sorrindo dissimuladamente.

Não foram tão difíceis assim. Kim Jong Il comia caviar e lagosta enquanto seus compatriotas morriam de fome. Durante dois anos, no auge da fome, ele era o maior comprador de conhaque Hennessy Paradis do mundo, importando quase um milhão de dólares da bebida por ano.

Mas os propagandistas tinham uma história diferente para contar. E ela exigia a outorga de legitimidade ao príncipe.

Por isso o documentário. O objetivo era claro: Ko Yong Hui era a mais nova "Grande Mãe" da nação, seguindo os passos das honradas mães de Kim Il Sung e Kim Jong Il. Era inevitável que seu filho, com esse sangue Paektu puro correndo em suas veias, fosse o próximo líder da Coreia do Norte.[9]

Nas sessões de ensino semanais obrigatórias, pessoas por todo o país eram infundidas pelas mensagens sobre os feitos incríveis desse jovem gênio. Ouviram a história sobre ele ter atirado com uma arma aos 3 anos e as outras sobre cavalgar e dirigir carros em uma idade na qual a maioria das crianças está aprendendo o alfabeto.

"Era difícil de acreditar nessas coisas — nós só dávamos risada. Pode ter funcionado com as crianças, mas não com os adultos", contou-me o Sr. Kang, o traficante que morou em Hoeyrong. "Mas, se questionássemos, éramos mortos."

Alguns desses esforços de vender o novo líder forçaram os limites da credulidade, até mesmo nesse estado totalitário. Uma biografia oficial autorizada chamada *The Childhood of Beloved and Respected Leader, Kim Jong Un* ["A Infância do Amado e Respeitado Líder, Kim Jong Un", em tradução livre] afirmava que ele tinha uma afinação perfeita, conseguia cavalgar os cavalos mais selvagens aos 6 anos e que, quando tinha apenas 9 anos, derrotou duas vezes um campeão europeu de corrida de lanchas. De acordo com a biografia, o jovenzinho pilotou a velocidades de 200km/h. Era tão inacreditável que o livro foi recolhido depois que algumas críticas começaram a circular sobre ele ter "distorcido e exagerado" a infância do líder. Foi revisado e tornado mais crível.[10]

E ainda pior, o regime estava prestes a cometer seu maior erro, totalmente autoinfligido e que abalaria por completo o sistema.

Em 30 de novembro de 2009, um domingo, o regime anunciou repentinamente que estava desvalorizando a moeda corrente, a Coreia do Norte havia vencido. As notícias correram pela hierarquia do Partido dos Trabalhadores, com oficiais de alto escalão em Pyongyang sendo os primeiros a saber e o povo comum no interior do país, os últimos.

O dinheiro norte-coreano escondido em guarda-roupas por todo o país se tornou quase instantaneamente inútil. Os cidadãos tiveram uma semana em que poderiam converter 100 mil won, que valia cerca de US$30 ou um saco de arroz de 45kg na época, para a nova moeda, que teria dois zeros a menos no final. A partir de então, 100 won antigos valeria 1 won novo.[11]

O caos e o pânico envolveram o país. As elites em Pyongyang que ficaram sabendo antes correram para trocar seus won para moedas estrangeiras ou gastar o máximo que podiam — em comida, roupas, qualquer coisa — antes da mudança ocorrer.

Mas, para todo o resto da população, a notícia chegou tarde demais. Famílias que estiveram economizando para conseguir passar para a classe média emergente perderam suas economias da noite para o dia.

O Sr. Hong foi uma dessas pessoas que transformou seu trabalho estatal em um que realmente lhe fizesse ganhar dinheiro. Esteve trabalhando como segurança de fronteira próximo da cidade norte-coreana de Hyesan e expandiu para o negócio de transferência de dinheiro: usou suas conexões de ambos os lados da fronteira para obter dinheiro secretamente do mundo exterior para os norte-coreanos que viviam no país.

Porém, esse negócio extremamente subversivo é comum na fronteira agora, pois os norte-coreanos que escaparam para a Coreia do Sul e para a China querem mandar dinheiro para seus parentes em casa. Por causa de sua dedicação, o Sr. Hong conseguiu criar uma bela poupança para sua família. Economizou o suficiente para comprar três casas decentes em sua vizinhança.

Podia comprar carne e peixe para sua esposa e sua filha pequena comerem todos os dias, às vezes mais de uma vez por dia. Eles tinham todos os adornos da riqueza que Kim Il Sung falou por tanto tempo — embora o Grande Líder tivesse dito que esses benefícios viriam pela criação de um estado comunista ideal, não pelo contrabando de dinheiro do outro lado do rio.

Mas, com as reformas da moeda, as economias do Sr. Hong foram extintas, e o estilo de vida de sua família desapareceu quase da noite para o dia. Um número incontável de outros norte-coreanos que haviam se tornado capitalistas em segredo sofreram o mesmo destino debilitante. Isso marcou uma reviravolta no modo como o Sr. Hong e seus vizinhos pensavam nos líderes do país. Pela primeira vez, ele percebeu que estava sendo roubado pelo sistema.

Ele narrou a confusão que as reformas monetárias causaram em sua cidade natal e como foi a gota d'água para ele. "Eu achei que Kim Jong Il realmente se preocupasse com o povo, mas quando as reformas monetárias ocorreram e todas as minhas economias sumiram, eu soube que não era bem assim", contou-me na cidade degradada na periferia de Seul, onde esteve morando desde que escapou no final de 2015.

À medida que o valor do won norte-coreano despencava no mercado negro, o regime baniu o uso de moedas estrangeiras e impôs novas regras rigorosas sobre quando os mercados poderiam abrir e quais produtos poderiam vender.

Não foi o bastante. A inflação aumentou vertiginosamente. A escassez de alimentos piorou. Pessoas morriam por todo o país. Algumas de ataque cardíaco pelo choque de perder tudo; outras se suicidavam.[12] O regime, percebendo o potencial do alvoroço e talvez da inquietação, aumentou o valor que poderia ser trocado para a nova moeda para 300 mil e depois para 500 mil won. Algumas empresas aumentaram os salários dos funcionários ou ofereceram pagá-los no valor antigo.[13]

A ideia de desvalorizar a moeda parecia ser de acabar com os mercados privados que criaram raízes depois da fome e a influência econômica crescente dos traders. A jogada limpou suas economias, exceto pelos peixes grandes, que conseguiam economizar em moeda estrangeira.

Alguns relatos do interior da Coreia do Norte sugeriam que isso fora realizado em nome de Kim Jong Un, como parte de um esforço para sinalizar sua emergência à cena política.

Se isso foi verdade, Kim Jong Un nunca assumiu nada da culpa pelo fiasco, pelo menos não publicamente. O culpado foi Pak Nam Gi, um tecnocrata de 77 anos, chefe do departamento de planejamento e finanças do Partido dos Trabalhadores.

Em janeiro de 2010, Pak foi destituído de seu cargo. Em março, foi acusado de "arruinar a economia nacional deliberadamente". Ele foi executado por um pelotão de fuzilamento em Pyongyang.[14] Alguém tinha que assumir a culpa por esse fiasco.

O sistema não só tentou eximir Kim Jong Un de toda culpa, como também tentou fazê-lo parecer o mocinho da história. O Comitê Central do Partido dos Trabalhadores da Coreia deu 500 won da nova moeda para cada residência no final de 2009 e supostamente disse aos cidadãos que era um "dinheiro de compensação do General Kim".

Apesar dessa tentativa de comprar os cidadãos, o ambiente não estava exatamente favorável para uma transferência de poder complicada. Mas que escolha o regime tinha com a saúde de Kim Jong Il deteriorando continuamente?

Com o país em tumulto econômico e a insatisfação fervilhando, o próximo teste de Kim Jong Un foi projetado para provar seu talento militar. Tiranos do mundo inteiro sabem que não há nada como uma vitória militar descarada para distrair a população dos problemas locais.

Acredita-se que o príncipe foi o cérebro por trás do naufrágio de uma corveta naval sul-coreana, a *Cheonan*, no final de março de 2010. O barco de 1.200 toneladas foi atingido por um torpedo durante uma patrulha rotineira no Mar Amarelo, perto da fronteira marítima Norte-Sul, o cenário de combates navais anteriores. Quarenta e seis marinheiros sul-coreanos foram mortos. Foi um dos incidentes mais sangrentos desde o fim da Guerra da Coreia em 1953.

Uma investigação internacional sobre o ataque descobriu provas que apontaram quase unanimemente na direção da Coreia do Norte, dizendo que a única explicação plausível para o naufrágio era um torpedo lançado por um submarino norte-coreano.

Houve suspeitas entre os analistas na Coreia do Sul de que Kim Jong Un estivesse por trás do ataque, tentando exibir suas qualificações para os principais nomes da Coreia do Norte.[15] Ele tinha o diploma perfeito da Universidade Militar Kim Il Sung, mas não tinha nenhuma experiência em campo. Então precisava urgentemente consegui-la se fosse liderar um país que tinha, sob o comando de seu pai, adotado uma política de priorização das forças armadas e do Exército Popular da Coreia.

Outro rito de passagem crucial foi completado em agosto, quando Kim Jong Un acompanhou seu pai em uma viagem à China, aparentemente para que Kim Jong Il pudesse apresentá-lo formalmente aos patronos históricos do regime em Beijing. Há boatos de que eles fizeram excursões por partes do noroeste da China durante essa viagem, onde Kim Il Sung havia aprendido a ser um guerrilheiro antijaponês.

Finalizada a apresentação formal a seus camaradas chineses, o *Cheonan* afundado e o mito da linhagem de Paektu agressivamente difundido, Kim Jong Un aparentemente tinha todas as qualificações necessárias para uma promoção. Em 27 de setembro de 2010, ele se tornou um general de quatro estrelas do Exército Popular da Coreia, que, de acordo com o que seu pai disse na cerimônia, "está demonstrando sua força perante o mundo como um exército revolucionário poderoso da Montanha Paektu".[16]

Isso ocorreu em uma segunda-feira. No dia seguinte, o regime convocou uma conferência dos representantes do Partido dos Trabalhadores pela primeira vez em 44 anos. Cartazes espalhados por Pyongyang encorajavam grupos a: "receber a conferência do Partido dos Trabalhadores da Coreia como um evento promissor que brilhará para sempre na história do nosso partido e país!" O jornal *Rodong Sinmun*, porta-voz oficial do partido, noticiou que a conferência "brilharia como um evento notável na história do sagrado Partido dos Trabalhadores".

Durante a conferência, Kim Jong Un foi nomeado vice-presidente da Comissão Militar Central e designado ao Comitê Central do Partido dos Trabalhadores, sendo promovido nas duas divisões que mantinham o regime no poder — um começo de semana nada ruim para alguém com 26 anos.

Na sexta-feira, o regime lançou a primeira foto oficial de Kim Jong Un, publicando-a na primeira página do *Rodong Sinmun* totalmente colorida. Na fileira da frente estava Kim Jong Il, vestindo seu macacão verde-oliva característico, cercado pelos principais líderes, muitos deles usando adornos militares. E havia o jovem Kim Jong Un, o único que usava uma túnica Mao preta, seu cabelo em um corte degradê peculiar. Os ecos eram claros: ele parecia um jovem Kim Il Sung.

Para o resto do mundo, o que era apenas suspeita ficou rápida e obviamente claro: o sucessor de quem só ouviam os boatos começava a ser apresentado publicamente.

Mais confirmações, como se fossem necessárias, surgiram menos de duas semanas depois, quando Kim Jong Un apareceu ao lado de seu pai nas celebrações do 65º aniversário da fundação do Partido dos Trabalhadores.

Eles estavam de pé na sacada da Casa de Estudos do Povo, uma biblioteca enorme com vista para a Praça Kim Il Sung no centro de Pyongyang. Kim Jong Un não tinha expressão alguma enquanto aplaudia nos momentos apropriados durante o desfile, ficando mais próximo a seu pai do que os homens em uniformes militares e os oficiais de alto escalão do partido, mas ainda mantendo uma distância respeitável. Seu pai era a estrela do show.

Vários dos homens na sacada não ficariam por perto por muito mais tempo.

Kim Jong Il parecia mais frágil do que nunca, mancando e com problemas para usar sua mão esquerda, mesmo para aplaudir. Ele morreria em pouco mais de um ano.

O vice-marechal Ri Yong Ho, chefe do Estado-Maior do Exército Popular da Coreia, que fez um discurso nesse dia enaltecendo o sistema norte-coreano, seria excluído desse sistema dentro de dois anos. Depois dele, seria o homem de terno preto e óculos escuros — o tio de Kim Jong Un, Jang Song Thaek, que também seria brutalmente descartado.

À medida que o regime focava a fixação da ideia de sucessão hereditária para a terceira geração, qualquer um que questionasse ou se equiparasse com o novo jovem líder seria eliminado.

Até Marx e Lenin, cujos retratos ficaram décadas pendurados sobre a praça, logo seriam removidos.

Mas o retrato do 65º aniversário ofereceu a visão de unidade comunista como milhares de tropas marchando pela praça e clamando pela vida longa de seu sistema.

Desse ponto em diante, Kim Jong Il raramente foi visto sem Kim Jong Un a seu lado.

Lá estava ele, seguindo seu pai em uma turnê de novos apartamentos construídos na capital, todo sorridente, aplaudindo as performances de acordeão dos residentes e despejando o vinho de arroz comemorativo neles. Estava com Kim Jong Il enquanto ele deu orientações em campo sobre a construção da usina elétrica. E estava presente ao lado do pai durante uma apresentação da Banda Eletrônica de Música e do Grupo de Dança do Comando da Força Aérea no início de 2011. Eles tocaram músicas rápidas, incluindo "Onde Está Você, Querido General?" e "Nós Nos Tornaremos um Escudo no Céu".

Enquanto isso, a meio mundo de distância, ocorriam eventos que devem ter abalado muito os Kims. Nos últimos dias de 2010, autocracias com projetos dinásticos começaram a cair no Oriente Médio.

Na Tunísia, o ressentimento devido a desigualdades econômicas levou manifestantes às ruas. Em janeiro de 2011, o governo foi derrubado. Os protestos se tornaram contagiosos. Milhares e milhares se reuniram na praça Tahrir no Cairo exigindo a renúncia do Presidente Hosni Mubarak, o governante autoritário que parecia estar se preparando para passar o poder para seu filho, Gamal.

No mês seguinte, Mubarak renunciou. A essa altura, o movimento da Primavera Árabe se espalhara para a Líbia, onde o Coronel Muammar Gaddafi, que governara pelo medo por mais de quatro décadas, estava posicionando seu segundo filho, Sai al-Islam, como herdeiro aparente.

Outro mês, outro líder autoritário ameaçado. Em março, foi a vez da Síria. Manifestantes exigiam que Bashar al-Assad, que herdou a liderança de seu pai, soltasse prisioneiros políticos, iniciando uma guerra civil longa e brutal.

Só podemos imaginar o terror com o qual esses eventos foram vistos de Pyongyang. A população geral não tinha muita ideia do que estava acontecendo. Embora muitas pessoas tenham conseguido atravessar as barreiras impostas na mídia estrangeira, poucas delas escolhiam assistir às notícias internacionais, preferindo o escapismo dos filmes de ação e das novelas ilegais.

Mas, para o regime norte-coreano, a visão da queda de autocratas deve ter sido extremamente inquietante.

O regime intensificou as preparações para a sucessão. A mídia estatal começou a mencionar Kim Jong Un com muito mais frequência, geralmente precedido pelo novo honorífico "Amado e Respeitado Camarada General". As autoridades supostamente ordenaram que nenhum bebê a partir daquela data poderia se chamar Jong Un, e qualquer norte-coreano que já tivesse esse nome — relativamente comum baseado em dois caracteres chineses que significam "adequado" e "bondade" — tinham que mudá-lo.

Nas escolas de todo o país, Kim Jong Un era gradualmente introduzido no currículo. Durante as sessões de educação ideológica, os alunos aprendiam que Kim Jong Un era o neto de Kim Il Sung.

Hyon, que na época era um aluno de 16 anos de uma escola em Hyesan, na fronteira da Coreia do Norte com a China, lembra de ter aprendido que Kim Jong Un teve uma infância extraordinária. Ouviu a conversa fiada de que ele sabia dirigir aos 3 anos. Teve que fazer notas revolucionárias em seu caderno especial. E, é claro, teve que aprender a canção "Footsteps".

Oficiais do governo realizavam eventos nos saguões escolares ou reuniam os alunos nos pátios e, então, liam palestras sobre Kim Jong Un. Eles deveriam gritar "vida longa" no decorrer, a frase cantada sobre os primeiros Kim em todas as oportunidades possíveis.

Houve um boato em Hyesan de que um dia Kim Il Sung pediu para Kim Jong Un pegar uma maçã para ele. Kim Jong Un não pegou apenas uma maçã; ele pediu uma pá porque queria levar a árvore toda para seu avô. Essa não foi uma parábola muito sutil sobre a necessidade de fazer o impossível para o Grande Líder.

Na época, o adolescente Hyon se perguntou se a poderosa polícia secreta havia plantado o boato esperando que ele fosse espalhado boca a boca. Esse tipo de mensagem podia ser muito mais eficaz do que colocá-la na primeira página dos jornais — de novo. Era a versão norte-coreana da viralização.

Quando Kim Jong Un assumiu a liderança, sua sucessão parecia natural e inevitável.

PARTE DOIS

A CONSOLIDAÇÃO

CAPÍTULO 5

UM TERCEIRO KIM NO COMANDO

"O exército inteiro deve ter confiança absoluta e seguir Kim Jong Un, e se tornar rifles e bombas humanas para defendê-lo até a morte."

— *Rodong Sinmun*, 1º de janeiro de 2012

O JOVEM TINHA UM BOM MOTIVO PARA ESTAR SÉRIO. SEU PAI falecera. Kim Jong Un se viu líder do estado totalitário que sua família tinha mais ou menos inventado. Agora entrava no ano mais importante de sua vida, em que mostraria se era capaz de manter o controle que sua família tinha sobre o país ou se o sistema anacrônico brutal finalmente se desmantelaria.

Ele precisava assegurar sua autoridade sobre os homens que trabalhavam para o estado há mais tempo que ele tinha de vida e manter o controle sobre uma população isolada do resto do mundo há décadas. Além disso, precisava se opor à comunidade internacional que estava esperando — e, em muitos casos, desejando — que ele fracassasse.

A primeira coisa a fazer era conduzir o culto de personalidade a todo vapor.

No dia 17 de dezembro de 2011, Kim Jong Il sofreu um infarto fulminante, resultado de um "grande peso mental e físico", enquanto viajava de trem para fazer orientações em campo no norte do país, anunciou dois dias depois na televisão estatal a repórter veterana Ri Chun Hee com voz trêmula durante um boletim especial ao meio-dia.

Entre lágrimas, ela anunciara a morte de Kim Il Sung em 1994. Na época, como agora, garantiu ao público que os norte-coreanos não precisavam se preocupar. Eles tinham Kim Jong Un, o "Grande Sucessor da causa revolucionária", para liderá-los.

A transmissão continuou dizendo que o jovem rebento de 27 anos era agora o "líder do partido, do exército e do povo", e "sucederia brilhante e plenamente" a crença revolucionária estabelecida por seu avô quase sete décadas antes.

O anúncio ricocheteou mundo afora. A Coreia do Norte estava entrando em uma nova fase extremamente imprevisível. O regime tentava algo sem precedentes: uma transição para uma terceira geração de poder supostamente socialista, altamente totalitário e definitivamente não experimentado.

A Coreia do Sul colocou suas forças armadas em alerta máximo. O Japão ativou uma equipe de resposta emergencial. A Casa Branca aguardava nervosamente e estava "em contato próximo" com ambos os seus aliados à porta da Coreia do Norte.

Por lá, a propaganda fora escrita. Os oficiais seniores foram posicionados. Todos os passos necessários para garantir que Kim Jong Un sucedesse seu pai foram tomados, mesmo que de forma apressada.

Agora Kim Jong Un precisava assumir o posto e fazer sua parte.

O primeiro (e mais importante) papel, era de Herdeiro Desamparado. Kim Jong Un garantiu que o povo norte-coreano o visse como a continuação natural de uma linhagem que governou a nação nas últimas seis décadas. Como seu pai dezessete anos antes, ele agora exibia o tipo de rosto triste e pálido que esperava ver na população.

Kim Jong Un foi ao Palácio do Sol de Kumsusan, um mausoléu de 5 mil metros quadrados e 5 andares no nordeste de Pyongyang, onde seu avô fora sepultado com honras de estado há dezessete anos.

O local fora construído originalmente como a residência oficial de Kim Il Sung, mas convertido em um memorial permanente a um custo de US$900 milhões, dizem os rumores, dinheiro gasto quando a fome no país estava em seu auge. Ainda assim, a prioridade do regime não era alimentar seu povo faminto, mas criar um tributo monstruoso ao homem que presidiu a má administração que contribuiu para as mortes dos cidadãos.

O corpo embalsamado de Kim Il Sung repousa em uma redoma de vidro, uma presença ameaçadora até mesmo depois da morte. Todos os dias, um número incontável de norte-coreanos com suas melhores roupas de domingo entra no prédio gigantesco por longas esteiras rolantes, normalmente associadas a aeroportos. Um fluxo contínuo de visitantes estrangeiros também faz isso, pois levá-los para prestar homenagens ao déspota falecido era importante para manter a mentira de que o Grande Líder era venerado internacionalmente.

Em minhas viagens pelas esteiras rolantes no mausoléu, sempre achei fascinante observar os norte-coreanos se movendo na direção oposta. Enquanto passavam deslizando por mim, eu me perguntava o que achavam daquele lugar. Talvez ficassem enojados pelos recursos dedicados a um cadáver, ou talvez genuinamente emocionados pela visão do homem que lhes diziam ser um semideus. Muitos choravam. Para outros, era pelo menos uma oportunidade de vestir suas melhores roupas e ter um dia de folga da labuta da vida comum.

Agora Kim Jong Il também repousava lá da mesma forma.

Quando entraram no mausoléu, Kim Jong Un e sua irmã, Kim Yo Jong, lideravam os oficiais seniores enlutados que foram prestar suas homenagens diante do corpo de seu pai. Ambos enxugavam lágrimas.

Seu pai estava deitado em uma plataforma, vestido com seu terno fechado, a cabeça descansava sobre uma almofada redonda e seu corpo estava coberto por um lençol vermelho. Ao redor do suporte havia begônias vermelhas que eram cultivadas para florescer na época do seu aniversário, uma flor chamada Kimjongilia. Na Coreia do Norte, até a Mãe Natureza era forçada a se prostrar e servir ao mito da glória dos Kims.

Então, onze dias depois da morte de Kim Jong Il, veio o adeus público.

Kim Jong Un enviou seu pai em sua última jornada, o longo cortejo fúnebre enlutado passou pelas ruas brancas para completar um circuito de 40km por Pyongyang. A neve caía forte e rápida em um show de "luto celestial", como descreveu mais tarde um jornalista norte-coreano.

A procissão continha dois carros Lincoln Continental feitos nos Estados Unidos: um carregando o retrato de Kim Jong Il, maior do que o próprio carro em todos os sentidos, e outro que carregava seu caixão, envolto na bandeira do Partido dos Trabalhadores, com o tradicional símbolo comunista da foice e do martelo unidos por um pincel de caligrafia para representar os intelectuais.

Enquanto o carro funerário rodava lentamente pela Praça Kim Il Sung, oito homens caminhavam ao seu lado. Na parte dianteira direita do carro estava Kim Jong Un, segurando o retrovisor como se precisasse de apoio para seu luto, ou talvez como se estivesse se agarrando ao pai o máximo que podia. Sua expressão era tão sombria quanto seu casaco. Mas nenhum dos outros filhos de Kim Jong Il estava à vista. Não havia sinal do irmão de Kim Jong Un, Kim Jong Chol, ou de seu meio-irmão mais velho, Kim Jong Nam.

Em seu lugar, o grupo de oito pessoas incluía Jang Song Thaek, seu tio, um personagem sociável que tinha um papel importante como administrador do relacionamento econômico do Norte com a China. Jang fazia parte do círculo interno graças a seu casamento com a irmã de Kim Jong Il, Kim Kyong Hui. Ambos haviam sido promovidos ao politburo no ano anterior, na mesma conferência em que Kim Jong Un fora nomeado herdeiro aparente.

As ruas estavam cheias de enlutados que gemiam e batiam no peito, soluçavam em meio a lágrimas e caíam no chão de um jeito que poderia parecer extremamente melodramático para pessoas de fora. A cena era uma mistura de novela coreana com telenovelas latino-americanas e um bom tanto de bizarrice.

Não é preciso pedir que os norte-coreanos lamentem a perda de seus líderes dessa forma. Eles sabem o que se espera deles. Certamente, você não gostaria de ser o norte-coreano filmado chorando de forma menos entusiástica do que os outros à sua volta. Mas boa parte disso sem dúvida era genuíno. Quase todos os norte-coreanos cresceram sem conhecer mais nada, adorando os Kims como deuses. Alguns são verdadeiros crentes.

Nos dias seguintes à morte de Kim Jong Il, a mídia estatal exibiu o luto público como um sinal do quão profundamente o povo amava seu líder. "O pesar do povo saudando e se despedindo do carro fúnebre em lágrimas parecia abalar a terra", declarou a agência de notícias oficial.

Essa efusão de pesar foi repetida por todo o país. Soldados, crianças, oficiais do governo, todos se reuniram em monumentos por todo o país para prestar suas homenagens — com direito a soluços e choros desenfreados, pessoas arrancando as roupas pretas e se prostrando completamente no chão coberto de neve — para Kim Jong Il. A mídia estatal declarou que Kim Jong Un solicitou bebidas quentes e cuidado médico extra para os enlutados nas ruas congeladas.

Depois do funeral, Kim Jong Un assistiu a uma parada militar em frente ao Palácio do Sol de Kumsusan, onde o Exército Popular da Coreia prometeu sua aliança ao novo jovem líder. Eles juraram agir como rifles e bombas para protegê-lo e erradicar os inimigos da Coreia do Norte que ousassem "penetrar no céu, terra e mar invioláveis do país mesmo por 0,001mm".

Kim Jong Il declarara um período de luto de três anos depois da morte de seu pai, durante o qual consolidou seu controle sobre o regime e tentou se manter durante a fome.

Mas o Grande Sucessor não tinha nenhum contratempo. O homem agora conhecido como o "Amado e Respeitado" Camarada Kim Jong Un se ocupou em "transformar a tristeza em força", como disse a jornalista Ri. Daquele momento em diante, ele dedicou todo seu tempo e energia a se manter no poder. Para isso, precisava estabelecer sua própria base de poder, uma que fosse leal diretamente a ele, não a seu pai.[1]

Era fácil caçoar do novo jovem líder, e ele logo se tornaria alvo de muitas piadas no resto do mundo.

Para começar, havia sua aparência caricata, com seu peculiar corte de cabelo degradê, sua circunferência em rápida expansão e sua predileção por vestimentas que são moda apenas em estados comunistas.

As fotos do Ocupado Ditador publicadas na mídia estatal pareciam ter saído da revista *Onion*. Ele saindo de um tanque, seu rosto redondo e sorridente envolto por um capacete preto flexível. O feliz ditador foi exibido supervisionando a produção de um tonel gigantesco de lubrificante. Do tipo usado para lubrificar motores, mas a Coreia do Norte não poderia ter escolhido uma fábrica que induzisse a mais piadas do que a dessa sessão fotográfica.

Kim Jong Un deu a si mesmo um conjunto vasto de grandes títulos — logo colecionava centenas de denominações de graus de obsequiosidade variados. Alguns eram padrões do programa comunista como Primeiro Secretário do Partido dos Trabalhadores. (Postumamente, condecorou seu pai como Secretário Geral eterno.) Outros eram padrões, mas mais obviamente desmerecidos, como Presidente da Comissão Militar Central do Partido e Primeiro Presidente da Comissão de Defesa Nacional.

Mas alguns eram exageros completos, como General Invencível e Triunfante. Ele era o Guardião da Justiça, a Melhor Encarnação do Amor, o Líder Decisivo e Magnânimo. E havia muitos com o sol: o Raio de Sol Guia, o Sol da Revolução, o Sol do Socialismo, o Sol Radiante do Século XXI e o Sol da Humanidade. Não existia honorífico superlativo demais para o novo líder.

Até as histórias na mídia norte-coreana ficaram mais fabulosas, como a anunciada pela Agência Central de Notícias da Coreia de que alguns de seus cientistas haviam descoberto uma "toca de unicórnios". Naturalmente, a história se tornou imediatamente viral, enquanto as pessoas pelo mundo riam desse conto que era fantástico até mesmo pelos padrões da Coreia do Norte.

No fim era apenas um problema de tradução. O relato era, na verdade, sobre uma criatura mítica ligada ao antigo reino coreano — não muito diferente do monstro do Lago Ness. Mas isso não evitou que a versão mais engraçada ganhasse impulso.

Em duas ocasiões, a mídia estatal relatou que o Grande Sucessor havia escalado até o topo da Montanha Paektu "enfrentando forte nevasca", o pico mítico pelo qual ele reivindica seu direito divino de liderar. Como prova, os jornais mostravam um homem gordo no topo de uma montanha de 2.700m — usando um longo casaco de lã mais adequado para os desfiles em Pyongyang, e sapatos sociais de couro preto. O líder era tão grandioso que sequer precisava de equipamentos de montanhismo para suas escaladas.

Naturalmente, Kim Jong Un ficou emocionado com o poder do vulcão coberto de neve. Com seu estilo único de prosa, o jornal *Rodong Sinmun* relatou que o "espírito majestoso da Montanha Paektu" estava refletido nos olhos da "grande pessoa dotada" e que, na montanha, ele viu "uma poderosa nação socialista que avança dinamicamente, cheia de vigor e sem hesitação, atravessando qualquer vento traiçoeiro extremo no planeta".

Histórias sobre ele grudaram no imaginário popular fora da Coreia do Norte.

Na China, foi rapidamente apelidado de "Kim Gorducho, o Terceiro", apesar dos esforços tardios da censura chinesa de remover o apelido da internet.

Havia relatos completamente infundados de que ele tinha uma namorada — a líder da banda feminina mais proeminente da Coreia do Norte —, executada porque ela e suas colegas de banda estavam fazendo e vendendo filmes pornôs lésbicos. Ela não só estava viva como se tornou a representante principal de Kim Jong Un durante um período de engajamento cultural. Houve boatos de que ele gastara US$3,5 milhões em lingerie sexy para seu Esquadrão do Prazer, apesar de nunca existirem provas da criação de um harém como seu pai fizera.

E quando Kim Jong Un desapareceu das vistas do público por seis semanas em 2014, e reapareceu com uma bengala, falaram que ele gostava tanto de queijo Emmental, um legado de sua época na Suíça, que seus tornozelos cederam. Parecia muito mais provável que ele estivesse com gota, um tipo de artrite inflamatória conhecida como "a doença dos reis" por ser causada por um estilo de vida indulgente demais. O verdadeiro motivo de seu desaparecimento continua desconhecido.

Até mesmo publicações mais sérias como as revistas *New Yorker* ou *Economist* não conseguiram resistir ao desejo de ridicularizá-lo: a primeira exibiu Kim Jong Un em sua capa como um bebê brincando com mísseis de brinquedo, enquanto a última exibiu seu cabelo peculiar explodindo como uma nuvem nuclear.

Ele certamente teve um começo complicado. Sua primeira tentativa de exibição de força militar acabou como um fracasso humilhante — aparentemente sustentando todas aquelas sugestões sarcásticas de que sua liderança não teria sucesso.

Estava no comando da Coreia do Norte há apenas quatro meses. O regime estava se reunindo para celebrar o centenário do nascimento do "Eterno Presidente" Kim Il Sung no dia 15 de abril de 2012. Mesmo dezoito anos depois de sua morte, o aniversário de Kim Il Sung ainda era celebrado no Dia do Sol, o dia mais sagrado do ano no país. É um dia de desfiles militares, fogos de artifício, reverências a estátuas e outros lembretes da magnificência geral contínua do Grande Líder.

Mais do que um simples aniversário, o centenário era uma oportunidade para o jovem ditador reforçar o mito da linhagem de Paektu e afirmar seu direito divino de liderar a Coreia do Norte. Ele planejou duas semanas de celebrações extravagantes para marcar a ocasião.

Pretendia começar com tudo.

No dia 13 de abril, o Comitê de Tecnologia Espacial da Coreia lançou o que disse ser um novo satélite de observação terrestre. Seu nome era Lode Star-3, um nome favorável, já que todo norte-coreano sabe que uma "lode star" (estrela-guia) aparecera no céu sobre a Montanha Paektu no dia do nascimento de Kim Jong Il.

O comitê espacial norte-coreano anunciou seus planos para o lançamento no mês anterior. A tinta do acordo do Leap Day assinado em 29 de fevereiro por Washington e Pyongyang mal havia secado. Nele, a Coreia do Norte concordava em parar de lançar mísseis e conduzir testes nucleares em troca de auxílio alimentar.

Os Estados Unidos e outros países avisaram ao regime Kim para não prosseguir com o lançamento, vendo o foguete como um disfarce ineficaz para um míssil de longo alcance.

Mas a mídia estatal insistiu que Pyongyang estava simplesmente exercitando seu direito soberano ao uso pacífico do espaço. Levaram jornalistas do mundo todo para o local de lançamento. Pouco depois do amanhecer, o foguete foi lançado. Ele voou por apenas noventa segundos antes de cair no mar entre a Península Coreana e o Japão.

O regime não conseguiu ignorá-lo, dada toda a agitação que criara e o fato de que a mídia internacional havia registrado tudo. Os escribas de Kim simplesmente disseram que o satélite "falhou em entrar na órbita configurada" e que os cientistas estavam investigando o problema.

Até esse anúncio inegável e modesto era uma ruptura com o passado. Kim Jong Il nunca permitiu nenhum tipo de contratempo. Mas Kim Jong Un admitiu uma falha publicamente. Era um indício de que, mesmo seguindo os passos de seu pai em determinados aspectos, também faria algumas coisas de modo diferente. Ele se provaria muito mais direto sobre as fraquezas da Coreia do Norte e o que precisava ser feito para corrigi-las.

De qualquer forma, Kim logo teria uma razão para ficar animado. Não demorou muito para que os cientistas corrigissem o problema. No final do ano, colocaram um satélite em órbita — um bem instável, mas mesmo assim estava em órbita.

Kim Jong Un não permitiria que um tropeço inicial o definisse. Dois dias depois da humilhação do lançamento fracassado, o Grande Sucessor retornou à sacada de Pyongyang com vista para a praça que homenageava seu avô. A mesma em que estava com seu pai dezoito meses antes, assistindo a um enorme desfile militar e fazendo sua estreia oficial para o mundo.

Lá, fez um discurso. Muito do que ele disse eram vanglórias padrões norte-coreanas sobre como sua "força militar" alcançaria a "vitória final" contra os imperialistas. Mas o discurso era, por si, um evento. Kim Jong Il só falou em público uma vez, e uma única frase, durante todos os seus dezessete anos no poder. "Glória aos soldados heroicos do Exército Popular da Coreia!", disse durante um desfile militar em 1992.

E mesmo assim, lá estava o jovem tagarelando por vinte minutos em frente a um amontoado de sete microfones, falando com o povo poucos meses depois de assumir seu posto. Longe de estar nervoso em sua primeira aparição pública como líder, ele parecia relaxado enquanto fazia gracejos e sorria com seus principais assistentes na sacada.

Esse jovem líder já era muito diferente de seu pai. Mas ainda tão familiar. Os norte-coreanos que o assistiam não conseguiram evitar de se lembrar de Kim Il Sung, o Eterno Presidente. Kim Jong Un até soava como seu avô e novamente vestia a túnica Mao característica dele, com um broche de Kim Il Sung sobre o coração.

Ladeado por generais em uniformes militares e outros oficiais de alto escalão, Kim Jong Un assistiu a dezenas de milhares de soldados marchando praça abaixo, segurando no ar retratos gigantes de seu avô e pai. Ele bateu continência para seus predecessores enquanto os soldados cantavam seu nome em uníssono perfeito. Tudo isso agora era dele.

Ele pode ter sido um presente para comediantes e cartunistas, mas não foi por sorte, acaso ou acidente que Kim Jong Un desafiou as probabilidades de permanecer no controle de seu regime.

Tudo o que fez desde seus primeiros dias no poder foi cuidadosamente calculado para ajudá-lo a alcançar seu único objetivo: continuar sendo, como diziam seus criadores de imagem, o Sempre Vitorioso e Obstinado Comandante da Coreia do Norte.

No resto do mundo, havia uma tendência de diminuir o poder de Kim Jong Un, de dizer que ele era apenas um representante e que a velha guarda era quem realmente comandava o show.

Realmente parecia verdade que o Grande Sucessor recebia certa orientação em seus primeiros meses e anos. Sua tia, Kim Kyong Hui, era sua principal conselheira. Ela fora muito próxima do irmão, Kim Jong Il, e era um pilar crucial em seu regime. Tomou a iniciativa para garantir que seu sobrinho recebesse a educação e o suporte necessários quando assumiu a liderança. E também assegurou que os cofres da família Kim ficassem seguros.

Seu marido, o carregador do caixão, Jang Song Thaek, tornou-se a "Torre de Controle", cuidando das operações cotidianas do regime. Era ele quem decidia quais mensagens chegavam a Kim Jong Un e com qual prioridade, colocando seu próprio ponto de vista enquanto as entregava.[2]

Um terceiro oficial chegou ao triunvirato de conselheiros próximos: Choe Ryong Hae, que, na época, era o diretor do Gabinete Político Geral, a agência do Exército Popular da Coreia que administra a educação política dentro das forças armadas. Esse era um importante papel que lhe dava autoridade tanto no Partido dos Trabalhadores quanto nas forças armadas.

Esses três davam suporte e guiavam o jovem líder quando ele começou seu novo cargo, mas o regime da Coreia do Norte opera com um sistema baseado em um Líder Supremo. Kim Jong Un tinha o poder absoluto. Isso logo seria ilustrado com o destino de cada um desses conselheiros.[3]

Enquanto consolidava seu poder sobre a liderança e o regime, Kim Jong Un se isolou propositalmente, abdicando das peregrinações para Moscou e Beijing que seu pai e avô fizeram. Também tentou garantir que mais ninguém deixasse o país. Imediatamente iniciou o fechamento das fronteiras para garantir que não haveria êxodo da população ou que a sensação de sua força sobre o estado era qualquer coisa menos do que um punho de ferro. Reprimiu o fluxo de informações, empregando tecnologia avançada para pegar aqueles que ousavam assistir dramas sul-coreanos ou ouvir músicas pop chinesas.

Injetou uma nova dose de terror na sociedade, garantindo que todos vivessem constantemente com medo. A população geral foi submetida a novos níveis de repressão, e as elites no regime que acumulavam tanto poder corriam o risco de serem exiladas para os confins do estado — ou pior.

Kim precisava de uma tropa de apoiadores à sua volta que também investissem seu interesse no sucesso dele, então passou a resolver quem manter e quem eliminar. Ele se livrou de potenciais rivais de liderança, despachando seu tio e, por fim, seu meio-irmão de modo brutal para deixar claro que sua ambição não tinha limites.

Permitiu mais liberdade econômica — mercados distintamente capitalistas se tornaram cruciais para a vida da maioria das pessoas —, um modo de dar à população uma sensação de que seu padrão de vida estava melhorando.

Isso lhe deu liberdade para dedicar todos os recursos do regime ao desenvolvimento de programas de mísseis e armas nucleares, fazendo avanços em velocidades e realizações impressionantes, para se mostrar como uma ameaça crível ao inimigo mortal do regime Kim, os Estados Unidos da América.

Até a aparência ridícula era planejada.

Enquanto outros ditadores tentaram esconder o fato de que estavam envelhecendo e, portanto, eram mortais — basta ver como Saddam Hussein e Muammar Gaddafi pintavam o cabelo — Kim Jong Un fazia o oposto. O jovem autocrata se transformou na reincarnação de seu avô. Seu corte de cabelo parecia ter vindo direto da União Soviética da década de 1940, e ele mancava. Transformou sua voz em um murmúrio grave que lembrava a de seu avô, combinada com a aspereza de alguém que fuma dois maços de cigarro por dia. E o mais notável de tudo, ele ganhava cada vez mais peso entre cada uma de suas aparições públicas.

No verão, usava camisas brancas de manga curta no estilo camarada que seu avô vestia. No inverno, usava os mesmos chapéus de pele gigantescos. Usou até os óculos quadrados antiquados. Toda a aparência remetia à Kim Il Sung para lembrar os norte-coreanos dos bons e velhos dias.

O mimetismo funcionou.

Da primeira vez que viu Kim Jong Un, com sua corpulência considerável envolvida em uma túnica Mao e seu corte de cabelo degradê incomum, o aluno de ensino médio de Hyesan pensou imediatamente em suas aulas de história e nas nostalgias de sua família sobre os bons tempos que o país teve sob o comando de Kim Il Sung. "Eu pensei na época de Kim Il Sung, quando a vida dos norte-coreanos era melhor, e acho que muitos outros também lembraram disso", contou-me Hyon.

"Assim como os sul-coreanos têm boas lembranças de Park Chung-hee, os norte-coreanos têm de Kim Il Sung, porque durante seu reinado eles viviam melhor do que os sul-coreanos", explicou.

Mas Kim Jong Un não parou na aparência. Kim Il Sung foi uma grande personalidade, e ele explorou isso para criar um regime carismático que girava apenas em torno dele. Kim Jong Il não teve esse tipo de comportamento. Era notoriamente recluso e esquivo, e evidentemente não gostava de contato humano.

Kim Jong Un parecia ser exatamente como seu avô, alguém que parecia gostar da versão norte-coreana da política de varejo, de sair e conhecer seus constituintes. Ele não precisava dos votos — o líder da Coreia do Norte é sempre eleito para a Assembleia Popular Suprema, com 100% de comparecimento e 100% de favorecimento —, mas ele queria entusiasmo, então fotos suas sendo adorado e adorável foram compartilhadas para perpetuar o mito.

Nos jornais e nas telas de televisão, Kim Jong Un assegurava se mostrar como um homem do povo. Por todo o lugar que passava — escolas, orfanatos, hospitais — ele era tangível, sorria muito e abraçava todo mundo, de crianças a idosos. Ao dar orientações improvisadas em uma fazenda, fez carinho na cabeça de um cabrito.

A mídia estatal explodiu com relatos de pessoas por todo o país supostamente entrevistadas de forma aleatória sobre o que achavam de seu novo líder. Em todos os lugares, de fábricas de gêneros alimentícios às de medicamentos, os norte-coreanos eram citados jurando sua aliança ao novo líder, descrito como o "principal suporte mental eternamente imutável do povo coreano".

Uma mulher não conseguiu conter sua admiração: "Estou convencida de que ele é o mestre de nosso destino", disse em um canal de televisão estatal. "Enquanto estiver conosco, não temeremos nada."

A mídia estatal reluzia em sua avaliação da estreia de Kim, e muitas pessoas ficaram encorajadas inicialmente. Famílias de todo o país receberam rações incomensuravelmente gratificantes — como peixe e carne, uma raridade — para marcar a mudança de liderança. Eram presentes do Grande Sucessor para o povo. O otimismo cresceu.

Min-ah era apenas alguns anos mais nova que o novo líder e sua vida era relativamente boa em 2012. Era bastante rica pelos padrões provincianos da Coreia do Norte. Vivia em Hoeryong, um posto comercial agitado na fronteira com a China, e seu marido era motorista de caminhão, um bom trabalho porque lhe permitia conduzir um negócio de contrabando lucrativo à parte. Eles tinham uma casa com um pequeno jardim e, logo, teriam um bebê. Quando sua filha começou no jardim de infância, tinham dinheiro suficiente para subornar os professores para tratá-la bem. Eles faziam parte da nova classe média norte-coreana.

Mesmo assim, ela esperava que a ascensão de Kim Jong Un, um millennial como ela, anunciasse uma nova era para o país — de melhores relações com a China, que tolerava, mas não exatamente aceitava a Coreia do Norte, e com o resto do mundo. Uma era de prosperidade econômica, em que os norte-coreanos poderiam desfrutar de algumas riquezas e liberdades que viam nos dramas sul-coreanos que assistiam em segredo tarde da noite.

Mas nada melhorou. Na verdade, de certa forma, a vida piorou. As fronteiras foram fortificadas, dificultando o contrabando de bens pelo rio. Como resultado, os preços aumentaram. O custo do sabão em pó dobrou e depois triplicou.

A decepção começou a tomar conta. O marido de Min-ah e seus amigos mais próximos começaram a zombar de seu novo semideus. Se Kim Jong Un pode ser líder, então eu também posso, riam eles. No estado totalitário da Coreia do Norte, coisas assim são consideradas subversivas e se alguém revelasse suas palavras para as autoridades, as consequências seriam severas: quase certamente detenção em um campo de prisão política.

"Todos sabiam que Kim Jong Il e Kim Jong Un eram mentirosos. Sabíamos que tudo o que ouvíamos nas notícias eram mentiras, mas é impossível dizer qualquer coisa porque estamos sob vigilância constante", contou-me Min-ah alguns anos depois de ela, seu marido e as duas filhas escaparem para a Coreia do Sul. "Se uma pessoa estiver bêbada e disser que Kim Jong Un é um filho da puta, nunca mais será vista."

Kim Jong Un tinha assumido o poder com sucesso, mas ainda não tinha provado que sabia como garantir o êxito da cleptocracia decrépita que herdara.

CAPÍTULO 6

CHEGA DE CONTENÇÃO DE DESPESAS

"Devemos cultivar as sementes valiosas que o grande Camarada Kim Jong Il plantou para construir um estado economicamente poderoso e melhorar a subsistência do povo, e levá-los a florescer como uma realidade gloriosa."

— Kim Jong Un, 15 de abril de 2012

KIM JONG IL TINHA 52 ANOS QUANDO ASSUMIU O COMANDO DA Coreia do Norte, e o país estava muito vulnerável. A União Soviética tinha caído e a fome estava pronta para estourar. A economia da Coreia do Norte, já em estado de negligência, estava prestes a piorar.

O líder da segunda geração não podia arriscar acrescentar mais incertezas nessa equação volátil. Ele tinha apenas que aguardar e esperar que a propaganda e toda a vigilância universal fossem suficientes. Contra todas as probabilidades, Kim manteve o negócio da família intacto por dezessete anos. Sua principal realização foi durar tanto tempo.

Kim Jong Un não teve a opção de apenas se manter. Tinha apenas 27 anos quando herdou o estado. Teoricamente, poderia governar por muitas décadas. Então, para provar seu direito de governar, precisaria fazer muito mais do que seu pai. Na verdade, precisaria mostrar que a vida estava melhorando na Coreia do Norte se quisesse que o povo continuasse apoiando seu regime e a sociedade extremamente injusta que criara. Precisava dar ao povo a sensação de uma vida melhor.

Mas, para alcançar crescimento econômico tangível, ele não embarcou em um plano grande ou coerente como a "reforma e abertura" do estilo chinês ou a perestroika do estilo soviético. Em vez disso, ele afrouxou um pouco as regras restritivas. Simplesmente parou de sufocar as empresas.

Pequenos atos de empresas privadas foram tolerados, se não endossados. Não havia mais repressão a pessoas que tentassem ganhar a vida vendendo bolinhos de arroz, cortando cabelos ou vendendo DVD players importados da China, o que representava quase todo o comércio norte-coreano — cerca de 90%. Os agricultores podiam ficar com parte de sua colheita para vender de forma privada. Grandes mudanças no sistema monetário foram abandonadas para favorecer algumas forças moderadas de mercado que pudessem proporcionar crescimento suficiente para satisfazer a população.

Os norte-coreanos "nunca mais terão que conter despesas novamente", declarou o Grande Sucessor quando fez seu primeiro discurso público, marcando o evento do centenário de seu avô. Kim Jong Un disse à população miserável que ela seria capaz de "desfrutar da riqueza e da prosperidade do socialismo o quanto quisessem".

Era uma afirmação audaciosa e uma promessa arriscada que desafiou o registro econômico miserável da Coreia do Norte.

Enquanto outros países asiáticos tinham prosperado nos anos 1980 e 1990, a economia da Coreia do Norte continuou empacada em alguma parte entre a era vitoriana e os piores dias de Stalin.

A China se juntou à Organização Mundial do Comércio. O Vietnã comunista avançou com suas reformas "Doi Moi" que permitiam cada vez mais empresas privadas. E a Coreia do Sul estava se lançando para as ligas dos países mais ricos do mundo.

Enquanto isso, na Coreia do Norte, os campos eram arados por bois. Caminhões eram movidos a lenha, não gasolina. Fábricas estavam interrompendo a produção por falta de eletricidade e matéria-prima. Em 2005, o PIB per capita do país era de cerca de US$550 — 36 vezes menor do que o da Coreia do Sul. A Coreia do Norte estava presa entre Mali e o Uzbequistão nas tabelas econômicas das Nações Unidas, enquanto a Coreia do Sul estava mais acima, próxima de Portugal e do Bahrein.

A desvantagem econômica da Coreia do Norte remonta à divisão da Península Coreana em 1945, que criou um desequilíbrio econômico fundamental entre o Norte e o Sul. O Norte montanhoso é rico em recursos minerais como o carvão, e se desenvolveu durante o período colonial japonês como o centro industrial. A metade sulista era a "tigela de arroz" que fornecia alimento para a península e partes do Japão.

Com a divisão, a Coreia do Sul ficou sem indústria e a do Norte sem alimento. Enquanto o Sul começou um processo de industrialização impressionantemente rápido, alimentado pelo suporte governamental para empresas como a Samsung e a Hyundai, as deficiências do Norte eram exacerbadas pela promoção da política juche de Kim Il Sung enquanto o regime dependia amplamente do apoio da União Soviética e da China.

Enquanto o Sul seguia em direção ao capitalismo, o Norte tinha uma economia planificada no estilo comunista. Teoricamente, o estado fornecia alimento, moradia, roupas, educação e assistência médica em troca de as pessoas trabalharem em fazendas, fábricas, ou, para as com formação, instituições educacionais estatais.

De certa forma, o sistema funcionou durante as décadas de 1960 e 1970, quando a Coreia do Norte podia trocar seu carvão e outros produtos por alimentos e bens da China e da União Soviética. Mas então a China começou sua metamorfose para uma gigante capitalista, e a União Soviética caiu. A decadência econômica da Coreia do Norte acelerou. Com a fome, o país chegou mais perto da ruína do que jamais esteve.

Foi durante essa época que a economia socialista centralmente planificada começou a se revelar. O regime, incapaz de fornecer rações, não teve outra escolha a não ser permitir que o povo comprasse e vendesse alimentos para sobreviver.

O governo de Kim Jong Il permitiu de forma retroativa as mudanças que já haviam ocorrido. Os especialistas chamaram esse processo de "mercantilização de baixo para cima".[1]

Os mercados específicos que surgiram durante a fome foram tolerados. Os ambulantes — pessoas que vendiam bens nas ruas e podiam guardar tudo e fugir rapidamente — se tornaram comuns. A corrupção disparou, pois as pessoas

98 O GRANDE SUCESSOR

começaram a pagar os guardas de fronteiras e outros em posições de autoridade para que fizessem vista grossa ao seu comércio e contrabando. Enquanto a economia estatal estacionava, a privada começou, de fato, a crescer.

A fome desencadeou um tipo de capitalismo disperso e desregulamentado difícil de reprimir, e que estava acelerando rapidamente no governo de Kim Jong Un.

O Grande Sucessor entendeu que simplesmente permitindo uma forma restrita de capitalismo poderia dar ao povo a habilidade de ganhar seu próprio dinheiro e deixá-los trabalhar para melhorar a vida. E isso não custaria nada ao seu governo.

Então, desde seu primeiro discurso em 2012, Kim Jong Un falou repetidas vezes sobre a importância suprema de melhorar os padrões de vida.

Um ano depois, ele faria uma afirmação ainda mais audaciosa. Já tendo feito uma emenda constitucional para declarar o Norte como um estado nuclear, Kim Jong Un ressuscitou a política de "byungjin" de seu avô. Durante a reunião do Partido dos Trabalhadores em 1962, Kim Il Sung adotou uma política de "progresso simultâneo" que buscaria o desenvolvimento da economia e da defesa nacional ao mesmo tempo. "Uma arma em uma mão e o martelo e a foice na outra!", era o lema revolucionário de Kim Il Sung na época.

Cinquenta anos depois, Kim Jong Un promoveu novamente a ideia de que seu regime poderia buscar tanto as armas nucleares quanto o desenvolvimento econômico — de que os norte-coreanos poderiam ter tanto armas quanto manteiga.

Na fronteira superior com a China, o Sr. Hong, o comerciante das transferências de dinheiro que teve suas economias destruídas pelas reformas monetárias de 2009, achou as promessas do novo líder muito longe de convincentes.

Se Kim Jong Un se preocupava tanto com eles, por que os norte-coreanos em áreas afastadas ainda estavam comendo milho em vez de arroz e por que nem os ricos tinham artigos essenciais de toalete? "Quando Kim Jong Un disse que tornaria o país forte e próspero, ninguém acreditou", contou-me. "Como isso poderia acontecer se não tínhamos nem papel higiênico?"

Mas o Grande Sucessor teve que escolher esse caminho para ter uma chance de continuar no poder. Ele compreendeu que os norte-coreanos, tendo experimentado o capitalismo e as riquezas relativas que é capaz de trazer a uma economia comunista arruinada, tinham expectativas crescentes. Além disso, quase todos os cidadãos sabiam que a China era muito mais rica e que a Coreia do Sul era muito mais rica ainda.

Será que Kim Jong Un lembrou das lições sobre a Revolução Francesa de sua época estudando na Suíça? Se quisesse manter o controle sobre esse estado totalitário e evitar possíveis divergências, precisava manter uma sensação de que a vida estava melhorando. Inicialmente, concentrou-se nos camaradas capitalistas que o mantinham no poder, e isso foi eficaz em seus primeiros anos como líder. Mas só seria o bastante por certo tempo. Com a ampliação das disparidades econômicas, ele precisava garantir que a população geral também sentisse que suas vidas estavam melhorando.

Mas a reforma e abertura no estilo chinês — que possibilitava o fluxo de informações ao mesmo tempo que afrouxava os controles econômicos — não era uma opção para Kim. Permitir que a população tivesse acesso à verdade significaria que também veriam que o Grande Sucessor, na realidade, não era tão grande assim. Mas as pequenas "melhorias" econômicas — a Coreia do Norte não as chama de "reformas" porque isso implicaria que havia algo de errado no sistema — apresentavam um risco relativamente pequeno.

Em vez disso, ele permitiu que os mercados, chamados "jangmadang", prosperassem.

Das menores às maiores cidades, há pelo menos um centro comercial movimentado. Por todo o país, esses mercados se tornaram o centro da vida cotidiana. São, em sua maioria, conduzidos por mulheres que, quando se casam, não são mais obrigadas a trabalhar em cargos estatais. Então, enquanto seus maridos vão para as minas de carvão sem eletricidade ou para hospitais sem medicamentos, as mulheres ganham dinheiro de verdade.

As pessoas que têm permissão — ou dinheiro suficiente para comprá-la — para viajar para a China cruzam o Rio Tumen e trazem de volta panelas de arroz, sapatos de salto alto, painéis solares, vermífugos, camisetas coloridas, capas de celulares e chaves de fenda. Às vezes traziam até pias de cozinha. Cerca de 80% dos produtos nos mercados da Coreia do Norte são fabricados na China.

Aqueles que não podem viajar abriram salões de beleza, lojas de reparos de bicicleta, restaurantes ou vendiam doces feitos em casa. Alguns empreendedores ganhavam dinheiro alugando seus telefones celulares, para realizar ligações para a Coreia do Sul, ou seus apartamentos para casais que buscavam privacidade.

Esses mercados se tornaram os maiores agentes de mudança que a Coreia do Norte já experimentou. Pessoas de todo o país viram seus padrões de vida melhorarem — assim como prometido por Kim Jong Un. Talvez as coisas não tenham melhorado tanto quanto alguns cidadãos, como o Sr. Hong, queriam, mas ainda seguiam uma direção positiva. Agora existe uma classe média no país.

Agora existem mais de quatrocentos mercados aprovados pelo governo na Coreia do Norte, o dobro do número existente quando Kim Jong Un assumiu o poder.[2] Apenas a cidade de Chongjin tem mais ou menos vinte. Os mercados em Sinuiju e nas "vilas de contrabandistas" de Hyesan, ambas próximas da fronteira com a China, bem como na cidade pobre de Haeju, cresceram rápida e visivelmente nos últimos anos.[3] Imagens de satélites mostram novos mercados surgindo por toda a Coreia do Norte e os velhos mercados sendo mudados para prédios maiores e mais novos.

Com uma média de 1.500 barracas em um mercado, há uma concorrência acirrada para assegurar um local de qualidade. Uma boa barraca em um local proeminente em Hyesan custava cerca de US$700 em 2015 — uma soma astronômica no país. Mas há tanta demanda por barracas que até mesmo esses locais caros são arrebatados assim que ficam disponíveis.[4]

A todo momento há alguém tentando ganhar dinheiro com os mercados. Os serviços de segurança cobram propinas daqueles que buscam cruzar o rio até a China. As autoridades supostamente comunistas abraçaram o conceito decididamente capitalista dos impostos. Pessoas que administram barracas nos mercados devem pagar agora 10% do valor de sua receita para o escritório de gestão do mercado. Pesquisadores sul-coreanos estimam que as autoridades acumulam cerca de US$15 milhões por dia em taxas de aluguel de barracas dos comerciantes, enquanto outras estimativas sugerem que o estado pode obter até US$250 mil em um único dia com a arrecadação de impostos de donos de barracas.[5]

Cada mercado é administrado por um gerente, alguém que quase sempre é homem e bem relacionado com os burocratas locais. Esse é um cargo poderoso que vem com oportunidades de altos lucros — e, é claro, uma obrigação de pagar propinas para superiores que lhes dão o emprego.

Com o fracasso da economia, pela interrupção das indústrias graças à falta de eletricidade e matéria-prima, os mercados se tornaram a força vital da Coreia do Norte.

O serviço de inteligência da Coreia do Sul estima que pelo menos 40% da população da Coreia do Norte ganha dinheiro por esforço próprio. E diz que isso é parecido com os níveis de mercantilização vistos em países do Bloco Comunista como a Hungria e a Polônia antes da queda da União Soviética.

Os espiões sulistas adoram relatar sinais de colapso iminente na Coreia do Norte. Mas seus números, neste caso, podem realmente ser baixos demais. Outras pesquisas descobriram que mais de 80% da população ganha a vida por meio da atividade mercantil no momento.[6] Uma vez totalmente dependente do estado, agora fazem parte da classe empreendedora em desenvolvimento na Coreia do Norte.

Uma porcentagem ainda mais alta compra seus alimentos nos mercados — cerca de 85%, de acordo com uma pesquisa realizada pelo Instituto de Desenvolvimento da Coreia do Sul. A desnutrição permanece como um grande problema, com muitos norte-coreanos lutando para conseguir variedade de alimentos em suas dietas. As Nações Unidas estimam que 40% da população esteja desnutrida, e o desenvolvimento físico restrito e a anemia ainda são grandes preocupações. Mas a explosão da atividade mercantil significa que as pessoas já não estão mais morrendo de fome.

A economia da Coreia do Norte, longe de ser um estado moribundo cambaleando à beira da implosão no estilo bloco soviético, se tornou relativamente estável. O país não produz estatísticas confiáveis, mas estimativas externas sugerem que tem crescido. O Banco Central da Coreia do Sul, sempre conservador em seus números, sugere que a economia do Norte cresceu cerca de 1% por ano sob o governo de Kim Jong Un. Um think-tank sul-coreano, o Hyundai Economic Research Institute, prevê que o crescimento possa atingir 7%.

Até pelas estimativas mais ponderadas do banco central sul-coreano, o rendimento anual da Coreia do Norte mais que duplicou desde que Kim Jong Un se tornou líder.

Os millennials, que nasceram ou cresceram durante a época da fome — a geração de Kim Jong Un e mais nova —, tiveram os mercados como parte de suas vidas cotidianas. São normalmente chamados de capitalistas nativos — ou Geração Jangmadang.

Hyon, o aluno de ensino médio de Hyesan, era um capitalista nato e um membro ambicioso da Geração Jangmadang. Ele nasceu perto da fronteira com a China em 1994, quando Kim Jong Un tinha 10 anos.

Nunca pensou em ir para a universidade. Também nunca se preocupou com o serviço militar obrigatório. Era de uma família com um bom posicionamento político, então usava as conexões de seu avô na polícia para falsificar alguns documentos e evitar ser recrutado. Ele queria dinheiro e liberdade. Encontrou ambos na estrada.

Todos esses bens vindos da China precisavam ser transportados, seja pelo rio para a Coreia do Norte ou para as centenas de mercados espalhados por todo o país. Como resultado, uma indústria de logística movimentada cresceu para dar suporte aos mercados.

As viagens internas no país eram tradicionalmente muito bem controladas, as pessoas eram impedidas de sair de seu condado ou província sem as permissões necessárias. Era um modo de manter a população sob controle e limitar o fluxo de informações. Mas as regras foram suavizadas e é possível molhar a mão dos outros com mais facilidade no governo de Kim Jong Un.

Graças às conexões políticas de seu avô, Hyon também conseguiu obter permissões de viagens para se mover mais livremente pela Coreia do Norte. E, como sua mãe fugiu para a China, ele tinha acesso a fundos externos.

Então usou US$1.500 que sua mãe havia lhe enviado — fruto de seus próprios esforços empreendedores do outro lado do rio — para alugar um caminhão e começar uma empresa de transportes com dois amigos.

Não importa que a posse de veículos privados ainda não seja permitida no país. Quando há dinheiro envolvido, as regras podem ser facilmente contornadas. Tecnicamente, os veículos pertencem a instituições estatais. Mas os gestores de fábricas e empresas estatais ou unidades militares podem muitas vezes ser convencidos a permitir que os funcionários utilizem seus carros ou caminhões empresariais em troca de taxas e uma parte dos lucros.

Um táxi ou um micro-ônibus atribuído oficialmente a uma fábrica repentinamente se torna um "servi-cha" — uma combinação de "serviço" e a palavra coreana para "carro" — que levará passageiros pagantes a lugares, seja do outro lado da cidade, seja do país.

CHEGA DE CONTENÇÃO DE DESPESAS   103

Um caminhão atribuído a uma fazenda pode facilmente se tornar um veículo de entrega para comerciantes atacadistas, rodando por estradas esburacadas e carregando bens de consumo importados ou colheitas locais. Trens já foram o principal meio de transporte, mas são lentos e não confiáveis por causa da falta de eletricidade e da infraestrutura antiga. Agora prefere-se caminhões.

Como os servi-cha e os caminhões são oficialmente registrados como veículos estatais, não estão vinculados às restrições usuais de permanecer dentro de uma determinada área geográfica. Quando os motoristas se aproximam de barreiras alfandegárias, os guardas verificam se trouxeram as propinas perguntando se fizeram a "lição de casa". Aqueles que não "fizeram a lição de casa" estão sujeitos, no código das alfândegas, a ter que "ficar e terminá-la" ou têm suas cargas confiscadas.[7] Todos têm um incentivo para fazer esse sistema funcionar.

Veículos registrados a entidades poderosas como o Ministério de Proteção do Estado são particularmente lucrativos quando adaptados, pois podem viajar longas distâncias sem se preocupar em serem parados nas barreiras alfandegárias.

Esse novo serviço de transporte tem sido auxiliado por outra ferramenta crucial da indústria de logística global — e outra coisa que era, até recentemente, banida na Coreia do Norte: o telefone celular.

Os mercados costumavam ser a proteção de vendedores ambulantes, comerciantes que levavam seus bens pessoalmente até os mercados físicos e tentavam vendê-los. Agora, um comerciante só precisa de um telefone celular. Ele pode falar com comerciantes de atacado ou varejo e combinar preços e quantidades, e então ligar para motoristas de caminhão ou ônibus para combinar a entrega. O vendedor ambulante foi substituído pelo vendedor sedentário — alguém que senta e conduz todos os negócios pelo telefone, vendendo bens e ligando para pessoas a fim de movê-los.[8]

Os telefones celulares também ajudaram a estabilizar os preços. As pessoas sabem quando um novo carregamento de arroz cruzará a fronteira, então preferem esperar do que pagar preços altos quando há pouco estoque.

Nesse novo ambiente, Hyon começou a dirigir pelo país, entregando bens e se acomodando com suas tias ou outros parentes em várias cidades, incluindo a capital, Pyongyang. Também agiu como gerente de cadeia de suprimentos para sua tia, que era casada com um oficial militar e vivia em Pyongyang. Ser oficial do exército costumava ser um trabalho lucrativo na Coreia do Norte, mas agora a sua tia é a principal provedora da casa. "Por causa de seu cargo, meu tio podia fornecer proteção para o negócio da minha tia. São as mulheres que realmente ganham dinheiro", disse Hyon.

De sua parte da cadeia, Hyon usava intermediários em áreas rurais para comprar estoque para sua tia em Pyongyang a fim de vender nos mercados de lá a um preço mais alto. Pelo intermediário, ele comprava grandes quantidades de feijão a serem entregues em parcelas para evitar suspeitas.

"Eu não podia simplesmente sair e comprar duas toneladas de feijão. Como havia escassez de safra na Coreia do Norte, não podíamos ser vistos com essa quantidade de comida", contou-me Hyon, que é alto e forte e não parece ter sofrido de inanição na infância, enquanto tomávamos café em uma cafeteria da moda no sul de Seul ao som do reggae que tocava nos alto-falantes. Ele estava frequentando a universidade no Sul e se vestia de acordo, com tênis branquinhos e o cabelo imaculadamente penteado.

O envolvimento no negócio alimentício era relativamente seguro. Trocar, digamos, DVD players era mais lucrativo, mas muito mais delicado. DVD players com drives USB da China eram muito populares e custavam cerca de US$20 cada um na Coreia do Norte. E comerciantes bem conectados conseguiam importar vagões inteiros de DVD players — às vezes 4 mil por vez — e ganhar muito dinheiro. "Mas era preciso ser muito poderoso para comercializar DVD players porque eles eram ilegais", disse-me Hyon.

Independentemente do comércio ser de feijões ou DVD players, cada parte do processo envolvia pessoas com espírito empreendedor.

Hyon encomendava os feijões e enviava pessoas para ensacá-los. Depois contratava carregadores para levar os sacos à estação de trem. Subornava os guardas para fazerem vista grossa para os carregamentos — geralmente três ou quatro quilos de arroz por tonelada de feijão. E, então, distribuía as entregas, às vezes no decorrer de um mês, para que não fosse óbvio a quantia do carregamento. Havia equipes em Pyongyang que podiam ser contratadas para descarregar os feijões quando chegassem à estação e entregá-los à sua tia.

"Obviamente é preciso facilitar a entrada com dinheiro", disse, descrevendo como conduzia os negócios. "Mas também requer conexões. Eu subornei oficiais poderosos para conseguir que as coisas fossem descarregadas em Pyongyang."

Então sua tia lhe enviava dinheiro e instruções para o próximo pedido, e ele fazia tudo de novo.

Hyon se jogou nas oportunidades que a mercantilização apresentou. Muitos outros se adaptaram por pura necessidade.

Jung-a, que também vivia na fronteira, tinha apenas 11 anos quando Kim Jong Un se tornou líder da Coreia do Norte, então ela nasceu em um ambiente cada vez mais voltado para o mercado. Aos 12 anos, seu pai abandonou a família e escapou da Coreia do Norte, deixando sua mãe sem escolha a não ser recorrer aos mercados para tentar ganhar a vida.

Mesmo assim, sua mãe, a Sra. Cho, tinha esperanças quando Kim Jong Un assumiu o poder. "Achávamos que, como ele era jovem, talvez as coisas melhorassem, ficassem mais fáceis", disse-me depois que elas escaparam para a Coreia do Sul. Mas o Grande Sucessor não lhes deu nada. "Eu tive que fazer tudo sozinha", afirmou.

Para se virar no país de Kim Jong Un, Jung-a teve que sair da escola. Ela terminou o ensino fundamental, mas nunca começou o ensino médio.

Em vez disso, várias vezes por semana, durante as épocas de plantio e colheita e de extração de ervas daninhas e cuidados intermediários, Jung-a e sua mãe caminhavam cerca de três horas de sua casa até o centro de Hoeryong para seu pequeno lote de terra no sopé das montanhas, onde plantavam milho.

Sem tomar café da manhã, elas saíam de casa às 4h da manhã para chegar ao lote, que cobria cerca de um terço de um acre, mais ou menos às 7h. Tecnicamente, a terra pertencia à suinocultura estatal, mas o fazendeiro estava alugando pequenas seções para moradores locais como a Sra. Cho — por uma bela quantia. A Sra. Cho, uma mulher pequena com o sofrimento estampado no rosto, concordou em pagar 200kg de milho para alugar o lote por um ano. É claro que o fazendeiro não estava repassando essa receita para o estado a fim de que Kim Jong Un financiasse seu "Paraíso Socialista". Ele estava vendendo o milho no mercado, como todo mundo.

Depois do trabalho pela manhã, a Sra. Cho e Jung-a faziam uma pausa para o almoço — mais ou menos. Geralmente comiam macarrão de milho com uma sopa feita de feijão moído. Comiam frio mesmo para evitar o custo, cronológico e financeiro, de acender um fogo para esquentar. No verão, podiam comer um pouco de espinafre ou pepino da estação à parte. Depois voltavam ao trabalho.

Às vezes elas esbanjavam e cozinhavam arroz para o jantar, mas geralmente comiam mais macarrão frio. Depois, por volta das 20h, começavam a caminhada de volta para casa.

Na época da colheita, contrataram um homem com uma carreta para entregar o pagamento de milho ao fazendeiro inescrupuloso e transportavam o restante até a cidade para que a Sra. Cho vendesse no mercado. Muitas pessoas comiam milho — macarrão e "arroz" feitos de milho, sopa de palha de milho — porque era muito mais barato que arroz.

Com o dinheiro que ganhava vendendo milho nos mercados, a Sra. Cho comprava soja — ela tentou plantar em seu lote, mas exigia muito trabalho — e com os grãos ela fazia tofu caseiro.

Com 3,5kg de soja, que custava 18 mil won norte-coreano no mercado, ela conseguia fazer tofu, que vendia a 30 mil won.

Era responsabilidade de Jung-a vender o tofu. "Eu não podia brincar com meus amigos; sentia falta de ir para a escola", disse-me quando fui visitá-las em seu apartamento minúsculo na região metropolitana de Seul. "Às vezes era tão tedioso ficar em casa, e eu tinha muita inveja quando via meus amigos chegando em casa para almoçar com suas mochilas escolares."

Mas, para a Sra. Cho, manter Jung-a em casa não só ajudou a trazer dinheiro, mas também a economizar em outro gasto: a escola. Teoricamente, a Coreia do Norte é um estado socialista no qual serviços como a educação são fornecidos pelo governo. Mas, na prática, tudo tem um preço.

Os professores pedem que os alunos lhes paguem taxas em troca de aulas. Normalmente, elas não são cobradas em dinheiro, mas em bens: soja, pele de coelho, coisas que o professor pode vender no mercado e lucrar.

Na teoria, os alunos poderiam continuar indo para a escola se não pagassem as taxas, mas não receberiam muita instrução. Teriam que se sentar no fundo da sala, se tivessem sorte, e não receberiam atenção alguma. O ostracismo significa que os alunos cujos pais não podiam pagar essas "taxas" geralmente paravam de ir para a escola.

A Sra. Cho se sentia mal por sua filha se sentir sozinha e ficar em casa, então comprou uma televisão simples para que ela pudesse ver durante o dia. Mas era uma existência muito triste para Jung-a.

Depois de comprar lenha e comida para si — assim que vendiam todo o tofu, compravam coisas mais baratas para comer —, a Sra. Cho lucrava 5 mil won em um dia bom, o suficiente para quase 1kg de arroz. Em um dia ruim, devido às flutuações de preço da soja ou de uma demanda baixa, elas não lucravam nada.

Tinham muito trabalho para pouco ganho. A Sra. Cho logo se viu com dores constantes nas costas e cada vez mais dependente de sua filha para ganhar sua renda minúscula. Então, um dia, apesar de tudo o que ouvira sobre a Coreia do Sul ser cheia de mendigos e de que a tortura era algo comum, ela e a filha decidiram fugir.

E por isso pudemos conversar em sua nova casa. A Sra. Cho, que agora tinha um permanente nos cabelos, obrigatório para uma mulher sul-coreana de meia-idade, batia com os punhos na lombar e fazia caretas ao se sentar no chão para conversar. Jung-a estava dormindo em um futon ao nosso lado. Agora tinha 18 anos e passara a noite toda estudando. Estava tentando recuperar o atraso de sua educação, obter um diploma de ensino médio para poder competir na sociedade sul-coreana obcecada pelo estudo.

Mesmo depois de chegar no país, a Sra. Cho continuou a esperar que a vida no Norte melhorasse. "Fiquei sabendo que ele tinha se formado no exterior, então achei que abriria a porta para o resto do mundo", disse ela melancolicamente sobre Kim Jong Un.

Mas as notícias que ouviu de lá sugeriam que, para pessoas como ela, a vida estava tão difícil quanto sempre foi.

Vender tofu caseiro e carregar feijões pelo país eram negócios que existiam em um tipo de zona incerta na Coreia do Norte. Era sempre complicado, pois tais transações podiam facilmente ser consideradas ilegais se a Sra. Cho ou Hyon encontrassem o guarda errado na fronteira ou não conseguissem reunir a propina certa.

Ainda assim, não havia nada incerto no que o Sr. Kang fazia. Seu negócio era definitivamente ilegal, independentemente do ponto de vista.

Ele era um rei do tráfico de drogas em Hoeryong, cruzando o rio da China e na parte mais distante de Pyongyang no país. Durante décadas, essa parte da nação foi considerada desprivilegiada, mesmo para os padrões da Coreia do Norte. Pessoas conhecidas por serem politicamente não confiáveis eram exiladas lá, se tivessem sorte, e para um campo de concentração próximo, se não tivessem.

Como muitas pessoas na fronteira, o Sr. Kang aproveitou sua localização às margens de uma China próspera. Ele tinha um celular chinês que recebia sinal de torres chinesas e ganhava dinheiro conectando norte-coreanos com pessoas mundo afora, inclusive na Coreia do Sul. Organizou para que familiares na Coreia do Norte cruzassem a fronteira para se reunirem, brevemente, com parentes no Sul. E foi uma das muitas pessoas envolvidas no negócio de transferência de dinheiro, fazendo com que remessas de familiares do resto do mundo chegassem aos destinatários certos — tudo isso por uma gorda taxa, é claro. A comissão sobre as transferências de dinheiro geralmente chegava até 30%.

Mas o empreendimento mais arriscado, e lucrativo, de todos os do Sr. Kang era vender ice, uma metanfetamina popular na China e amplamente usada na Coreia do Norte, notavelmente por sua capacidade de suprimir o apetite. Cientistas empreendedores transformaram as fábricas de substâncias químicas de Hamhung, que um dia foram parte central do estado socialista, em laboratórios particulares de metanfetamina. É o equivalente norte-coreano de *Breaking Bad*.

O tráfico de drogas era um negócio arriscado. A sentença padrão para traficantes e fabricantes de drogas era alguns anos em um campo de prisioneiros, embora houvesse relatos de execuções para os que conduziam cartéis de larga escala.

Mas, se as coisas dessem certo, era muito mais lucrativo do que bater ponto em um emprego em uma fábrica inativa enquanto sua esposa vendia tofu caseiro ou bolinhos de arroz no mercado.

Nos anos que anteciparam a sucessão de Kim Jong Un, o Sr. Kang construiu um negócio próspero. Sua esposa parou de trabalhar como professora e passou a trabalhar no tráfico. Eles tiveram uma filha. As drogas e o dinheiro fluíam, e eles tinham uma vida boa. Tinham uma geladeira japonesa, um sofá de couro da China e duas televisões, uma delas do Japão. Uma empregada que cozinhava e limpava para eles e era paga com quase 1kg de arroz por dia.

Quando sua filha começou a ir para a escola, os professores a adoravam. Cobriam-na de atenção e faziam de tudo para que entendesse as aulas adequadamente. Ela era mais bem tratada do que qualquer um dos filhos de oficiais de alto escalão, porque o Sr. Kang dava à professora 100 yuan chinês por mês — cerca de US$15 — e lhe pagava banquetes caros em restaurantes locais.

Em 2010, quando começou a ouvir falar de Kim Jong Un, o Sr. Kang também ficou esperançoso, achando que esse jovem levaria à abertura da Coreia do Norte para o mundo. Mas ocorreu o oposto. A segurança por toda a fronteira foi reforçada enquanto as autoridades tentavam levantar a guarda diante da segunda transição de poder.

O negócio de exportação do Sr. Kang complicou enquanto a China fechava o cerco ao uso de drogas e o estado norte-coreano acelerou as preparações para a Grande Sucessão. Então ele tomou uma nova direção: as drogas que um dia fluíram para a China agora ficavam no país para serem totalmente consumidas pelos norte-coreanos.

"Mesmo que também tentassem fechar o cerco às drogas depois de Kim Jong Un assumir o poder, é impossível impedir qualquer um de fazer alguma coisa na Coreia do Norte", afirmou o Sr. Kang em um restaurante perto de sua nova casa na região periférica de Seul. O prato quente entre nós chiava com carne e kimchi. "Sempre é possível encontrar uma saída com uma propina."

O Sr. Kang escapou para a Coreia do Sul em 2014, aos 42 anos. Quando o conheci, ele parecia um homem comum de meia-idade; usava uma parca vermelha e calças pretas, ambas para trilhas, mas nunca fez nenhuma. Um permanente dava uma levantada extra em seu cabelo. Para acompanhar a carne de porco, ele pediu uma garrafa de soju [bebida alcoólica destilada coreana] — não do comum, mas o de tampa vermelha: o forte.

Os esforços de Kim Jong Un para reprimir drogas ilegais não funcionaram. Na época que saiu da Coreia do Norte, o Sr. Kang estimou que cerca de 80% dos adultos em Hoeryong usavam ice, consumindo, no total, quase 1kg da droga extremamente potente todos os dias.

"Meus clientes eram pessoas comuns", disse ele. "Policiais, seguranças, membros do partido, professores, médicos. Ice era um ótimo presente de aniversário ou formatura", afirmou. Os adolescentes usavam. Até sua mãe de 76 anos usava — para elevar sua pressão sanguínea baixa.

Para muitos norte-coreanos, o uso de metanfetamina se tornou parte essencial da vida cotidiana, um modo de aliviar o tédio e as privações angustiantes de sua existência. Ele disse que é por isso que é impossível erradicar totalmente as drogas.

"Sinceramente, ela faz a pessoa se sentir bem. Eu costumava achar que, se não usasse, nada estava bem; meu dia não começava direito. Eu mal me sentia humano", afirmou. "Ela ajuda a aliviar o estresse, e realmente ajuda nas relações entre homens e mulheres", acrescentou sem pestanejar.

Apesar de ser tecnicamente ilegal, o Sr. Kang foi bem sincero sobre seu tráfico de drogas. Seus vizinhos sabiam, a polícia sabia, mas ele tentava não ostentar sua riqueza para evitar chamar mais atenção.

Os próprios policiais também aproveitavam novas oportunidades de não só ficarem ricos, mas chapados. Forneciam proteção em troca de doses regulares de ice. "Eles vinham à minha casa na hora do almoço, e é claro que eu não cobrava deles", riu. "O chefe da polícia secreta do meu bairro quase morava na minha casa. Ele vinha todos os dias."

Apesar da maior dificuldade de cruzar as fronteiras, o Sr. Kang, um dos pioneiros no tráfico de ice, ainda conseguia ganhar entre US$3 mil e US$5 mil por mês com seu negócio ilegal — uma soma enorme de dinheiro na China, quem dirá na Coreia do Norte. E quanto mais ganhava, mais influente se tornava.

"Na Coreia do Norte", contou-me, "o dinheiro gera poder".

CAPÍTULO 7

MELHOR SER TEMIDO QUE AMADO

"Nossos funcionários e população nunca perdoarão aqueles que ousam desobedecer à liderança unitária de Kim Jong Un."

— KCNA [Agência Central de Notícias da Coreia], 13 de dezembro de 2013

KIM JONG UN SABIA QUE NÃO SERIA SUFICIENTE PERMITIR QUE AS pessoas trabalhassem na economia mercantil e se esforçassem para ter um padrão de vida ligeiramente melhor. Ele também tinha que garantir que elas soubessem que podiam perder tudo — tudo mesmo — se ousassem questioná-lo.

Precisava incorporar o ditado proferido cinco séculos antes pelo político italiano Niccolo Machiavelli em seu livro *O Príncipe*: é melhor ser temido que amado.

Nos primeiros anos de seu reinado, Kim Jong Un fechou o país, que já era o mais isolado do mundo. Reforçou ainda mais a segurança ao longo de toda a fronteira do rio com a China. Intensificou as patrulhas. Seus esforços para impedir tentativas de fuga eram muito mais draconianos do que os de seu pai. O Grande Sucessor não estava dando chances para o fluxo de informações ou para pessoas cruzando o rio até a China. Fechou o cerco sobre qualquer coisa que pudesse questionar seu governo inexperiente.

O regime Kim havia sobrevivido por sete décadas com o enclausuramento de toda a população no país e a lavagem cerebral contínua, começando no jardim de infância, do mito de que eles viviam em um paraíso socialista e eram o povo mais feliz do planeta.

Kim Il Sung criou essa narrativa, mas sabia claramente que seria difícil vender a farsa, pois ele também criou um estado de vigilância que até hoje monitora e controla todos os aspectos da vida de todos os norte-coreanos. Oficiais verificam o quanto os cidadãos se curvam diante de estátuas dos líderes, a paixão com que ouvem durante as sessões obrigatórias de ideologia, a frequência com que tentam escapar da obrigação de varrer a rua ao amanhecer. Nesse estado autoritário, qualquer um pode ser ou se transformar em um informante: uma esposa, um coronel, um verdureiro, uma professora, um mineiro, uma criança.

Tempos depois da política glasnost da União Soviética, e muito tempo depois de a China abrir suas portas, o regime norte-coreano ainda tenta impor um bloqueio quase total de informações. Negando à população o acesso ao mundo exterior, o regime Kim foi capaz de perpetuar seus mitos.

Para punir qualquer um que ouse questionar a liderança, o Grande Líder também roubou o infame sistema gulag de Stalin. Enormes campos de concentração em regiões remotas, muitas vezes com climas desagradáveis, mantinham qualquer um que ousasse divergir — e muitas vezes sua família toda, para garantir.

É difícil exagerar a natureza universal das ficções do regime. "É como uma religião", afirmou o Dr. Yang, um médico da cidade fronteiriça de Hyesan. "Desde o nascimento, aprendemos que a família Kim é composta de deuses, e somos ensinados a sermos completamente obedientes a eles. É um reinado de terror. A família Kim usa o terror para manter as pessoas com medo."

Toda casa, escola, hospital, prédio público e até vagão de metrô deve conter fotos emolduradas de Kim Il Sung e Kim Jong Il, que devem ser limpas todos os dias com um pano especial mantido em uma caixa especial. Cartazes e outdoors por todas as cidades, e até mensagens esculpidas em encostas, exaltam a grandeza do regime Kim.

Todo canal de TV é dedicado à propaganda do regime. Os cinemas só exibem filmes norte-coreanos, com títulos memoráveis como *Nation and Destiny* ["Nação e Destino", em tradução livre], de 62 partes. Todas as residências têm um rádio na parede que nunca pode ser desligado e nem sintonizado em outra estação.

Abra um jornal da Coreia do Norte e você verá um artigo atrás do outro sobre a genialidade e a generosidade de Kim Jong Un. Não há nada que o Brilhante Camarada não saiba, de acordo com a ficção universal do país. Ele dá conselhos sobre criação de bagres e de gado, em estufas e viveiros, canteiros de obras e estaleiros. Inspeciona as linhas de produção de sapatos, cremes faciais e pasta de soja, e sempre tem orientações inteligentes para partilhar. Ele tem ideias sobre música, arquitetura e esportes. É um gênio militar que guiou o progresso nos programas nucleares e de mísseis bem como no comando de testes convencionais no mar e na terra.

Não existe um ponto de vista alternativo. E, para todos, exceto um punhado das elites que tem permissão explícita de Kim Jong Un, não há acesso à internet. Os celulares não estão conectados ao resto do mundo. Não há jornais de resistência. Não há pichação. Na verdade, não existe um único dissidente conhecido no país inteiro.

O regime começa cedo seu processo de doutrinação.

Durante uma viagem a Pyongyang, visitei um berçário com uma placa na frente que dizia: "Obrigado, Respeitado General Kim Jong Un." Lá dentro, era decorado com desenhos de soldados guaxinins segurando lançadores de granadas propulsadas por foguetes e de patos marinheiros com metralhadoras. As crianças pousavam com Kalashinikovs de plástico enquanto repórteres visitantes tiravam fotos.

A filha de Min-ah estava no jardim de infância quando aprendeu sobre Kim Jong Un pela primeira vez. Ela e seus colegas recebiam doces, viam uma foto do novo líder e eram informados do quanto ele era especial. Ela tem uma lembrança marcante daquela época. "Seu rosto era gordo como o de um porco", recordou alguns anos depois de estar segura em Seul.

Enquanto Kim Jong Un se estabelecia na liderança, o departamento de educação mandou que as escolas de ensino médio de todo o país ensinassem uma nova matéria dedicada a ele. O currículo equivalia a 81 horas de aulas sobre Kim Jong Un, além das que se concentravam em seu pai, avô e avó.[1] Aulas de histórias complementares informavam os alunos sobre os soldados norte-americanos que cruelmente transfixavam suas baionetas em bebês norte-coreanos durante a Guerra da Coreia, e as aulas de economia ensinavam sobre como, graças à filosofia juche, a Coreia do Norte podia ser autossuficiente.

Fora da escola, as crianças norte-coreanas entre 9 e 15 anos tinham essa informação ainda mais reforçada em suas mentes em encontros obrigatórios dos Jovens Pioneiros. Ser aceito no movimento é considerado um dos momentos mais importantes da vida de uma criança, com a admissão sendo conferida em uma cerimônia realizada em colégios em algum aniversário do regime, como o aniversário de Kim Il Sung ou o Dia da Fundação. Os pais comparecem e as crianças geralmente recebem um presente embrulhado, como uma caneta ou uma mochila. Os norte-coreanos não celebram o próprio aniversário, apenas o de seu líder, e, para muitas crianças, essa é a única vez na vida em que recebem um presente.[2]

Man-bok estava no segundo ano da faculdade quando sua turma foi informada de que Kim Jong Un seria o próximo líder do país. Desde o jardim de infância, durante todos os anos escolares, serviço militar e assim que começou a estudar ciências na faculdade, Man-bok crescera com Kim Il Sung e Kim Jong Il pairando sobre seus estudos. Os alunos da universidade eram obrigados a aguentar noventa minutos por dia de educação ideológica. Repetidas vezes, eram informados sobre a história gloriosa da revolução norte-coreana liderada por Kim Il Sung com a ajuda de sua esposa Kim Jong Suk e continuada por seu filho Kim Jong Il.

Man-bok não aguentava mais; ele queria aprender sobre ciências, não sobre os supostos camaradas. Estava farto de uma vida com crenças opostas.

Então, um dia, logo depois daquele primeiro anúncio, ele viu o herdeiro aparente na TV, um jovem gorducho da sua idade, cercado por generais velhos que se dirigiam a ele usando uma palavra coreana muito respeitável para "filho".

O aluno achou que era piada. "Entre os amigos mais próximos, nós o chamávamos de merdinha", contou-me. "Todos achavam isso, mas só podemos falar para os amigos mais próximos ou nossos pais se tivermos certeza de que eles concordam com isso."

Mas não era piada. Com a ascensão de Kim Jong Un, Man-bok percebeu que esse sistema havia gerado sua terceira geração de líderes. Dada sua idade, esse homem pode ficar no poder por um bom tempo.

Em outras partes do país, durante o serviço militar obrigatório, em fábricas, minas e ministérios governamentais, na Federação das Mulheres e em encontros do grupo de vigilância do bairro, outros norte-coreanos eram ensinados sobre o Gênio Dentre os Gênios.

Para basear sua reivindicação à liderança, Kim Jong Un mandou revisar os dez mandamentos da Coreia do Norte em 2013. Kim Il Sung desenvolvera esses Dez Princípios para o Estabelecimento de um Sistema Ideológico Monolítico do Partido quase quarenta anos antes em uma tentativa de fortalecer o culto de personalidade.

Cada um dos princípios contém o nome do líder e faz referência à sua autoridade absoluta e à necessidade de acreditar nela incondicionalmente. O Princípio Dois exige "aceitar o pensamento do Grande Líder Camarada Kim Il Sung como sua própria crença e tomar suas instruções como seu próprio credo". E o Princípio Quatro é "reverenciar generosamente o Grande Líder Camarada Kim Il Sung é o mais nobre dever dos guerreiros revolucionários que são infinitamente leais ao Grande Líder".

Quando assumiu o poder, Kim Jong Un aparentemente decidiu que eles precisavam ser atualizados. Mandou revisar os princípios para incluir reverências de seu pai, Kim Jong Il, e fornecer uma conexão mais próxima entre o sistema e ele mesmo. "O Grande Camarada Kim Il Sung e o Camarada Kim Jong Il são patriotas extraordinários, grandes revolucionários e pais amorosos do povo. Eles dedicaram tudo à sua pátria, à revolução e ao povo", afirma a versão revisada.

Mas Kim Jong Un recuou pouco antes de acrescentar seu próprio nome ou mandar colocar seu próprio retrato em todas as residências. Com cuidado para não se exceder, ele se concentrou em exaltar o pai, na esperança de que isso sustente sua legitimidade como rebento desse glorioso sistema.

Os norte-coreanos devem memorizar os princípios e serem capazes de recitá-los quando exigido.

Os princípios são reforçados em suas mentes nas sessões ideológicas educacionais realizadas duas vezes por semana nos grupos dos bairros ou em seus locais de trabalho. Nessas sessões obrigatórias, eles devem tolerar ouvir as últimas descrições das grandiosidades do líder e da imoralidade dos Estados Unidos. É assim que muitos ouviram falar pela primeira vez das incríveis façanhas do Camarada General Kim Jong Un em 2009.

Todo sábado, e às vezes com mais frequência, os cidadãos também devem participar de sessões de autocrítica, nas quais são requisitados a detalhar suas próprias deficiências na semana anterior e, muitas vezes, as de pessoas à sua volta. Esses são exercícios feitos com frequência durante movimentos ideológicos: os cidadãos descrevem como poderiam ter trabalhado com ainda mais afinco, até que seus dedos sangrem ou eles desmaiem, a serviço do Grande Sucessor. Mas também podem ser um foro para condenar rivais ou fazer retaliações contra um vizinho chato.

Até mesmo cortes de cabelo são extremamente controlados na Coreia do Norte. As mulheres não podem pintar o cabelo, apesar de os permanentes serem comuns entre as mulheres casadas. Correu um boato no resto do mundo de que, logo depois que Kim Jong Un assumiu, ele mandou que todos os homens fizessem seu corte degradê. Isso não é verdade, embora os homens norte-coreanos devam, sim, ter cabelo curto. Vários cortes recomendados adornam as paredes de barbearias, incluindo muitos estilos de degradê com as laterais curtas e a parte superior bem alta. Não é obrigatório, mas um norte-coreano astuto sabe que não há um jeito melhor de mostrar sua lealdade ao líder.

Até aqueles enviados legalmente para o exterior a fim de ganhar dinheiro para o regime não estão isentos dessas sessões educacionais e de autocrítica. Na verdade, como essas pessoas veem o mundo real, o regime faz o impossível para tentar mantê-las ideologicamente puras.

"Ouvíamos falar que Kim Jong Un estava trabalhando tanto para o partido, para a nação e para o povo", disse o Sr. Song, que era peão de construção civil na Rússia, ganhando em moeda estrangeira para o regime norte-coreano e um pouco para si mesmo, quando Kim Jong Il morreu. "Ele fez isso, ele fez aquilo, e Kim Jong Un estava trabalhando tanto por todos nós. Simplesmente não fazia sentido. Qualquer um que serviu no exército sabia que era ridículo dizer que uma criança sabia atirar com um rifle ou enxergar por sobre o painel de um carro", falou. Mas ele não podia dizer nada na época.

Ninguém na Coreia do Norte pode dizer que seu jovem imperador está nu e espera sobreviver.

Mas quase todo mundo sabe que o estado que já foi chamado de Reino Eremita já não é mais solitário. Apesar dos esforços extremos do regime, ele não foi capaz de se desconectar completamente do resto do mundo.

Depois da fome, quando alimentos e roupas vieram pela fronteira chinesa, as informações os seguiram. Pessoas que se esgueiraram para o outro lado do rio voltaram contando o que viram: um país onde as pessoas têm tanto para comer que não limpavam o prato e que os cachorros viviam melhor do que os norte-coreanos.

Aos poucos, formas mais sofisticadas de informações começaram a chegar.

Comerciantes agora contrabandeavam pen drives e cartões SD de microarmazenamento para a Coreia do Norte, muitas vezes em sacos de arroz ou de baterias, para vender em segredo nos mercados. Esses pequenos dispositivos de armazenamento são fáceis de esconder das autoridades e de compartilhar com os amigos.

Ativistas da Coreia do Sul tentavam ajudar colocando pen drives em balões enormes que faziam flutuar para o outro lado da fronteira quando o vento estava na direção certa ou em garrafas rio acima quando as correntes eram favoráveis. A maioria estava cheia de filmes de ação e novelas melosas. Alguns continham livros e enciclopédias. Outros, K-pop sul-coreano animado. E outros ainda, pornografia.

Tudo isso era devorado pelos norte-coreanos famintos por informações.

"Quando íamos ao mercado, dizíamos aos vendedores: 'Você tem alguma coisa deliciosa hoje?' ou 'Tem alguma cerveja boa?'", contou-me a Sra. Kwon sobre sua antiga vida na cidade nortenha de Hoeyrong. "Então, dizíamos: 'Beleza, pode encher.' Isso significava que queríamos um com muitos filmes."

Os DVD players com pen drives se tornaram itens cobiçados nos mercados. Pequenos DVD players portáteis chamados "notels" — uma combinação de "notebook" e "televisão" — eram especialmente populares. Eles têm um drive de DVD, um de USB e portas de cartão SD, além de uma TV embutida e um sintonizador de rádio, e pode ser carregado com uma bateria de carro. Eram vendidos por cerca de US$50, e talvez metade das residências urbanas tinham um.[3]

Quando ia ao mercado, a Sra. Kwon às vezes levava velhos flash drives para trocar, ou apenas comprava novos. Um com 16GB custava menos de US$2 e continha uma quantidade enorme de informações externas.

"Eu adorava ver suas casas; adorava ver como viviam, tudo", recordou, contando como adorava, particularmente, *My Name Is Kim Sam-soon*, uma antiga comédia romântica centrada em uma mulher gordinha, sem papas na língua que encontra, e depois perde, um médico destruidor de corações. "Parecia mentira", disse a Sra. Kwon. "É claro que eu queria viver como eles, então eu sonhava com esse tipo de vida e em ir para a Coreia do Sul."

Apesar de não viver uma vida de conto de fadas no Sul — ela tem um pequeno apartamento em uma cidade metropolitana de Seul — a fagulha veio desses pedaços de informações do mundo real.

Visões de geladeiras, sofás, TVs, carros e do resto da vida cotidiana no Sul acabam com um dos principais mitos da propaganda de Pyongyang: de que a Coreia do Sul é um lugar desprovido e desesperado e que os norte-coreanos têm uma vida mais feliz.

Os menores detalhes nesses filmes e dramas podiam ser extremamente influentes para pessoas que nunca viram nada além da mídia do regime. O menor dos detalhes podia expor as maiores mentiras.

Ver interações sociais no Sul também podia ser esclarecedor. Norte-coreanos jovens, especialmente mulheres, notavam como as pessoas no Sul geralmente usavam uma linguagem educada umas com as outras, usando níveis de coreano que denotavam respeito. Era uma diferença brusca da forma condescendente comum usada com jovens e mulheres no Norte.

Jung-a, que deveria estar no ensino médio, mas em vez disso vendia tofu caseiro, recordou seu choque quando assistiu a um filme chamado *Ninja Assassino* que estava em um dos pen drives que comprou no mercado. O filme cheio de ação e com muitas cenas de artes marciais sangrentas era norte-americano, mas estrelado por um astro sul-coreano musculoso chamado Rain. Isso foi revelador para ela.

"Na escola, na Coreia do Norte, éramos ensinados que os sul-coreanos eram diferentes de nós", contou-me. "Mas quando vi esse filme, percebi que eles tinham a mesma aparência e falavam da mesma forma que nós."

Em particular, ela adorava músicas K-pop. "As músicas norte-coreanas são todas iguais, e as letras são todas fortes e duras. Eu estava acostumada com as músicas sobre Kim Il Sung, os generais e o patriotismo", disse Jung-a. "Então, de repente, ouvi essas músicas que eram em coreano, mas soavam totalmente diferentes."

Esse tipo de informação se espalhou por toda a Coreia do Norte e abalou a fé que o povo podia ter no líder da terceira geração, contou-me o Dr. Yang, um homem rude já com seus 40 anos, durante um intervalo entre suas consultas no hospital de Seul onde trabalha atualmente.

"As pessoas não esperam nada desse jovem líder", afirmou. "Eu acho que mais de 70% da população está insatisfeita com o regime de Kim Jong Un. Eles sabem que o líder não é uma pessoa competente."

Na Coreia do Norte, ele era tecnicamente um médico, trabalhando em um grande hospital provinciano. Mas o hospital não tinha medicamentos, e o médico não ganhava quase nada — 3.500 won por mês, não era suficiente nem para comprar 1kg de arroz —, então seu trabalho real era o contrabando. Ele pegava ervas medicinais das montanhas — algo em que os médicos norte-coreanos são muito bons, já que não têm fármacos reais e são forçados a tirar "férias fitoterápicas" — e as vendia na China. Com os lucros, ele comprava eletrodomésticos como panelas de arroz, DVD players portáteis e monitores de LCD e os levava para a Coreia do Norte.

Por causa de seu trabalho, ele sabia para que servia a propaganda do regime.

"Eles nos diziam que a razão de sermos pobres eram as sanções", afirmou. "Mas eu morei próximo da fronteira, então sei que a razão da falta de desenvolvimento da Coreia do Norte era porque não havia recompensa para quem trabalhava duro. Teríamos que trabalhar de graça de qualquer forma."

Por que, então, o sistema sobreviveu se tantos norte-coreanos sabem do mundo externo e que o regime mente para eles? A resposta está na brutalidade inigualável do regime, que não tem remorsos em cumprir com as punições severas ao menor sinal de insatisfação.

Para impor a mentira de que ele é o melhor homem para o cargo, Kim Jong Un perpetuou o sistema de castas políticas da Coreia do Norte com zelo, recompensando aqueles considerados mais leais a ele e punindo impiedosamente quem ousa questioná-lo.

Esse sistema de castas é outro legado de seu avô. Quando estava criando seu estado ideal, Kim Il Sung emprestou algumas práticas feudais da Dinastia Joseon, que governou a Coreia por cinco séculos até quase 1900. Ele adotou o sistema de culpa por associação da era Joseon, que, até hoje, pode fazer com que três gerações de uma família inteira sejam presas, às vezes por toda a vida, pelo crime de uma única pessoa.[4]

Ele também roubou o sistema discriminatório de classes chamado *songbun* dessa era, dividindo a Coreia do Norte em 51 categorias diferentes que se classificam em três classes mais amplas: leal, hesitante e hostil.

Até hoje, na Coreia do Norte de Kim Jong Un, os leais recebem todas as vantagens. Eles formam de 10% a 15% da população considerada a mais politicamente dedicada ao sistema e têm o maior interesse em continuar. Podem viver em Pyongyang e receber uma educação melhor, incluindo a possibilidade de frequentar a Universidade Kim Il Sung. Recebem trabalhos melhores e têm vantagens na associação ao Partido dos Trabalhadores. A casta leal vive em apartamentos melhores, veste roupas melhores, come mais e melhor e tem mais possibilidade de poder ir a um médico que realmente tem remédios.

Na base ficam os hostis: colaboradores japoneses, cristãos, céticos. Eles englobam cerca de 40% da população e geralmente são banidos às montanhas inóspitas do norte, onde os invernos são insuportáveis e os alimentos, escassos, mesmo para os padrões norte-coreanos.

Esses "indesejáveis" não têm mobilidade social nem esperanças de progresso. Suas vidas giram em torno de uma fazenda ou fábrica coletiva — uma atribuição que, nas últimas décadas, significou que precisam se virar sozinhos.

Entre os leais e os hostis está a classe hesitante, o povo comum que engloba cerca de metade da população do país. Eles existem em um tipo de limbo. Não têm oportunidade de ir à faculdade ou de ter um trabalho profissional, mas se tiverem sorte poderão assegurar um bom emprego durante seu serviço militar que os ajudará a trabalhar em direção a um padrão de vida levemente melhor.[5]

Alguém nascido com *songbun* ruim não tem esperanças de melhorar na hierarquia social. Os níveis superiores, no entanto, podem cair até a base se derem um passo em falso.

Por esse sistema, e pela ameaça constante de ser rebaixado de classe, Kim Jong Un foi capaz de manter o poder. Se você for membro da classe leal — morador de Pyongyang e capaz de ganhar algum dinheiro à parte de seu trabalho no ministério para mandar seus filhos para a universidade —, é melhor pensar duas vezes antes de questionar abertamente se o líder realmente conseguia dirigir um carro aos 5 anos ou criticar a decisão de gastar milhões em armas nucleares em vez de hospitais e escolas. Há sempre alguém observando e delatando se você não estiver sendo suficientemente dedicado ao regime. O nível de base começa com o *inminban*, literalmente "grupo do povo", um tipo de sistema de vigilância de bairro. Cada bairro é dividido em grupos de trinta a quarenta residências, com um líder que é sempre uma mulher intrometida de meia-idade. Seu trabalho é ficar de olho no que as pessoas das residências atribuídas a ela estão fazendo. Os norte-coreanos gostam de dizer que o líder do grupo do bairro deve saber quantos hashis e quantas colheres cada casa tem.[6]

Ela é a responsável por registrar visitantes que passam a noite — na Coreia do Norte, ninguém pode dormir na casa de um amigo ou parente sem notificar às autoridades — e muitas vezes, junto da polícia local, conduz batidas no calar da noite para garantir que não haja convidados proibidos ou que residentes como Man-bok ou Jung-a não estejam assistindo a filmes sul-coreanos. Ela inspeciona o rádio governamental de cada casa para assegurar que não foi sintonizado em uma estação diferente. Verifica os celulares para garantir que não contenham músicas ou fotos não autorizadas do mundo externo.

Também encoraja vizinhos a dedurarem uns aos outros. Se acham que uma família está comendo arroz branco e carne com uma frequência suspeita, as pessoas podem se perguntar como estão ganhando dinheiro. Se uma luz azul de uma televisão reflete contra as cortinas tarde da noite, muito depois que os canais estatais pararam suas transmissões, as pessoas podem se perguntar o que os ocupantes estão assistindo.

Se alguém está tendo um caso, o líder do bairro descobrirá. Isso não é algo insignificante na Coreia do Norte, que reprova especialmente as mulheres que fazem sexo antes ou fora do casamento. A transgressão do casal será transmitida aos seus empregadores e ambos passarão por sessões de críticas públicas humilhantes.[7]

Os norte-coreanos vivem em um sistema no qual cada aspecto de suas vidas é monitorado, toda infração é registrada, o menor desvio do sistema resulta em punição. É onipresente, e impede que muitas pessoas até se mostrem surpresas com o regime.

O líder do bairro precisa relatar transgressões para manter uma boa posição com as autoridades superiores, especialmente com as duas principais agências de segurança.

O Ministério Popular de Segurança executa as funções de policiamento e conduz campos de trabalho para os condenados por crimes "normais", como assalto, roubo, tráfico de drogas e assassinato. O nome desses campos de prisão em coreano é traduzido como "um lugar para formar uma boa pessoa por meio da educação". Os prisioneiros geralmente são enviados a eles por períodos fixos e podem esperar serem libertados um dia.

O Ministério de Proteção do Estado lida com crimes políticos e ideológicos. Essa agência é responsável por manter o isolamento total de todas as informações diferentes das transmitidas pela mídia estatal e garantir que todos sigam rigorosamente a propaganda.

Ele investiga crimes políticos — cometidos por pessoas que questionam o regime e tentam escapar de suas garras — e conduz a rede de campos de prisão inimaginavelmente brutais para os acusados de transgressões ou pensamentos políticos destoantes.

Ciente de que a mídia externa cruzou as fronteiras de seu país, Kim Jong Un deu novos poderes à unidade especial dos serviços de segurança responsável por impor o veto de mídia estrangeira ilegal: o Grupo 109. Sua missão é encontrar mídias produzidas em países estrangeiros, especialmente aquelas armazenadas em celulares e pen drives, e confiscá-las. A unidade observa o histórico de um dispositivo com muita atenção, buscando evidências de compartilhamento.

Pessoas pegas com tal conteúdo ilícito ficam sujeitas à detenção e interrogatório. Algumas conseguem se livrar do problema usando suborno, com dinheiro ou até cigarros, além do confisco do dispositivo em questão. Na verdade, muitos norte-coreanos acham que os oficiais procuram propositalmente mídias estrangeiras nos telefones ou nas residências dos cidadãos durante batidas tarde da noite como forma de ganhar um pouco de dinheiro por fora de seus trabalhos estatais de salários baixos.

Quando mandou revisar o Código Criminal da Coreia do Norte em 2012, o ano seguinte à sua ascensão ao poder, Kim Jong Un acrescentou uma seção especial para abordar a mídia estrangeira. Ela é considerada equivalente à subversão e é muito pior, ou muito mais cara, para se safar. Pessoas que são pegas conduzindo uma indústria de operações de contrabando de informações correm o risco de ser encaminhadas para um processo, no qual a condenação é garantida, e então enviadas a um campo de trabalho por seus crimes.[8]

Não que os outros componentes incluídos depois de Kim Jong Un assumir o poder fossem menos draconianos. Projetar um plano para a economia de forma aleatória e não selecionar adequadamente os atletas vencedores para uma competição importante são dois itens listados como crimes políticos. Qualquer reunião não autorizada pelo Partido dos Trabalhadores e pelas autoridades estatais é banida, bem como criticar ou expressar insatisfação com o estado, mesmo que de maneira privada. Qualquer um que participar de uma rebelião ou demonstração com "propósitos antiestatais" enfrenta uma sentença perpétua de "reforma pelo trabalho" ou uma pena de morte. A "propaganda e agitação" antiestatal carrega a ameaça de morte.[9]

Mesmo com esse esforço aumentado de se proteger contra a "corrupção ideológica", o regime não conseguiu evitar totalmente que o povo vislumbrasse "fragmentos" do mundo exterior.

Man-bok, o aluno de ciências, assistiu a filmes de guerra, de gangsteres e proibidos para menores de 17 anos. Ouviu notícias. Ficou cada vez mais insatisfeito. "O regime tentava fazer lavagem cerebral na gente, mas nós, da geração mais nova, sabemos a verdade", disse ele.

Mencionar o código criminal é sugerir que existe um estado de direito ortodoxo na Coreia do Norte de Kim Jong Un. Mas não há. Às vezes, as autoridades se preocupam em encenar um processo quase judicial, mas certamente nada que o resto do mundo reconhecesse como um julgamento justo. Não há um advogado de defesa, e nem um júri de pares.

Com frequência, as autoridades nem se incomodavam em realizar moções limitadas. Algumas pessoas são jogadas nos campos de prisão política mais brutais sem saber o por quê. Há quatro desses campos, cada um com centenas de quilômetros quadrados de terreno acidentado em partes afastadas ao norte do país. Eles são cercados por cercas perimétricas de arame farpado, bem como armadilhas do tipo buraco apache e campos minados, e reforçados por torres de vigia operadas por guardas armados com rifles automáticos.

Uma vez nessas colônias de trabalho penal, os prisioneiros são mantidos sem comunicação e considerados fora da proteção da lei, pois são considerados contrarrevolucionários indignos de proteção legal.[10]

As prisões operadas pela polícia secreta são, de longe, as mais brutais, com condições desumanas às quais grandes números de prisioneiros não sobrevivem.

Uma vez presas, as pessoas passam fome. O alimento é tão escasso que os prisioneiros caçam sapos ou ratos para comer. É a única proteína que conseguirão. Eles procuram mato comestível, qualquer coisa para suplementar a "sopa" que recebem, que tem como ingredientes principais água e sal.

Ainda assim, devem realizar um trabalho árduo e, com frequência, trabalhos manuais perigosos, muitas vezes por até dezoito horas diárias. Cavam minas manualmente usando apenas picaretas e pás. Derrubam árvores com machados e serrotes manuais. Trabalhos agrícolas são feitos apenas com as ferramentas mais básicas. As mulheres fazem perucas e cílios postiços ou costuram roupas, tudo enviado para a China e, então, para o resto do mundo. Os prisioneiros que não cumprem com suas quotas de produção podem esperar cortes ainda maiores na ração alimentar e surras.[11]

As surras severas e a tortura são comuns, incluindo a "tortura do pombo", em que as mãos dos prisioneiros são amarradas nas costas e eles são pendurados em uma parede, forçando seu peito para a frente. Eles ficam assim durante horas, muitas vezes até desmaiar ou vomitar sangue.

A tortura do avião ou da motocicleta também são comuns; os prisioneiros são obrigados a estender os braços para os lados ou para a frente por horas a fio. Geralmente caem antes de terem permissão para relaxar os braços.

Ainda pior são as caixas de suor. Os prisioneiros são trancados em caixas de madeira tão pequenas que não é possível ficar totalmente em pé ou deitar. Em vez disso, são forçados a permanecer de cócoras, com as nádegas pressionadas contra os calcanhares. Isso corta a circulação e deixa o traseiro totalmente preto por causa do hematoma. Se deixada lá por muito tempo, a pessoa morre.[12] Os guardas são treinados para serem impiedosos e, se demonstram até mesmo a forma mais trivial de gentileza, ficam sujeitos eles mesmos à punição.

O estupro e o assédio sexual violento também fazem parte do ciclo de punições. As mulheres que acabam presas depois de serem repatriadas da China relataram que foram forçadas a fazer abortos — muitas vezes induzidos por surras — ou a assistir a seus filhos recém-nascidos serem mortos na sua frente. Algumas até relataram terem elas mesmas sido obrigadas a escolher entre matar seus filhos ou morrer. Isso é muito provável de acontecer quando o bebê é considerado "impuro" — ou seja, de pai chinês.[13]

A comissão especial das Nações Unidas de investigação dos abusos aos direitos humanos na Coreia do Norte descobriu que essas violações não eram "meros excessos do estado", mas "componentes essenciais" de seu sistema totalitário.

"A gravidade, a escala e a natureza dessas violações revelam um estado que não tem nenhum paralelo no mundo contemporâneo", concluiu a comissão em um relatório de referência em 2014. Também recomendou que Kim Jong Un seja encaminhado à Corte Penal Internacional para responder às acusações de crimes contra a humanidade.

O testemunho apresentado à comissão veio de vários prisioneiros que passaram por campos de prisão e sobreviveram para contar a história. Todos foram encarcerados nos campos durante as eras de Kim Il Sung e Kim Jong Il e mais tarde conseguiram escapar da Coreia do Norte e descrever como foram tratados.

Sem dúvida, Kim Jong Un tirou total proveito do sistema repressivo estabelecido por seu avô e perpetuado por seu pai. Imagens de satélites mostram que a extensa rede de campos de prisão, localizados tanto em cidades periféricas quanto em grandes complexos nas montanhas, continuam existindo em sua era.

Essas imagens também mostram campos novos ou ampliados, incluindo um próximo do Campo 14 de presos políticos, no centro do país. Em uma área cercada de 14,5km^2 com perímetros de segurança claramente visíveis existem quartéis e controles de barreiras. O campo de reeducação, a Prisão N° 4, na periferia de Pyongyang, tem uma pedreira de calcário bem visível do lado de fora dos muros da penitenciária e uma correia transportadora para levar as rochas de calcário para dentro do campo para que os prisioneiros triturem.[14]

Mas o mundo exterior ouviu muito pouco sobre como são as condições dentro desses campos de reeducação e concentração na era de Kim Jong Un.

Durante meus anos fazendo cobertura da Coreia do Norte sob o líder da terceira geração, procurei pessoas que estiveram dentro das prisões depois de 2011. Mesmo depois de falar com ativistas que ajudam fugitivos norte-coreanos, incluindo ex-prisioneiros, e especialistas nas prisões do país, não consegui encontrar uma única pessoa que tenha saído desses campos depois da ascensão de Kim Jong Un ao poder. Ninguém com quem falei ao menos conhecia uma dessas pessoas.

Talvez os prisioneiros tenham permanecido nos campos. Talvez não tenham sido capazes de escapar. Não sabemos. Mas temos certeza de que esse sistema penal continua.

Quando a International Bar Association pediu que três juízes renomados em direitos humanos realizassem uma audição em campos de prisão da Coreia do Norte em 2017, um deles disse que continuavam tão ruins — ou até piores — quanto os campos de concentração nazistas do Holocausto. Ele saberia. Thomas Buergenthal foi mantido em Aushwitz e Sachsenhausen quando criança, bem como no gueto de Kielce, na Polônia. E embarcou em uma jornada até servir no Tribunal Internacional de Justiça.

"Eu acredito que as condições nos campos de prisão [norte-]coreanos estejam tão terríveis quanto, ou ainda piores, do que os que vi e experienciei em minha juventude nos campos nazistas e em minha longa carreira profissional na área de direitos humanos", disse depois de ouvir os ex-prisioneiros e guardas norte-coreanos.[15]

Como a comissão da ONU, esses juristas concluíram que Kim Jong Un deve ser julgado por crimes contra a humanidade pela forma como seu regime usa prisões políticas para controlar a população.

Muitas pessoas se perguntam por que a Coreia do Norte não ruiu, como a União Soviética, ou mudou, como a China.

Há várias razões.

Em parte porque a vida está realmente melhorando para muitos cidadãos, graças a suas habilidades de ganhar a vida nos mercados. Uma pessoa que comia carne duas vezes por ano talvez agora consiga comer duas vezes por mês. Um fazendeiro que vende suas colheitas pode usar o suborno para que sua filha sente na fileira da frente na sala de aula. O dinheiro possibilitou algumas pequenas liberdades, que podem parecer grandes mudanças na repressiva Coreia do Norte. Um dos fatores mais subestimados é o fato de que a família Kim criou uma forte identidade nacional e deu ao povo algumas razões para sentir orgulho, às vezes baseadas em informações errôneas, outras não. Até mesmo depois de escapar, os norte-coreanos me contaram que têm orgulho de sua oposição destemida a valentões internacionais e, especialmente, de sua proeza nuclear.

Mas o maior motivo é o medo.

As punições são tão severas que os norte-coreanos que questionam o sistema preferem escapar do que tentar argumentar alguma mudança pelo lado de dentro.

"Até quando sabemos das coisas, não devemos dizê-las", contou-me a Sra. Kwon, a mulher que gostava de comprar pen drives com filmes no mercado. "Se falarmos, não sabemos o tipo de punição que poderemos enfrentar. Então, em vez de tentar fazer alguma coisa para mudar o sistema, é melhor só ir embora."

Ainda assim, ela diz que apenas aqueles com muita vontade de escapar realmente tentam ir embora. E mesmo que consigam, sabem que existe uma possibilidade de que seus familiares sejam punidos.

E assim as coisas continuam.

CAPÍTULO 8

ADEUS, TIO

"Jang, a escória humana desprezível, que foi pior do que um cachorro, cometeu atos de deslealdade triplamente amaldiçoados, traindo a confiança profunda e o maior amor paternal exibido pelo partido e seu líder."

— KCNA [Agência Central de Notícias da Coreia], 13 de dezembro de 2013

A ÉPOCA MAIS PERIGOSA PARA UM AUTOCRATA INICIANTE SÃO OS dois primeiros anos no poder. É quando ele precisa descobrir quem é leal e quem é descartável. É nesses dois primeiros anos que outra pessoa que queria o cargo provavelmente tentará tomá-lo. É isso que acontece especialmente quando o líder herda os apoiadores do seu predecessor.

Então, quando Kim Jong Un assumiu, ele seguiu o modelo usado por seu pai e avô e começou a garantir que as elites capazes de mantê-lo no poder estavam ricas e felizes — e ficassem cada vez mais.

Como seus patriarcas, ele conseguiu sobreviver como ditador controlando uma nação inteira por meio de um grupo de pessoas relativamente diminuto. Era outra regra adotada por Maquiavel: não se preocupe com a população em geral; apenas garanta o enriquecimento de um pequeno grupo de elite.

Ele é o que os estudiosos chamam de "pequeno líder de coalizão", alguém que mantém seu regime estável por meio do suporte de relativamente poucas pessoas bem recompensadas enquanto deixa o resto da população definhar.

Dentro da pequena categoria de coalizão, Kim Jong Un pertence ao subgrupo que Bruce Bueno de Mesquita, um cientista político que estudou tiranos de sucesso, chama de "cleptocratas gananciosos". Outros membros de seu subgrupo incluem Ferdiand Marcos das Filipinas e Mobutu Sese Seko do Zaire, agora República Democrática do Congo.

Eles querem viver bem, então roubam muito dinheiro dos cofres estatais e garantem que as pessoas que os mantêm no poder também vivam bem. Já essas elites privilegiadas sabem que têm muito mais probabilidade de manter seus cargos quando o poder passa do rei para o príncipe do que quando passa para alguém de fora da família. Então têm um interesse na sucessão de um filho.

A primeira tarefa de Kim Jong Un foi determinar quem deveria permanecer em sua pequena aliança de elites.

Até um novato sabe que se livrar de rivais ou críticos em potencial logo no começo é crucial. Mao Zedong fez isso na China, Kim Jong Il fez quando assumiu e Kim Jong Un seguiu a tradição.

Em geral, o risco nesse período inicial é matar pessoas demais, não de menos, contou-me Bueno de Mesquita quando fui visitá-lo em seu escritório na Universidade de Nova York. Se você se livra de muita gente, aqueles que permanecem acham que seu líder não tem critérios e passam a ter uma boa razão para viver com medo. Mas e se você matar pessoas de menos? Bem, isso é fácil de resolver.

Existe uma boa razão para assustar as pessoas que estão no topo. Ao contrário da percepção popular, a maioria dos ditadores não é derrubada por uma população raivosa marchando nas ruas. A grande maioria é removida por pessoas que fazem parte do regime. O maior risco que eles correm não é a luta entre os privilegiados e as massas, mas a luta entre as elites.

"No que diz respeito às dinâmicas da liderança autoritária, uma maioria esmagadora de ditadores perde o poder para aqueles que estão dentro dos portões do palácio presidencial, em vez de para as massas do lado de fora", disse Milan Svolik, um acadêmico de Yale que estudou 316 ditadores e descobriu que mais de dois terços foram derrubados por seus rivais.[1]

Foi assim que líderes como Nikita Khrushchev, na União Soviética em 1964, e Robert Mugame, no Zimbábue em 2017, perderam o poder. Seus ex-aliados o tomaram.

Muitas vezes o gatilho para desafiar a liderança é o dinheiro. Cleptocratas gananciosos normalmente perdem seu poder quando seus apoiadores percebem que eles não conseguirão protegê-los por muito mais tempo, disse Bueno de Mesquita.

Mas, se conseguirem lidar com os desafios iniciais e sobreviver aos dois primeiros anos, a maioria dos ditadores morre na velhice.

Então, a partir do momento em que assumiu o controle do regime, Kim Jong Un começou a trabalhar para se tornar a figura mais maquiavélica de nosso tempo. Ninguém estava a salvo, nem mesmo os homens que o apoiaram durante o período de transição — *principalmente* esses homens.

Um dos primeiros a desaparecer foi o Vice-marechal Ri Yong Ho, um dos carregadores do caixão durante o funeral de Kim Jong Il. Ele era chefe do Estado-Maior do Exército Popular da Coreia e manteve o exército leal aos Kims durante a transição da segunda para a terceira geração.

Mas isso não o protegeu. Em meados de 2012, Ri foi publicamente liberado de seus cargos — por motivos de saúde, de acordo com o relato oficial. O serviço de inteligência da Coreia do Sul disse que ele foi banido para a parte nortenha do país. Outros especularam que foi executado. De qualquer forma, nunca mais foi visto. Seu rosto foi até editado das fotos e seu nome excluído de todos os documentos. Ele simplesmente deixou de existir em qualquer lugar.

O mesmo aconteceu com o General Hyon Yong Chol, que foi promovido depois que Ri foi demitido para se tornar o equivalente norte-coreano de um ministro da defesa. Ele desapareceu no começo de 2016 e afirma-se que foi executado por insubordinação e traição. Entre suas supostas transgressões diversas, de acordo com a agência de inteligência sul-coreana, estava dormir enquanto Kim Jong Un falava.

Mas ele não foi erradicado na surdina: foi publicamente executado com armas de defesa antiaérea, um método que o teria reduzido a um mingau.[2] Outros oficiais certamente devem ter feito uma nota mental de permanecer acordados em reuniões daquele momento em diante.

Outras vezes, os desaparecidos retornavam meses ou anos mais tarde com o rabo entre as pernas. O que quer que tenha acontecido durante sua ausência os tornou discípulos dedicados do jovem mandachuva.

Choe Ryong Hae — um homem muitas vezes chamado de "número dois da Coreia do Norte" — foi removido de seus cargos no santuário interno do Partido dos Trabalhadores. Supostamente foi enviado para a reeducação por diversos meses em uma fazenda cooperativa. Mas, aparentemente, foi declarado confiável outra vez e, em 2016, promovido a cargos ainda melhores.

O expurgo mais chocante ocorreu no fim de 2013. Outro carregador de caixão foi despachado, dessa fez de uma forma muito mais dramática.

Jang Song Thaek era tio de Kim Jong Un por casamento. Ele e a irmã de Kim Jong Il, Kim Kyong Hui, se apaixonaram quando estudaram juntos na Universidade Kim Il Sung.[3] O Grande Líder aparentemente não ficou impressionado pelo jovem pretensioso, mas sua filha insistiu em se casar com o extrovertido Jang.

Eles foram um casal poderoso no regime, ambos se tornaram conselheiros próximos de Kim Jong Il. Jang ficou responsável pelos projetos econômicos, liderando tudo, do desenvolvimento à construção de minas de carvão. Viajou com tanta frequência para o regime — comprando recursos necessários para seus projetos de construção ou produtos desejados por Kim Jong Il — que ficou conhecido como "o Kim Jong Il que Vai para o Exterior".[4]

Ele também teve um papel crucial nas preparações para a sucessão de Kim Jong Un. No falecimento de Kim Jong Il, a posição superior de Tio Jang no regime ficou evidente quando caminhou logo atrás de Kim Jong Un ao carregar o caixão. Se não pintasse o cabelo de preto há anos, poderia ser chamado de eminência parda do regime.

Várias pessoas que o conheceram me disseram que era muito carismático. Era considerado bonito e gostava de beber, jogar cartas e cantar no karaokê. Era conhecido como negociador e era muito bom nisso. Ele atraía as pessoas ao seu redor.

O Tio Jang não era nenhum anjo. Era o que pode ser chamado eufemisticamente de mulherengo ou, menos eufemisticamente, predador. Uma das histórias duvidosas sobre ele é que realizou pessoalmente "audições" para as mulheres que se tornavam parte da infame Brigada de Prazeres de Kim Jong Il, seu próprio harém pessoal.

Sua personalidade extrovertida e suas ideias de abertura já lhe haviam trazido problemas antes. Uma vez, durante um jantar na década de 1990, Jang teve a audácia de sugerir que as políticas do regime poderiam estar equivocadas, já que o povo estava passando fome. Kim Jong Il ficou enfurecido e jogou uma argola de guardanapo de prata nele. Sua esposa tentou acalmar a situação, e Jang não só se desculpou, mas cantou uma canção para o líder.[5]

Então foi parar em um campo de reeducação no interior do país em 2004, depois que Kim Jong Il descobriu que ele estava promovendo festas de arromba para oficiais do governo. Festas estrondosas e cheias de recompensas eram reservadas apenas para o líder.

Houve outros problemas. Diz o boato que a irmã de Kim Jong Il era uma alcoolista atroz, e que sua filha, Kum Song, cometeu suicídio em Paris em 2006. Ela estava estudando lá, mas supostamente teve uma overdose de sonífero depois que seus pais foram contrários ao seu plano de se casar com um namorado que consideravam inadequado. Ela foi encontrada morta em sua casa pela empregada e pelo chofer.[6] A ironia dessa tragédia era de que Kim Il Sung havia sido contrário ao casamento de sua filha com Jang Song Thaek pelo mesmo motivo.

Mas Jang era dedicado à política. À medida que a saúde de Kim Jong Il piorava, ele recebeu uma quantidade cada vez mais importante de cargos. Em 2010, foi promovido a vice-presidente da Comissão de Defesa Nacional, o que o tornou um dos oficiais mais importantes depois de Kim Jong Il.

Ele era conhecido como um homem que poderia agir como um regente ou interino generoso durante a transição de Kim Jong Il para o jovem e inexperiente Kim Jong Un. Poderia não ter sangue de Paektu correndo em suas veias, mas seu casamento com a irmã de Kim Jong Il o transformou na segunda melhor opção.

De forma crucial, Jang era responsável por todas as relações econômicas importantes com a China, a vizinha benfeitora da Coreia do Norte. O relacionamento dos dois países já fora descrito como "tão próximo quanto unha e carne", mas, à medida que a China adotou o capitalismo com fervor, eles se tornaram mais parecidos com parentes que tentavam incomodamente encontrar interesses em comum para conversar durante uma reunião de família. Mesmo assim, depois da queda da União Soviética, a China era a única benfeitora econômica e a principal aliada política da Coreia do Norte. Além disso, com sua fronteira de 1.400km de terra, era o principal portal de saída da Coreia do Norte para o resto do mundo.

Sob a orientação de Jang, a Coreia do Norte tentava desenvolver zonas econômicas especiais dentro do país — dos mesmos tipos que o líder reformista Deng Xiaoping havia defendido na China muitas décadas antes. As zonas eram uma forma segura para que um regime comunista abrisse uma janela para o capitalismo, permitindo investimentos e comércio, mas em circunstâncias extremamente controladas. Se desse certo, a difusão do capitalismo poderia ser permitida. E se não agradasse ao regime, poderiam ser fechadas.

A China já tentava colocar a Coreia do Norte nesse caminho há alguns anos. Kim Jong Il fingiu estar interessado quando foi levado em uma excursão por empresas de alta tecnologia na cidade de Shenzhen, no sul da China, em 2006.

Entretanto, depois que Kim Jong Un assumiu, o regime anunciou a criação de mais de uma dúzia de zonas econômicas especiais, muitas delas ao longo da fronteira com a China, em um experimento projetado para atrair investimento estrangeiro e reduzir um pouco da burocracia para ver se esse tipo de abertura econômica poderia funcionar dentro das restrições políticas da Coreia do Norte.[7]

Jang era o responsável por esses esforços. E os utilizou para construir uma fortuna própria considerável nesse ínterim, desviando dinheiro das exportações de carvão para encher os próprios bolsos. Ele estava nessa por interesse próprio. Mas no esquema norte-coreano era fácil que Jang parecesse um oficial relativamente esclarecido.

"Jang era um reformista. Ele queria reformar o ambiente político e a economia", disse Ro Hui Chang, que era um oficial sênior responsável pelos funcionários de construção que o país enviava para o exterior a fim de ganhar dinheiro para o regime.

Ro fora parte da elite rentável da Coreia do Norte durante as eras Kim Jong Il e Kim Jong Un. Foi enviado para o Oriente Médio e supervisionou o exército de construtores do regime que estavam construindo estádios de futebol e torres de apartamentos no Kuwait e no Catar. Depois voltou para Pyongyang por um tempo antes de começar a gerenciar os trabalhadores na Rússia quando Kim Jong Un assumiu.

Chegou a esse cargo melhor devido ao seu histórico familiar. O tio de Ro era chefe de polícia. Ro ia até seu apartamento e escutava enquanto seu tio e Jang cantavam e tocavam acordeão. Jang achava o menino "adorável" e falou para Ro chamá-lo de "tio".

Ro cresceu querendo ser como esses dois "tios". "Jang era meu exemplo desde a infância", contou-me recordando o quanto eles eram vigorosos quando cantavam ou jogavam tênis de mesa. Quando Ro começou a ir para reuniões de negócios, tentava ter o mesmo tipo de personalidade jovial de Jang, motivando as pessoas com sua sociabilidade.

Ro afirmou que Jang acreditava que a economia norte-coreana havia estacionado na década de 1990 e que era necessária uma mudança ousada. Ele queria que a Coreia do Norte seguisse o exemplo da China. Bastava uma nova mentalidade. Ro e outros seguidores de Jang apoiavam qualquer ideia que permitisse o desenvolvimento da anêmica economia do país.

O tio queria repetir o desenvolvimento rápido do vizinho, com a cooperação — e o dinheiro — de Beijing. Queria oferecer maior proteção legal para investidores estrangeiros como uma forma de atrair dinheiro de operadores de negócios externos que insistiam em lucrar e ser capaz de repatriá-los. Ao falar com parceiros chineses em potencial, ele ficava envergonhado por não poder oferecer nem mesmo uma proteção mínima para seus investimentos, como um sistema legal em caso de discórdia.

Mas, com esse tipo de discurso, Jang entrou em conflito com facções mais conservadoras do Partido dos Trabalhadores, que disseram a Kim Jong Un que as ideias de Jang estavam ameaçando a sobrevivência do partido. Ele havia acumulado poder demais e estava promovendo uma visão muito diferente para o futuro do país. Rivais dentro do regime começaram a sussurrar suas preocupações no ouvido de Kim Jong Un. Será que Jang não estava se aproximando demais da China?[8]

Essas sugestões vieram a público durante uma viagem à China em agosto de 2012, quando Jang recebeu um tratamento de rei equivalente ao que era dado a Kim Jong Il. Uma festa fora preparada com antecedência para preparar o terreno e o embaixador da China em Pyongyang estava esperando para receber Jang em Beijing.

Depois, Jang foi visitar o presidente chinês Hu Jintao, e fotos do encontro foram espalhadas pelo governo chinês, mostrando os dois homens em ternos escuros no Grande Salão do Povo discutindo zonas econômicas especiais em suas fronteiras compartilhadas como dois chefes de estado. Mas Jang não era o chefe de seu estado.

Enquanto isso, o governo da Coreia do Sul continuava sugerindo que era Jang, e não Kim, quem estava realmente no poder na Coreia do Norte. Isso pode ter sido uma forma de guerra psicológica. Se foi, pareceu funcionar. Só havia espaço para um líder carismático na Coreia do Norte de Kim Jong Un.

134 O GRANDE SUCESSOR

Apesar de todos os sinais de proximidade — sentando lado a lado em desfiles militares, caminhando juntos no funeral de Kim Jong Il —, Kim Jong Un criou um ressentimento profundo em relação a seus tios. Ele os culpava por impedi-lo de ver ao menos uma vez seu exaltado avô, Kim Il Sung.

Teria sido muito mais fácil para o jovem déspota reivindicar o direito de governar se houvesse uma fotografia dele quando criança sentado no colo de seu avô ou talvez em um campo de tiro com ele. Essa foto teria ajudado a sustentar sua legitimidade como líder.[9]

Mas ele não tinha nada disso. E sempre ressentiu Jang por ter seu meio-irmão mais velho, Kim Jong Nam, como favorito para herdar a liderança do país. Jang e Kim Jong Nam compartilhavam ideias similares sobre a China e a reforma econômica, e isso deixou Kim Jong Un desconfiado.

No fim do primeiro ano de Kim Jong Un no poder, a estrela de Jang estava minguando. Ele foi nomeado presidente da comissão para transformar a Coreia do Norte em uma potência esportiva — uma jogada que pode parecer uma promoção, mas, na verdade, era um rebaixamento. Os esportes eram assunto de segunda linha em comparação a assuntos de peso como a segurança nacional. Então, no começo de 2013, Jang, que ainda era tecnicamente o vice-presidente da Comissão de Defesa Nacional, foi excluído da reunião do equivalente norte-coreano do nosso Conselho de Defesa Nacional.[10]

Foi por volta dessa época que Kim Jong Un recebeu o jogador de basquete norte-americano Dennis Rodman pela primeira vez. Em um jogo em Pyongyang, um garçom trouxe o que parecia ser um jarro de refrigerante para o Grande Sucessor, que estava sentado em uma poltrona vermelha e se divertia como nunca, com "The Worm" ao seu lado e os Harlem Globetrotters na quadra à sua frente. O Tio Jang viu a bebida impura e mandou voltar, solicitando que uma jarra de água fosse trazida em seu lugar, de acordo com uma pessoa que testemunhou o incidente. Tio Jang estava tratando Kim Jong Un como uma criança — em público.

Mas esse rebaixamento ficou mais aparente quando Kim Jong Un mandou outro auxiliar, e não Jang, como enviado especial para a China em maio.

No fim de 2013, Jang já cumprira seu propósito. Tinha sido útil para o líder inexperiente enquanto ele consolidava sua posição. Foi um mentor e conselheiro valioso. E tinha sido crucial para assegurar os materiais e contratos necessários para construir os gigantescos empreendimentos vitrine como as torres de apartamentos e os parques de diversão que Kim Jong Un queria construir como um sinal tangível do progresso sendo feito sob sua liderança.

Mas era hora de Jang desaparecer.

O pai de Kim Jong Un também desconfiou do próprio tio. Quando Kim Jong Il estava sendo promovido na década de 1970, ele removeu o potencial rival pela liderança tirando o irmão mais novo de Kim Il Sung da jogada. Só que, nesse caso, o tio foi simplesmente rebaixado para cargos secundários.

Mas o rebaixamento não era suficiente para Kim Jong Un; ele decidiu fazer da partida de Jang um exemplo. O jovem líder havia despachado na surdina alguns oficiais seniores, mas, ao se livrar de Jang, decidiu mandar a mensagem para os apparatchiks que o mantinham no poder: cuidado onde pisa; ninguém está seguro na minha Coreia do Norte, nem mesmo meus próprios familiares.

Apenas alguns dias antes de seu segundo aniversário como líder, o Grande Sucessor presidia uma extensa reunião do politburo do Partido dos Trabalhadores, sentado no centro de um palco com um enorme retrato de seu pai atrás dele.

Jang, em uma túnica Mao preta e óculos de lentes roxas, sentado na segunda fileira, olhava para Kim no centro do salão. No meio da reunião, um oficial começou a ler um longo discurso contra Jang, acusando-o de tentar aumentar seu próprio poder. Ele era suspeito de vender os recursos minerais do país para empresas chinesas por um preço muito baixo e de tentar enfraquecer o regime Kim, ou, como disse um jornalista norte-coreano, de "esforços perversos para criar uma facção no partido, criando ilusões sobre si mesmo", e de tentar "castrar a liderança monolítica do partido".

Kim Jong Un não seria castrado.

O politburo acusou Jang, um notório mulherengo, de liderar uma "vida dissoluta e depravada", incluindo "relações impróprias com várias mulheres" e um hábito de levá-las para jantar em "restaurantes de luxo". E prosseguiu acusando-o de usar drogas e apostar em jogos de azar.

Jang foi destituído de todos os seus títulos e expulso do partido. Para um efeito dramático máximo, dois soldados uniformizados o arrancaram de sua cadeira e o arrastaram para fora do salão.

Na verdade, esse espetáculo pareceu ter sido encenado pelo regime. Jang fora preso e jogado em uma instalação especial de detenção vários meses antes, e seus dois assessores mais próximos foram presos e executados. Duas semanas depois disso, um Jang com uma cara horrível foi arrastado de sua cela e colocado na primeira fileira da reunião do politburo para que os seguidores de Kim Jong Un pudessem prendê-lo novamente, dessa vez em público e na frente de todos os seus semelhantes.[11]

A gravação da humilhação e da remoção de Jang foi transmitida na Central Coreana de Televisão, a primeira vez desde a década de 1970 em que a Coreia do Norte liberou a gravação da prisão de um oficial sênior. No dia seguinte, o *Rodong Sinmun*, porta-voz do Partido dos Trabalhadores, dedicou a primeira página inteira aos crimes e punições de Jang. A agência de notícias estatal lançou um ataque de acusação incrivelmente longo contra o tio.

Foi uma exibição surpreendente do mais reticente dos regimes, que sempre preferiu despachar seu pessoal decaído por trás de portas bem fechadas.

Para enfatizar a mensagem, Kim ordenou que seu tio fosse executado quatro dias depois. Um tribunal militar especial descobriu que Jang esteve conspirando para derrubar Kim Jong Un e o declarou como "traidor de todas as eras".

Quando o tribunal proferiu sua decisão no julgamento, ou no que pelo menos foi chamado de julgamento pelo regime norte-coreano, os delitos de Jang foram descritos como uma traição ao próprio Kim Jong Un.

Jang exibiu "ambição política suja". Era "uma escória humana desprezível". Era "um elemento faccionário antipartido, contrarrevolucionário, um carreirista político vil e um trapaceiro". Era "pior do que um cachorro".[12]

Os propagandistas do estado colocaram todas as energias na condenação de Jang, caindo em uma linguagem que parecia quase shakespeariana. Ele havia "cometido atos de deslealdade triplamente amaldiçoados", disseram.

Como prova da traição, o tribunal citou o fato de que Jang não aplaudiu muito quando Kim Jong Un foi "eleito" para um novo cargo na Comissão Militar Central. Enquanto todo mundo aplaudia entusiasticamente a ponto de "chacoalhar o salão", Jang era a imagem da arrogância e da insolência, disse o tribunal. Ele demorou para ficar de pé e, quando ficou, seus aplausos não tinham paixão.

Os escribas norte-coreanos acusaram Jang de "ter sonhos diferentes dormindo na mesma cama". Esses sonhos eram centrados em uma economia reformada com ele como chefe, e não Kim Jong Un. Jang podia estar dentro do regime, mas queria levá-lo em outra direção.

Alguns analistas viram a execução como um sinal de fraqueza de Kim Jong Un, do quanto ele se sentia ameaçado pelo tio inconstante. Viram isso como prova da falta de coesão do regime do jovem líder, um sinal de que enfrentava problemas para reunir a velha guarda à sua volta. Na verdade, era um sinal de força. Kim Jong Un estava totalmente no controle, tanto que podia se livrar de seu tio e sua panelinha com apenas uma ordem.

Ele encenou propositalmente uma exibição inequívoca do quão cruel poderia ser e enviou uma mensagem clara para qualquer um no regime que pudesse pensar em promover as próprias ideias ou criar a própria panelinha.

Fazia quase dois anos desde que Kim Jong Un assumira o estado. E quase como se lesse um livro didático, descobriu quem era leal e quem era descartável. Ele ultrapassaria a marca de dois anos de um modo impressionante.

Jang se fora e sua esposa, Kim Kyong Hui, nunca mais foi vista em público. Boatos circularam sobre ela. Talvez Kim Jong Un tenha colocado sua tia em prisão domiciliar. Talvez estivesse doente. Ou passasse os dias bebendo. Ou estivesse morta.

A execução de Jang foi incomum até para os padrões norte-coreanos, notavelmente porque envolveu uma transparência sem precedentes de dentro do próprio regime.

O experimento norte-coreano com a gestão de notícias sobre a morte de Jang não teve o efeito total pretendido pelo regime. O mundo passou a esperar contos ainda mais bizarros do depravado regime da Coreia do Norte, e essa divulgação aparente da verdade também seria exagerada.

Em vez de mandar uma mensagem de coerência e poder, permitiu que a mídia internacional fizesse um dia de campo especulativo sobre que outras depravações poderiam estar acontecendo no estranho mundo de Kim Jong Un. A imaginação mundial fervilhou rapidamente.

O boato mais absurdo era de que Kim Jong Un assistiu enquanto uma matilha faminta de 120 cães de caça de Manchúria destroçava Jang nu. Essa história apareceu pela primeira vez em um site chinês de humor e foi impressa quase *ipsis litteris* em um tabloide de Hong King chamado *Wen Wei Po*, conhecido por suas histórias exuberantes e por nem sempre se incomodar com os fatos.

Depois, um jornal relativamente sério, o *Singapore Straits Times*, pegou a história e recontou em inglês. Um comentarista opinou que, se uma mídia baseada em Hong Kong, um território que faz parte da grande China, podia publicar essa história, deveria significar que Beijing estava extremamente descontente com a decisão de Kim de se livrar do intermediário entre os dois países. Não pareceu ocorrer a ele que um tabloide sensacionalista não se preocupasse muito com os fatos.

Há muito tempo existe uma tendência — concentrada, mas não limitada a tabloides indecentes — a publicar qualquer coisa sobre a Coreia do Norte. Isso ocorre em parte como resposta ao talento que o regime tem para o bizarro — Kim Jong Un se inclinando sobre um barril de lubrificante — e pela disposição do público de acreditar em quase qualquer coisa sobre um regime que é ao mesmo tempo caricato e excepcionalmente sedento por sangue.

A história dos cães famintos começou a ganhar força. Foi repetida por organizações de notícias de maior reputação, mesmo quando admitiam não conseguir verificar sua veracidade. A partir de então, ficou difícil de a verdade competir — ele provavelmente foi executado por um pelotão de fuzilamento comum. A verdade não podia impedir uma boa história e uma matilha de cães famintos. Além disso, o departamento de imprensa de Kim Jong Un dificilmente ligaria para os jornais e insistiria em uma retratação.

Mesmo que fosse menos espetacular do que os tabloides de Hong Kong fizeram o mundo acreditar, a morte repentina e extraordinária de Jang deu um gelo nas relações da China com a Coreia do Norte — e no que pode ser generosamente chamado de comunidade empresarial da Coreia do Norte.

Dezenas, talvez centenas, de associados de Jang desapareceram mais ou menos na mesma época. Alguns deles não foram apenas excluídos do sistema, mas provavelmente executados. Aqueles que estavam fora da Coreia do Norte fugiram.

Ro era um deles. Estava em uma viagem de negócios na Rússia quando ouviu as notícias de que o Tio Jang fora executado. Foi informado para se apresentar ao oficial de serviço de segurança norte-coreano, o que o deixou nervoso. Então decidiu fugir.

Foi até a Coreia do Sul, onde começou um negócio de venda de erva medicinal a partir de um porão em Seul que ficava entre uma clínica de acupuntura e um tipo de salão de karaokê de onde era possível ouvir K-pop soando em uma sala vazia. Era uma vida estranha para um apparatchik que já fora poderoso, mas Ro só estava grato por estar vivo.

CAPÍTULO 9

AS ELITES DE PYONGHATTAN

"Um grande número de edifícios monumentais de valor eterno foram construídos pelo país e as ruas e vilas se transformaram em uma terra socialista de felicidade."

— Kim Jong Un, 27 de abril de 2012

RI JONG HO ERA OUTRO GRANDE CONTRIBUIDOR NORTE-COREANO. Ele ia a jantares, viajava, tinha um carro com chofer. Ganhou muito dinheiro. Parte para o regime Kim, parte para si mesmo.

Desfrutava de uma "vida de classe alta" na Coreia do Norte. "As pessoas podem não gostar quando falo isso, mas minha vida não era tão enfadonha", contou-me um ano depois de se mudar para os Estados Unidos com sua família. "Eu era rico."

A família fazia parte da classe capitalista privilegiada no centro do regime, pessoas que desfrutavam de um novo padrão de vida no governo Kim 3.0. Eram a versão norte-coreana dos Mestres do Universo casados com as Real Housewives de Pyongyang. Eram os novos ricos em um país dos antigos pobres. Sob Kim Jong Un, eram mais prósperos do que nunca.

"Quando se trata de enriquecer, há poucas regras agora", afirmou Ri quando o encontrei perto do Tyson's Corner, um subúrbio de luxo perto de

Washington, D.C. "Todo norte-coreano infringe a lei. Kim Jong Un também. Mas como todos fazem isso, as autoridades simplesmente fazem vista grossa."

Esse é o preço da "pequena coalizão" de Kim.

O jovem líder podia acabar com seus rivais, como fez com o Tio Jang. Mas teve que manter alguns apoiadores, e tinha que mantê-los felizes fazendo com que continuassem ricos.

É aqui que entram os "donju" — os "mestres do dinheiro" norte-coreanos —, expressão genérica que se refere à classe de empreendedores que dava suporte ao regime de Kim Jong Un e se tornou mais rica do que poderia imaginar no processo. São os oligarcas russos da Coreia do Norte.

O Tio Jang era o perfeito mestre do dinheiro, mas Ri, que conhecia Jang, também não estava nada mal.

Os mestres do dinheiro são oficiais do Partido dos Trabalhadores ou do exército. São pessoas que conduzem os negócios estatais interna e externamente. Aqueles que tentam atrair investimentos para a Coreia do Norte. Oficiais nos serviços de segurança, casados com mulheres dispensadas dos trabalhos estatais porque devem ficar em casa cozinhando e criando os filhos, e comerciantes de fronteira com boas redes políticas ou dinheiro para comprá-las.

Com um pouco de contabilidade criativa, essas pessoas conseguem ganhar muito dinheiro que, há pouco tempo, seria inconcebível — milhares, às vezes dezenas de milhares, de dólares. Os que estão no topo e têm acesso a indústrias lucrativas, como a mineração, podem facilmente se tornar milionários. E esse dinheiro flui pela Coreia do Norte sob o olhar atento do estado, mas existe de forma quase totalmente independente dele.

A classe capitalista que surgiu depois da fome da década de 1990 começou com pessoas comuns que tentavam se livrar da inanição. Mas logo incluiu oficiais do Partido dos Trabalhadores e do exército que podiam usar suas posições para começar empreendimentos para ganhar dinheiro.

Desde que Kim Jong Un assumiu o poder no final de 2011, esse número explodiu. Agora existem milhares incontáveis de norte-coreanos com interesse financeiro em sua liderança. São a classe média aspirante, bem como as elites enraizadas.

O Grande Sucessor é um modelo a ser seguido, que desfruta de todas as vantagens de sua posição.

A agência de inteligência da Coreia do Sul estima que Kim Jong Un tenha pelo menos 33 casas por toda a Coreia do Norte, das quais 28 são ligadas a estações ferroviárias privadas. As residências têm camadas de cercas à sua volta que são claramente visíveis nas imagens de satélites. As construções nos complexos são conectadas por túneis subterrâneos e abrigam enormes bunkers para que o líder e sua família se escondam se forem atacados.

O Grande Sucessor vive cercado de luxo. Seu principal complexo no nordeste de Pyongyang cobre cerca de 13km² e é conhecido como a Residência Oficial N° 15 ou a Mansão Luxuosa Central. Foi reformada logo depois que Kim Jong Un assumiu o controle do país. A piscina olímpica com um grande tobogá com voltas — no qual ele provavelmente brincava quando criança — foi fechada e uma nova foi construída, com uma casa de recreação.

O custo estimado das reformas é de dezenas de milhões de dólares; na verdade, alguns relatos sugerem que Kim Jong Un gastou US$175 milhões, um número impossível de verificar. Kim tinha um escritório inteiro de pessoas ganhando dinheiro por aí, como Ri Jong Ho, gerando os recursos para manter esse estilo de vida.

Em outro complexo na periferia de Pyongyang, no distrito de Kangdong, Kim tem uma pista de boliche e um campo de tiro, estábulos de cavalos, um campo de futebol e uma pista de corrida. E tem também o enorme complexo à beira-mar em Wonsan, que Dennis Rodman descreveu como uma mistura de Disneylândia e Havaí particulares de Kim Jong Un.

Kim viaja muito em seu jatinho particular, um Ilyushin IL-62 da era soviética com um interior de cor creme e painéis de madeira, não muito diferente do avião do presidente norte-americano, o Air Force One. É oficialmente chamado de Chammae-1, ou Goshawk-1, em homenagem ao pássaro nacional da Coreia do Norte, mas no resto do mundo, os engraçadinhos o chamam de Air Force Un. O líder se senta à mesa em sua grande cadeira de couro com um MacBook, fala em vários telefones e fuma seu cigarro, usando um cinzeiro de cristal enquanto voa pelo seu reino.

Por diversão, o homem que brincava com aeromodelos quando adolescente, agora pilota sua própria aeronave leve que fica à sua disposição real. Seu regime até afirma estar construindo aviões muito similares ao Cessna 172 Skyhawk fabricado nos Estados Unidos. Em 2015, a televisão norte-coreana mostrou Kim inspecionando e, então, parecendo pilotar um dos pequenos aviões, aplaudido por uma multidão de pilotos da força aérea. "O avião construído para nossa classe trabalhadora teve uma ótima performance; foi fácil de manobrar e o motor emitiu o som ideal! Muito bem feito!", falou aos engenheiros.

Os mestres do dinheiro não desfrutam do mesmo estilo de vida, mas certamente experimentaram uma melhoria em seu padrão de vida com o novo líder. E Kim Jong Un usa o sucesso dos novos empreendedores para dar suporte à sua afirmação de que a vida na Coreia do Norte está melhorando para todos.

É um relacionamento extremamente simbiótico. Esse sistema deu a Kim Jong Un um apelido na Coreia do Norte: Nanugi. Significa "a pessoa que compartilha", pois o líder está compartilhando o fardo, e os lucros, dos projetos de infraestrutura com seus inferiores.

Esses mestres do dinheiro agora "compartilham" todos os setores da economia norte-coreana, da produção de enlatados à de sapatos, o turismo doméstico e a mineração de carvão.

Mas o negócio é mais evidente no horizonte de Pyongyang, agora chamada de Pyonghattan por visitantes estrangeiros. Em uma aldeia Potemkin, o que importa é a fachada. Os empreendedores financiam projetos ambiciosos — as torres de apartamentos arquiteturalmente impressionantes, novos museus sofisticados e centros de recreação — pelos quais Kim Jong Un recebe os créditos.

As novas construções podem adotar um estilo de arquitetura chinesa da década de 1990 e uma qualidade estrutural da década de 1980, mas são uma grande melhoria do brutalismo soviético anterior. O proeminente complexo da Rua Ryomyong, lançado em 2016, abriga mais de 3 mil apartamentos em nada menos do que 44 arranha-céus, um deles com 70 andares. Os prédios, em sua maioria verdes e brancos — pois o complexo é supostamente eco-friendly —, são construídos em um estilo considerado moderno para os padrões norte-coreanos.

Kim Jong Un comemora esses empreendimentos, que refletem os tipos de projetos em andamento em cidades de segundo e terceiro níveis pela China, como um sinal do progresso da Coreia do Norte.

A Rua Ryomyong — chamada assim por Kim Jong Un com base nas palavras que significam "local em que surge o amanhecer da revolução coreana" — foi inaugurada com uma festa extraordinária em 2017. Dezenas de milhares de norte-coreanos, incluindo muitos com uniformes militares, se reuniram no complexo, cantando em uníssono e balançando pompons coloridos enquanto Kim chegava em sua limousine Mercedes Stretch. As bandeiras da Coreia do Norte e do Partido dos Trabalhadores tremulavam sob o sol de abril. Uma banda de metais ressoava. Balões de cores vivas foram lançados no céu tão azul que parecia também ter sido organizado pelo regime. Tudo estava perfeito no Paraíso Socialista.

O Grande Sucessor caminhou pelo tapete vermelho até a plataforma e assistiu enquanto seus principais assistentes econômicos enalteciam o regime pela construção do complexo.

"A construção da Rua Ryomyong é um grande evento, realmente significativo", disse o Premier Pak Pong Ju. "Ela mostra o potencial da Coreia socialista, e isso é mais assustador do que explodir centenas de bombas nucleares sobre as cabeças de nossos inimigos."

O Grande Sucessor cortou a fita vermelha.

Os complexos haviam sido ostensivamente construídos como uma recompensa para os cientistas e engenheiros que trabalhavam nos programas nucleares e de mísseis do país. Elevando-se do Rio Taedong, pareciam impressionantes a certa distância. "Assim como Dubai", afirmou um guarda-costas do governo em um dia gloriosamente ensolarado enquanto estávamos no lado sul do rio olhando para as torres. Perguntei a ele se já estivera em Dubai. Ele nunca fora nem para a China.

Mas, de perto, havia rachaduras reais na fachada. Na Rua Changjon, o equivalente em Pyongyang à Park Avenue de Nova York, os ladrilhos começaram a cair dos novos prédios poucos anos depois. Quando fui à Rua dos Cientistas Mirae para visitar um apartamento — muito anunciado pelos propagandistas do regime —, uma mulher com uma chave teve que ir até lá ligar os elevadores para nós.

Na maioria das cidades, os apartamentos mais procurados são aqueles em andares mais altos, com vistas impressionantes, mas não em Pyongyang. Lá, os melhores apartamentos estão do 4º andar para baixo. Ninguém quer morar do 20º andar para cima.

A nova classe empreendedora fora crucial nesses esforços. O estado podia fornecer a mão de obra — para que mais serve um exército de 1 milhão de homens? —, mas os mestres do dinheiro foram requisitados a usarem suas redes e capital para fornecer a matéria-prima para a construção. Em retorno, ganharam dinheiro fazendo especulação imobiliária, revendendo os apartamentos alocados a eles quando a construção era finalizada. Às vezes recebiam até dez apartamentos, pelos quais conseguiam lucrar cerca de US$30 mil em cada.[1]

144 O GRANDE SUCESSOR

A propriedade privada ainda é tecnicamente ilegal na Coreia do Norte, mas isso não impediu o surgimento de um mercado imobiliário movimentado. Às vezes as pessoas alugam o direito de viver nos apartamentos atribuídos a elas pelo estado; outras, os mestres do dinheiro vendem os apartamentos recebidos nesses novos empreendimentos com lucros substanciais.

Como resultado, os preços imobiliários se elevaram, os de Pyongyang em quase dez vezes. Um apartamento decente de dois ou três quartos na capital custa até US$80 mil, mas um apartamento de luxo de três quartos em um complexo muito procurado no centro de Pyongyang pode custar até US$180 mil. É uma soma inimaginável em um país em que o salário governamental oficial continua sendo cerca de US$4 por mês.

Outra razão para a explosão imobiliária é a falta quase total de um sistema bancário. Os mestres do dinheiro não podem guardar seu dinheiro em uma conta remunerada ou fundo de investimento, então eles o "depositam" em tijolos e cimento.

A boa sorte empreendedora de Ri Jong Ho começou em meados da década de 1980, quando passou a trabalhar para o Escritório 39. Ao ganhar a verba para os fundos políticos ilegais de Kim Jong Il, ele possibilitava que o Querido Líder comprasse todo o conhaque e sushi que quisesse. Isso transformou Ri em uma pessoa importante para o regime, e como consequência teve uma vida boa.

Seu último emprego foi na cidade portuária chinesa de Dalian, próxima da fronteira com a Coreia do Norte, onde foi chefe de uma divisão de Taehung, uma empresa norte-coreana de comércio envolvida em transporte, exportação de carvão e frutos do mar e importação de petróleo. Anteriormente, fora presidente de uma empresa de comércio e transporte e presidente do Korea Kumgang Group, que construiu um empreendimento com Sam Pa, um empresário chinês, para começar uma companhia de táxi em Pyongyang. Ri me mostrou uma foto sua com Pa dentro de um jatinho particular indo para a capital.

Como chefe da divisão Dalian do negócio de exportações de Taehung, Ri enviava milhões de dólares em lucros — em dólares norte-americanos ou yuan chinês — para Pyongyang. Nos primeiros nove meses de 2014, até sua deserção em outubro do mesmo ano, Ri disse que enviou o equivalente a cerca de US$10 milhões para o regime. Apesar de todas as sanções, o dólar norte-americano ainda é a moeda preferida dos empresários norte-coreanos, por ser mais fácil de converter e gastar.

Não importa que supostamente houvesse estritas sanções internacionais estabelecidas. Os subalternos de Ri entregavam um saco de dinheiro para o capitão de um navio que saía de Dalian para o porto norte-coreano de Nampho ou para alguém que pegaria o trem para o outro lado da fronteira.

Mas a ruína do Tio Jang no fim de 2013 assustou muitos mestres do dinheiro, incluindo Ri. Ele e sua família fugiram de Dalian para a Coreia do Sul e, por fim, para os Estados Unidos.

Ele claramente juntou uma bela quantia de dinheiro para si em atividades paralelas de seu trabalho oficial. A família teve uma vida confortável nos subúrbios da Virgínia. Mas até mesmo nos Estados Unidos Ri ficou receoso em me encontrar e cauteloso sobre o que dizia. "Há muitas outras histórias, mas não posso contá-las. Você entende?"

De vez em quando ele faz palestras públicas sobre o regime norte-coreano — e dá muitos conselhos privados para o governo norte-americano — enquanto seus filhos melhoram seu inglês e estudam para entrar em uma universidade no país. Eles querem uma Ivy League ou, se não conseguirem, a Georgetown.

Durante meus anos de cobertura na Coreia do Norte, a ascensão dos mestres do dinheiro era fácil de ver. Ninguém ilustrava melhor essa tendência para mim do que o gerente da March 26 Electric Cable Factory no centro de Pyongyang.

Quando visitei sua fábrica pela primeira vez em 2005, ele era um cara magro usando uma versão de verão de uma túnica Mao. Calças pretas penduradas em seu corpo de estrutura grande e desengonçada. Ele me mostrou a fábrica imaculada e me contou sobre um novo programa piloto de descentralização que proporcionou a um punhado de gerentes de fábrica, incluindo ele, mais autoridade na contratação e nas decisões de negócios. Isso fazia parte de um esforço do regime para convencer pessoas de fora de que a economia norte-coreana estava em constante progresso. O gerente tinha até um quadro de "funcionário do mês" na parede para incentivar um trabalho melhor, mas não achei seu discurso muito convincente.

Quando voltei para a fábrica em 2016, o gerente ainda estava lá, mas pesava quase o dobro. A essa altura, usava um terno de abotoamento duplo e tinha o rubor de alguém que comia e bebia bem. Pude ver várias caixas de produtos químicos feitos no Canadá em sua fábrica — apesar das sanções que deveriam

146 O GRANDE SUCESSOR

tê-los impedido de chegar — e me perguntei em que outros empreendimentos ele estava envolvido, além de seu trabalho oficial. Ele era um bom exemplo do enigma que é a Coreia do Norte: estava na cara que ele prosperava dentro do sistema, mas como isso acontecia ainda era um mistério.

Conheci outro mestre do dinheiro em Dandong, a cidade chinesa fronteiriça que age como portal comercial para a Coreia do Norte. Pak me contou que era o gerente de várias fábricas dentro da China que empregavam centenas de trabalhadores norte-coreanos para fabricar bens manufaturados. Ele foi vago, temendo ser identificado de qualquer forma que pudesse deixá-lo em maus lençóis com o regime em Pyongyang. Mas me falou que os bens produzidos por seus trabalhadores faziam parte de produtos chineses e sul-coreanos — que encontraram seu caminho até o sistema de comércio global sem ninguém desconfiar que foram feitos por mãos norte-coreanas.

Desde que assumiu o comando da fábrica, Pak instituiu várias mudanças a fim de tornar os trabalhadores mais produtivos e a fábrica mais lucrativa. Os trabalhadores costumavam ter um intervalo de duas horas para o almoço, cujo tempo era utilizado para comer alimentos simples, como gyoza. Isso significava que a produção despencava no período da tarde porque estavam com fome demais para trabalhar.

"Então eu abri uma lanchonete para eles e disse que podiam comer o quanto quisessem de graça, mas eles teriam apenas vinte minutos de intervalo para o almoço", contou-me enquanto comíamos vários pratos de comida chinesa em um restaurante, com exortações frequentes de "prazer em conhecê-la" em coreano quando ele levantava seu copo para brindar. "Eles adoraram, e eu ganhei uma hora e quarenta minutos a mais de trabalho com muito mais eficiência."

Depois de alguns meses na China, os norte-coreanos recém-chegados têm um tom de pele visivelmente mais rosado porque comem adequadamente. Apesar da fome não ser mais uma ameaça na Coreia do Norte, a desnutrição ainda é. As pessoas lá geralmente têm dificuldades de obter uma boa variedade de alimentos na dieta. "Agora eu dou três refeições por dia para eles, e o custo não é nada em comparação ao aumento de produtividade e lucros", afirmou Pak.

Todos os lucros voltavam para Pyongyang, contou-me enquanto seu relógio Tissot reluzia quando gesticulava. Isso pareceu improvável, mas ele não confessaria que estava ficando com uma parte para si. Mais tarde, mostrou-me fotos em seu smartphone Samsung Galaxy — um dos produtos mais vendidos da Coreia do Sul.

Embora ambos soubéssemos que ele só estava me contando parte da história de seus negócios na China, o gerente era um símbolo das liberdades econômicas que se desenvolveram desde que Kim Jong Un se tornou líder.

Até empresas estatais operam cada vez mais de acordo com princípios do mercado. Uma vez responsáveis por seguir ordens vindas de cima, os gerentes podem agora contratar e despedir trabalhadores — coisa que antigamente era inimaginável em uma nação comunista — e conduzir suas operações da forma que acharem mais lucrativa.

Pak negou completamente ser um capitalista ou ganhar dinheiro para si, quase cuspindo essas palavras com nojo. Mas, ainda assim, ficou feliz em falar sobre seus exemplos corporativos, o fundador da Microsoft, Bill Gates, e os líderes de conglomerados sul-coreanos como a Samsung e a Hyundai, os motores da rápida industrialização do país nas décadas de 1960 e 1970. Ele disse que aprendeu muito estudando como essas pessoas conduziam suas empresas.

"Perseverança, necessidade de diversificação", citou algumas das lições. "Estamos vivendo em um mundo no qual coisas novas aparecem o tempo todo. Quem pensaria que a Nokia ruiria? O erro foi se manter com o mesmo produto."

Mas a única orientação que realmente precisava vinha do Grande Sucessor. "Dois anos atrás, Kim Jong Un prometeu prosperidade, que os norte-coreanos também teriam uma boa vida", disse Pak, tendo cuidado para permanecer leal à mensagem. "Agora três anos se passaram e a colheita está melhorando; o crescimento econômico também."

Apesar de muito disso ser idealismo, não está completamente errado, como atestam os números do Banco Central da Coreia do Sul. As taxas de crescimento de apenas um dígito não são muito comparadas a outras economias em desenvolvimento — a China já tinha passado do dois dígitos durante seu auge —, mas são o bastante para dar um tom de verdade à insistência do regime em dizer que a vida está melhorando.

Há muito mais diversificação e autonomia nessa economia cada vez mais capitalista. Grupos tecnicamente conduzidos pelo estado são, na verdade, controlados pelos mestres do dinheiro e, de certa forma, estão se transformando nos conglomerados diversificados que lembram os da Coreia do Sul. A Samsung começou como exportadora de frutas e peixe seco, mas em poucas décadas se transformou em uma das maiores fabricantes de smartphones, televisões e chips de computador do mundo.

A Air Koryo, a companhia aérea nacional da Coreia do Norte, agora tem uma empresa de táxi, estações de petróleo e uma agência de viagens, e também fabrica cigarros e comidas enlatadas (como peixe e faisão) com a marca da empresa. O grupo Masikryong opera o resort de esqui de referência de Kim Jong Un próximo de Wonsan, além de conduzir linhas de ônibus e vender água engarrafada.

A empresa norte-coreana My Hometown começou fabricando cigarros premium 7.27 — cujo nome representa a data da assinatura do armistício que finalizou a Guerra da Coreia. Essa data é celebrada na Coreia do Norte como o Dia da Vitória e é associado ao regime (oficiais de alto escalão viajam em Mercedes sedãs pretas com placas com os números 7.27). Esses cigarros têm um preço mais alto do que marcas importadas como Marlboro e Rothmans e são os preferidos de Kim Jong Un.

My Hometown também produz a bebida soju, além de materiais esportivos como bolas de basquete e futebol, chuteiras e roupas esportivas baseadas nos modelos da Adidas e Puma. Os esquadrões femininos de líderes de torcida da Coreia do Norte que foram para as Olimpíadas de Inverno na Coreia do Sul em 2018 carregavam bolsas da marca.

Prateleiras de mercado de todo o país têm enlatados de peixe e pêssego produzidos na Coreia do Norte. Isso em parte por causa da promoção que Kim Jong Un faz da indústria doméstica para seu próprio bem, mas também por seu desejo de combater a chamada "doença da importação". Ele gosta de afirmar que os produtos norte-coreanos são melhores, mas também tenta lutar contra o impacto das sanções internacionais, que dificultam obter de tudo, desde peças para mísseis até bules de chá. E pode estar tentando recuperar um pouco do controle sobre a economia minando os comerciantes privados. Fazer com que as empresas estatais fabriquem produtos mais baratos do que os importados e, então, vendê-los em pontas de estoque estatais é um bom jeito de acabar com os concorrentes nos mercados.

Em uma visita a uma empresa de cosméticos em Sinuiju, na fronteira com a China, Kim Jong Un até disse que os produtos norte-coreanos são tão bons quanto as marcas francesas e ajudam a realizar "o sonho das mulheres que querem ser mais bonitas".

Os mestres do dinheiro também administram as minas, vendendo carvão e outros minerais, como o ferro, para a China pelo regime — e obtendo uma bela quantia para si mesmos no processo. Alguns que escaparam sugerem que essa parte pode ser de até um terço do total.

Existe agora uma explosão da indústria de transporte em um país em que, apenas alguns anos antes, as pessoas precisavam de permissão para viajar pelas linhas intermunicipais. Agora existem táxis e ônibus de turismo, serviços de mensageiros e empresas privadas de transporte rodoviário, como a que Hyon começou na fronteira.

Existem até empresas de turismo doméstico em uma nação em que as pessoas nunca tiveram dinheiro ou oportunidade de tirar férias antes. De Sinuiju na fronteira ocidental até Wonsan e o Monte Kumgang no leste, os norte-coreanos com câmeras sofisticadas podem ser vistos fazendo turismo e almoçando em restaurantes de hotéis.

Esses negócios operam como um tipo de parceria pública-privada em que os mestres do dinheiro recebem licença para expandir entidades estatais e arrecadar os lucros, contanto que paguem certa proporção de volta para o estado.

Por exemplo, um empreendedor pode alugar um espaço em uma fábrica estatal de produção de sapatos. O gerente da fábrica e o presidente do Partido dos Trabalhadores afiliado a ela embolsam esse aluguel e, muitas vezes, pagamentos adicionais chamados de ajuda de custo pelas despesas, mas que, na verdade, são outro tipo de suborno. O empreendedor usa o espaço para conduzir seu próprio negócio — contratando sua força de trabalho e comprando matérias-primas para fazer sapatos muito melhores e manter os lucros. Se ficar especialmente íntimo dos grupos que operam a fábrica, e os lucros forem realmente bons, podem até conseguir permissão para usar veículos estatais ou obter outras vantagens.[2]

Ou um mestre do dinheiro pode comprar direitos de mineração e minerais das autoridades do governo central e assumir minas que foram abandonadas por falta de eletricidade e equipamentos necessários para extrair os minerais. Eles investem na mina para colocá-la em funcionamento novamente. Contratam trabalhadores que, diferentemente dos que trabalham para o estado, receberão um salário decente. Pagam os funcionários do ministério e compram proteção dos grupos do partido local e de oficiais do ministério público. Então acumulam dinheiro e pagam uma parte de seus lucros — cerca de 30% — para o regime como "fundo de lealdade".[3]

A perspectiva de ganhar muito dinheiro dessa forma tornou os negócios muito mais atraentes do que entrar para o Partido dos Trabalhadores.

Uma das vezes em que estive em Dandong, visitei uma fábrica na qual trinta mulheres norte-coreanas faziam roupas para uma empresa chinesa. Essa é uma das muitas formas pelas quais Kim Jong Un ganha dinheiro para seu regime. Os especialistas estimam que ele enviou cerca de 100 mil pessoas para o exterior, arrecadando mais ou menos US$500 milhões por ano.

O gerente da fábrica, um norte-coreano que se identificou apenas como Kim, mostrou-me a oficina onde as mulheres estavam alinhadas em fileiras, costurando calças sociais masculinas pretas para uma marca japonesa enquanto a rádio norte-coreana retumbava pela fábrica.

Durante um almoço de duas horas regado a aguardente chinesa que tinha um gosto levemente melhor do que seu nome em português — Terra Preta — o gerente Kim falou sobre seus negócios com a China e seus planos de expansão.

Mas ele ficou ainda mais animado quando falou sobre sua filha em Pyongyang, que era professora. Reclamou que ela estudou demais e sempre estava com o nariz enfiado nos livros. Queria que ela se tornasse membro do Partido dos Trabalhadores para poder ser comerciante como ele e sair de lá para ganhar dinheiro. "É onde está o futuro", falou.

Apesar dos membros do partido terem uma vantagem, a sobreposição entre aqueles com poder econômico e político é grande, mas não total. Alguns têm conexões políticas e bom posicionamento social e transformam isso em quantias enormes de dinheiro. Outros com poder político o utilizam para extrair uma parte dos lucros — em subornos ou coisas do tipo — em troca de proteção para os empreendedores que, sem influência política, simplesmente a compram.

Mas é um ambiente arriscado e instável. Todos competem constantemente para exibir sua lealdade ao regime e acumular mais poder econômico. Se um membro do grupo fica com inveja do dinheiro que um rival está ganhando, poderia denunciar o rival e o empreendedor às autoridades por corrupção e outros crimes econômicos.

É aí que o dinheiro e as redes realmente entram em jogo — e o porquê desses jogadores precisarem de conexões nos serviços de segurança. Muitos empreendedores se asseguram de subornar os oficiais de segurança locais como garantia contra uma relação comercial que possa dar errado. Mas há vezes em que até subornar os oficiais e construir uma rede não pode salvar um grupo de cair em desgraça. Basta ver o Tio Jang.

Enquanto pessoas como Ri prosperaram no topo do regime, há muitos outros agentes independentes nos níveis básicos que têm permissão de enriquecer e ajudar a estabilizar o sistema espalhando essa riqueza.

"Eu vendia caranguejo, camarão e cogumelo para a China e a Rússia", contou-me uma dessas mestras do dinheiro independentes, Oh Yuna, um dia depois de ter escapado para a Coreia do Sul. Ela enviava contêineres de uma tonelada cheios de frutos do mar muito requisitados, às vezes cinco deles ao mesmo tempo. "Então eu era rica", falou.

Cada 500g de caranguejos norte-coreanos podem custar US$20 na China e um contêiner pode carregar dezenas de milhares de quilos.

Oh estava alocada em Rason, uma área próxima das fronteiras com a China e a Rússia, onde os portos de águas quentes de Rajin e Sondbong foram combinados em uma zona econômica especial (ZEE). Era uma das partes mais independentes da Coreia do Norte.

As ZEEs foram iniciadas pelo pai de Kim Jong Un na década de 1990, mas nunca fizeram sucesso. No entanto, desenvolveram-se rapidamente sob o comando do Grande Sucessor. Essa zona reclusa dá aos empreendedores locais mais licença criativa e proximidade com os dois principais parceiros de comércio do país que fornecem a demanda, enquanto seu isolamento relativo dentro da Coreia do Norte possibilitou que o regime bloqueasse e controlasse a difusão do capitalismo.

Oh se tornou uma mestra do dinheiro subornando os grupos certos que lhe permitiam comercializar bens nos mercados. Assim, ficou rica do jeito antigo — tendo um bom faro para os negócios.

"Eu era muito boa nos negócios", afirmou durante um almoço em um restaurante italiano perto de sua casa na periferia de Seul. "Eu me assegurava de colocar caranguejos, camarões e peixes de ótima qualidade em minhas caixas. Algumas pessoas enchiam as deles com frutos do mar inferiores e uma camada dos de alta qualidade no topo. Mas eu nunca fazia isso."

Ela não estava há muito tempo fora da Coreia do Norte, mas parecia uma sul-coreana de classe alta, com sua calça jeans estilosamente rasgada e seu casaco com gola de pele de aparência cara, as maçãs do rosto suspeitosamente protuberantes e as unhas feitas com esmalte preto e adornadas. Depois de escapar para a Coreia do Sul, comprou um apartamento enorme e uma Mercedes-Benz e foi capaz de satisfazer a insistência de sua filha mais nova de ter roupas de marcas francesas.

Oh usou o dinheiro que herdou do comércio de sua mãe para comprar três barcos pesqueiros e colocá-los no mar. Ela recebia 60% do que os pescadores conseguiam e eles ficavam com o resto.

152 O GRANDE SUCESSOR

Ela enchia as autoridades locais de cerveja e caranguejo de primeira. Eles também recebiam montes de yuan chinês, assim como os guardas da fronteira e os agentes alfandegários que permitiam seus carregamentos chegassem à China. Todos ganhavam.

Ela sabia que o segredo do sucesso nos negócios na Coreia do Norte vinha do molhar de mãos — muitas. "É preciso subornar todo mundo para ser capaz de fazer esse tipo de negócio", contou-me entre ligações de vários parceiros de negócios. No Sul, Oh tem três fábricas e sempre tem negócios para fechar ou desentendimentos para resolver.

Mas no Norte, ela tinha um outro tipo de dor de cabeça: ficar do lado certo dos grupos e serviços de segurança enquanto realizava seus empreendimentos.

Apesar de seus subornos, acabou entrando em conflito com as autoridades. Passou um ano presa, onde foi espancada, abusada sexualmente e ordenada a fazer um aborto. Ela conseguiu sair da prisão usando o suborno depois de apenas um ano prometendo comprar motocicletas para os chefes do sistema de segurança local.

Depois voltou ao trabalho, e dessa vez foi mais estratégica sobre quem subornava.

"Não posso pagar todo mundo, mas me assegurei de ficar próxima do serviço de segurança para que ninguém pudesse me tocar", disse. "Uma vidente me falou um dia que minha mãe era muito talentosa e que eu tinha ainda mais talento para os negócios."

Apesar do dinheiro que estava ganhando, Oh ficou consternada com o sistema. Ela continuava sob suspeita. Sabia que a narrativa estatal era um monte de mentiras e decidiu que não queria que sua filha — a que teve depois de se recusar a fazer o aborto — crescesse na Coreia do Norte.

"Eles dizem que o país é socialista, mas quando dei à luz, tive que levar as luvas cirúrgicas, o medicamento intravenoso, a seringa e as refeições para o médico e todos da equipe", falou. "Não é um país socialista. Todos estão trabalhando para o regime Kim."

CAPÍTULO 10

MILLENNIALS E MODERNIDADE

"A cidade capital de Pyongyang [é] um ícone da eflorescência cultural."

— Kim Jong Un visitando a Rua dos Cientistas Mirae, 21 de outubro de 2015

MESMO ENTRE A ELITE QUE O MANTINHA NO PODER, HAVIA UM subconjunto em particular que Kim Jong Un queria mimar especificamente. Eram os millennials, o povo de sua geração que, se achassem que estavam prosperando com sua liderança, podiam potencialmente mantê-lo no poder durante décadas.

Então o autodeclarado Brilhante Camarada começou a recriar para eles o enclave privilegiado em que ele habitou durante os anos de formação que passou na Europa. Atualmente na Coreia do Norte, existem restaurantes italianos e sushi bars, pubs que vendem cerveja artesanal e batatas fritas, parques de diversões com montanhas-russas e outros brinquedos de revirar o estômago, quadras de vôlei e tênis e pistas de patinação perto do rio. Há táxis em que o taxímetro começa a rodar com US$1 — um quarto do salário mensal médio.

A elite privilegiada pode cavalgar na imitação perfeita de clube equestre suíço, com uma cerca de madeira em volta da pista e estátuas nos jardins de rosas. Pode esquiar no Pico de Masik, a leste de Pyongyang, onde Kim Jong Un construiu um resort com dez pistas, telecadeiras austríacas e esquis italianos de aluguel. Há um hotel com um estilo de decoração interior que poderia, com boa vontade, ser descrito como uma combinação de chalé suíço com o mau gosto norte-coreano. Ele tem uma piscina interna aquecida e uma área de sauna. E até um bar em uma caverna de gelo.

Atualmente, os aliados de Kim Jong Un podem jogar bilhar e cantar no karaokê. Fazer aulas de ioga e beber cappuccinos com carinhas fofas de animais desenhadas na espuma. Mandar mensagens de seus smartphones e exibir suas bolsas Christian Dior ou Gucci.

"Algumas são falsas, mas outras são reais", diz Lee So-hyun, apenas alguns anos mais nova que Kim Jong Un e parte desse 0,1% da Coreia do Norte.

So-hyun e seu irmão, Hyun-sung, nasceram na elite de Pyongyang. Seu pai é Ri Jong Ho, que passou mais de trinta anos angariando dinheiro para o regime Kim. (Ele ainda escreve seu sobrenome no jeito norte-coreano, Ri, enquanto seus filhos usam a versão sul-coreana, Lee.)

Eles tinham a boa vida da Pyonghattan de Kim Jong Un, uma capital cosmopolita dentro da capital criada pelo Grande Sucessor.

A mercantilização pode ter levado a uma leve melhoria nos padrões de vida de muitos norte-coreanos, mas ninguém viu tanto progresso como aqueles que compõem os círculos mais próximos de Kim Jong Un. É um suborno estratégico: o regime espera conseguir persuadir o bando de fedelhos de Pyongyang — os filhos dos mestres do dinheiro, que sabem que a vida fora do país é muito melhor — de que, pelo menos para eles, não há necessidade de sair da Coreia do Norte.

Em minha primeira visita a Pyongyang em 2005, vi mulheres vestidas de forma muito conservadora e com estética decididamente comunista: marrons, cinzas e pretos sem graça, saias longas, jaquetas sem modelagem, sapatos funcionais.

Em 2018, uma moda totalmente diferente predominava, pelo menos em Pyongyang. Os norte-coreanos da geração de Kim Jong Un usavam roupas de lojas como a H&M, Zara e Uniqlo. As mulheres vestiam roupas mais coloridas e modeladas, joias brilhantes e saltos chamativos. O consumo notável claramente não é mais um crime contra o socialismo.

Os jovens norte-coreanos que podem viajar adoram comprar, particularmente, roupas de ginástica que não estão prontamente disponíveis na capital — pelo menos não os tipos que eles querem. Não que esses millennials sejam loucos por exercícios; seu amor pelas roupas de ginástica vem do fato de que a academia é o único local em que podem exibir seus corpos.

"Devemos nos vestir de modo conservador na Coreia do Norte, então as pessoas gostam de ir para a academia para exibir o corpo, mostrar um pouco de pele", disse So-hyun, descrevendo o quanto as mulheres gostam de usar leggings e tops justos.

Aqueles que podem viajar fazem compras para si e seus amigos que ficam em Pyongyang, que fornecem listas bem específicas. A marca esportiva Elle era popular entre as mulheres, enquanto os homens preferiam a Adidas e a Nike. "Todos voltavam com coisas assim quando viajavam para o exterior", mencionou Hyun-sung.

A primeira vez que encontrei os irmãos So-hyun e Hyun-sung foi em um shopping luxuoso perto de sua casa na Virgínia, nos Estados Unidos. Fomos a um restaurante italiano e comemos massas e carnes no pátio externo. Até mesmo lá eles exibiam privilégio e ambição. Fiquei impressionada com sua postura e vestimenta impecável, muito asseada e formal, mas discreta, nada chamativo. Ambos eram impressionantemente inteligentes, administrando com destreza suas aparições na mídia e discutindo apenas as coisas que podem melhorar a posição de sua família ou suas chances de entrar em uma boa universidade. E estavam claramente acostumados a uma vida acelerada.

Mas, apesar de ainda fazerem parte da elite norte-coreana, os irmãos iam e voltavam de Dalian na China, onde estudavam enquanto seu pai ganhava dinheiro para o regime, e de Pyonghattan.

Quando voltavam para casa, iam com frequência passar o tempo no complexo de lazer Kum Rung no meio de Pyongyang, um lugar moderno onde as esteiras têm telas que passam desenhos da Disney. As mulheres passeiam ostentando suas roupas de ioga muito tempo depois de já terem terminado suas aulas.

Utilizar a piscina interna também é algo muito popular — pela mesma razão. "É tudo uma questão de moda", disse So-hyun. Na conservadora Coreia do Norte, algumas mulheres até usam biquínis, embora sejam bem recatados, com uma saia no lugar da calcinha.

A cirurgia plástica também já chegou por lá. As operações de pálpebra dupla — um procedimento relativamente simples para dar aos olhos asiáticos uma aparência mais ocidental, já tão comum quanto usar maquiagem para as jovens da Coreia do Sul — agora também é algo obrigatório para a elite norte-coreana.

Fazer as pálpebras custa entre US$50 e US$200, dependendo da habilidade do cirurgião.

"Ser linda e ser belo são vantagens competitivas", disse Son-hyun, soando como uma vigenária ambiciosa sul-coreana.

A maior prova desse sentimento veio na forma de Ri Sol Ju, uma cantora bonita e talentosa de origem elitista que literalmente torceu pelo regime como membro de vários grupos musicais. Ela foi impulsionada para o topo do regime. É a esposa de Kim Jong Un.

Uma jovem glamourosa com um toque plebeu, ela conseguiu sozinha se tornar uma inspiração para os millennials e alguém que dá uma sensação de modernidade ao regime. É a Kate Middleton norte-coreana, rejuvenescendo a monarquia e humanizando seu marido.

Sua chegada foi programada para mostrar que a Coreia do Norte entrava agora em uma nova era, em que os jovens podiam aproveitar a vida e ter ambições — pelo menos os das elites.

Ri era toda sorrisos quando fez sua primeira aparição pública como a companheira de Kim Jong Un em meados de 2012. Eles foram a um concerto em Pyongyang e sentaram-se em poltronas VIP de cor vermelho-vivo. Kim usava sua túnica Mao preta padrão, e Ri, de cabelo curto, usava um tailleur preto com bordado branco feito sob medida. Ambos usavam o broche vermelho Kim sobre o coração.

Os dois aplaudiram de pé a performance da Moranbong Band, um grupo de cantoras. Cidadãos acostumados a trupes musicais femininas em vestidos que pareciam tendas ou em uniformes militares verde-oliva de repente viram mulheres glamourosas em roupas justas e brilhantes.

A mídia estatal não deu o nome da acompanhante de Kim Jon Un naquela noite, o que levou a imprensa sul-coreana a um frenesi de especulações.

Seria a irmã mais nova de Kim Jong Un? Seria Hyon Song Wol, a cantora da popular Pochonbo Electronic Ensemble, mais conhecida por seu sucesso "Lady Riding a Fine Horse"? A maioria da imprensa sul-coreana decidiu que era, de fato, Hyon e que ela estava grávida. Como quase sempre acontecia, isso estava totalmente errado (assim como a especulação posterior de que Kim mandara executá-la).

Logo a história verdadeira veio à tona. Algumas semanas depois, a mídia estatal norte-coreana transmitiu a inauguração do Rungra People's Pleasure Ground em Pyongyang, um dos novos complexos de lazer que Kim encomendou para mostrar seu "carinho" por cidadãos de todas as idades. Construído em uma ilha no meio do Rio Taedong, ele inclui um parque de diversões, piscinas e tobogãs, um golfinário e um campo de minigolfe.

Kim Jong Un assistiu à inauguração de seu parque de diversões com uma mulher que foi apresentada simplesmente como Camarada Ri Sol Ju. Todos "nos saudaram com entusiasmo, gritando 'Hurrah!'", de acordo com o relato oficial do evento.[1]

Kim e Ri deram apertos de mãos com diplomatas estrangeiros que foram levados para a inauguração. Um deles, o britânico chamado Barnaby Jones, até andou em um dos brinquedos com Kim, preso na fileira na frente do Grande Sucessor.

Nunca foi revelado que Kim Jong Un se casara, e Ri não foi oficialmente identificada como sua esposa. Mas o relacionamento, com Ri de braços dados com Kim Jong Un, estava às claras. O conhecimento público da esposa de um líder era algo sem precedentes na Coreia do Norte. A primeira esposa de Kim Il Sung, a heroína revolucionária Kim Jong Suk, foi imortalizada depois de sua morte em 1949, e sua segunda esposa já era uma figura pública por seu cargo político. Kim Jong Il certamente nunca levou nenhuma de suas inúmeras consortes a eventos públicos.

Mas não foi só a aparição de Ri que rompeu os laços com o passado; foi toda a sua postura e atitude.

Ri não podia ser mais diferente das outras mulheres norte-coreanas, mesmo as vigenárias de Pyongyang. Naquele dia no parque de diversões, ela usava um vestido justo verde e preto com mangas curtas e bainha acima do joelho, algo que não é considerado revelador em outras partes do mundo, mas muito ousado na Coreia do Norte e totalmente sem precedentes para uma acompanhante política.

Em um país em que as esposas de membros de alto escalão vestiam roupas socialistas largas que deixavam todas igualmente sem graça, Ri tinha uma aparência impressionantemente moderna. Logo ela passaria a usar ternos sociais em cores ousadas — até um blazer com bolinhas vermelhas — e muitas vezes usava um broche de pérolas em vez do broche de Kim, obrigatório para todos no país. Ela usava sapatos peep-toe de salto e muitas vezes carregava uma bolsa clutch no

158   O GRANDE SUCESSOR

estilo Chanel ou Dior sob o braço. Seu cabelo mudava com frequência, às vezes curto, às vezes um longo ondulado.

Mas ainda mais impressionante que suas roupas era seu comportamento. No dia do parque de diversões, andou ao lado de Kim, sorrindo e enroscando seu braço no dele. Ela continuaria fazendo isso nos anos seguintes, uma exibição pública de afeto e igualdade social chocante. Teria sido considerado vergonhoso e até mesmo imprudente que marido e mulher comuns caminhassem dessa forma pelas ruas.[2]

Como primeira-dama, Ri pareceu ter uma influência moderada sobre seu marido — dentro das restrições de seu poder total. No dia em que foram para o parque de diversões juntos, um dos brinquedos em que estava Kim e o diplomata britânico parou repentinamente. Os funcionários estressados correram para corrigir o problema, mas o líder ficou furioso.

Tremendo de pavor, os funcionários se desculparam. Os diplomatas pareciam preocupados. Então, Ri se aproximou de Kim Jong Un e falou baixinho com ele, aparentemente acalmando-o. E funcionou. Kim esfriou a cabeça e todos deram um suspiro aliviados.

Ri Sol Ju não era uma norte-coreana comum. Antes do casamento, foi uma carismática artista em uma grande trupe — assim como a mãe do próprio Kim.

Ela veio de uma família da elite que ajudou a manter os Kims no poder. Seu pai serviu as forças aéreas, e Ri Pyong Chol, um grande ex-general da aeronáutica que está sempre ao lado de Kim durante lançamentos de mísseis, é um parente próximo, talvez seu tio.

Ri é cinco anos mais nova que seu marido e nasceu em 28 de setembro de 1989, de acordo com as informações de seu passaporte, fornecidas quando viajou para o Japão na adolescência.[3]

Durante a infância em Pyongyang, foi para o Palácio das Crianças de Manguongdae, uma escola de artes em que crianças extremamente montadas apresentam canções de propaganda com precisão robótica para visitantes estrangeiros. Ela frequentou um ensino médio musical — fotos da escola mostram uma Ri claramente identificável em pé ao lado de seus colegas, usando um vestido tradicional vermelho e amarelo vivos — e, então, estudou na vizinha China depois da graduação. A China, controlada pelo partido comunista, era o local mais próximo e amigável para alunos da Coreia do Norte, e também o mais barato.

Certamente, ela viajou — um privilégio que apenas os norte-coreanos da elite superior conseguiam fazer. Foi para a cidade japonesa de Fukuoka em 2002, quando tinha 12 anos, para participar de um Festival de Artes de Crianças do Leste Asiático da UNESCO.

E, quando a Coreia do Norte enviou uma equipe para o Campeonato de Atletismo Asiático na Coreia do Sul em 2005, Ri Sol Ju fazia parte da equipe de líderes de torcida que acompanhava os atletas. Todas usavam vestidos norte-coreanos puritanos tradicionais em preto e branco e carregavam bandeiras exibindo uma Península Coreana unificada.

Fotos da época mostram Ri de cabelo curto e bochechas rechonchudas de adolescente. Ela está sorrindo e acenando para as hordas de fotógrafos sul-coreanos que foram tirar fotos de uma equipe que os sul-coreanos chamavam de "exército de beldades" da Coreia do Norte.

Eles ficaram na Coreia do Sul durante seis dias, impulsionando o time e apresentando canções norte-coreanas como "Céu Azul do Meu País". A inteligência sul-coreana certamente ficava de olho em todos os norte-coreanos que chegavam para os jogos — assim como as autoridades norte-coreanas teriam feito, com cuidado para garantir que nenhum deles tivesse uma oportunidade de desertar. Mas, na época, os espiões sul-coreanos não saberiam que a futura esposa do futuro líder estava entre eles. Ela era apenas outro rostinho bonito.

Depois da graduação, Ri se tornou uma cantora da Unhasu Orchestra, um conjunto de estilo ocidental com cantores que são a base da música norte-coreana. Eles apresentam canções como "A Paz É Garantida por Nossos Braços".

Ri se tornou uma de suas estrelas. Aparecia em vestidos coreanos tradicionais de cores vivas — que cobrem o corpo, excluindo qualquer ideia de forma —, com um cabelo alto e cílios postiços. Em um concerto de Ano Novo em 2010, ela cantou um solo revolucionário incitador chamado "Queime Alto, Fogueira". No ano seguinte, em que Kim Jong Un assumiria a liderança, ela apareceu no palco com um vestido azul reluzente para cantar um solo de "Passos do Soldado". No ano entre as duas apresentações, fez procedimentos dentários caros para corrigir seu sorriso.

Quando surgiu como a esposa de Kim Jong Un, muitos norte-coreanos a reconheceram como a mulher glamourosa dos concertos de propaganda.

A certa altura, ela parece ter chamado a atenção de Kim Jong Il, um homem que tinha o costume de se casar com artistas. Ele decidiu que Ri deveria se casar com seu filho mais novo, e herdeiro aparente, e garantir um caminho para a futura sucessão da dinastia. "Meu pai me olhou e disse para me casar com aquela mulher, e eu confiei nele", contou Kim Jong Un ao presidente sul-coreano durante seu primeiro encontro alguns anos mais tarde.[4]

Enquanto a saúde de Kim Jong Il deteriorava, Kim e Ri se casaram. Esse era um componente importante no plano de sucessão. Boatos dizem que eles têm dois ou três filhos, e Kim Jong Un sem dúvidas os está preparando para também serem dignos da liderança.

Desde o início, Kim e Ri foram a epítome de um casal moderno — o jovem ditador e sua esposa atraente.

Durante seu primeiro setembro como líder, em 2012, eles fizeram uma visita, incessantemente noticiada, à Rua Chagjon, um complexo de apartamentos para as elites que se destacava no horizonte da capital porque seus prédios eram arredondados e iluminados à noite com várias cores.

Eles visitaram Pak Sung Il, apresentado como funcionário do Escritório de Embelezamento da Cidade e que supostamente vivia com sua família em um apartamento de cinco quartos no segundo andar. Muitas vezes é difícil separar o fato da ficção nos relatos da mídia estatal, mas, no apartamento, Kim e Ri se comportaram como se fossem parentes que não se viam há muito tempo. Kim pegou um dos filhos de Pak no colo, apertou sua bochecha, enquanto Ri servia pratos que afirmou ter ela própria cozinhado. A cada pausa no apartamento, houve brindes, e Kim Jong Un servia as taças. A Coreia do Norte pode ter sua própria ideologia bizarra, mas ainda permanece ligada pela ordem hierárquica confuciana vinda da China séculos atrás. Essas regras estipulam que o mais novo (menos importante) serve o mais velho (mais importante) — ainda que ninguém na Coreia do Norte seja mais importante do que Kim Jong Un. Mas com Ri ao seu lado, Kim se apresentava como um tipo de líder muito diferente de seu pai: uma figura afetuosa e tangível com um lado agradável e que estava próximo do povo (pelo menos durante o tempo de sua visita cuidadosamente encenada).

Esses ares de mudança de geração ficaram aparentes de outras formas. O concerto em que Ri fez sua primeira aparição pública com o líder pareceu, em um primeiro momento, um presente tradicional norte-coreano. Foi realizado no Teatro de Artes de Mansudae em Pyongyang, um dos principais locais para eventos celebratórios do regime. Oficiais militares em uniformes verde-oliva e mulheres em vestidos igualmente utilitários ficaram de pé e aplaudiram a entrada de Kim Jong Un.

MILLENNIALS E MODERNIDADE **161**

Ele distribuiu apertos de mão, mas fora isso tinha um ar austero quando se acomodou nos assentos privilegiados com a, então, mulher não identificada.

Quando as cortinas se abriram, com um pequeno show pirotécnico na frente do palco, exibiu um grupo de mulheres em vestidos de festa reveladores e reluzentes tocando guitarras e violinos elétricos. A primeira canção pode ter sido uma escolha tradicional — "Arirang", a canção de saudade que continua sendo comovente nas duas Coreias até hoje —, assim como o fundo do cenário que exibia a Montanha Paektu e o logo do Partido Comunista. Mas a apresentação não era parecida com nada que os norte-coreanos já tivessem visto. O andamento era rápido e animado, e as mulheres faziam o equivalente norte-coreano a curtir a música. A partir daí, o show só ficaria ainda mais incomum.

As cantoras em vestidos brilhantes bem curtos e sapatos de salto alto apresentaram canções de propaganda norte-coreana, e então as violinistas em vestidos pretos curtos apresentaram o tema de *Rocky*, com um solo de uma mulher tocando uma guitarra elétrica em um tom de vermelho-vivo e usando o que parecia ser um vestido de noiva.

Então as coisas ficaram surreais. As cantoras apresentaram "It's a Small World" em coreano, e no palco surgiram pessoas com fantasias: o Ursinho Puff e o Tigrão estavam lá, junto da Minnie e do Mickey Mouse, um dos sete anões, e um dragão verde aleatório. O anão fez um giro estranho com o quadril enquanto desenhos do Tom e Jerry eram exibidos ao fundo. O Mickey riu, fingindo conduzir os músicos. Eles tocavam o tema do Ursinho Puff ("Que só pensa em se reabastecer") e fecharam o show com "My Way" de Frank Sinatra.

O final pareceu adequado. Kim Jong Un certamente fazia as coisas do seu jeito.

* * *

Em uma de minhas viagens para a Coreia do Norte, fui em busca da experiência do mundo privilegiado de Pyonghattan, o mundo dos semelhantes de Kim Jong Un e Ri Sol Ju.

Minha primeira parada foi no restaurante italiano com o sugestivo nome Restaurante Itália, no complexo da Rua dos Cientistas Mirae. A entrada era feita por um saguão de uma loja que vendia de tudo, desde bebidas alcoólicas

162 O GRANDE SUCESSOR

até geradores de energia — embora não houvesse clientes quando visitei. Havia também uma cafeteria luxuosa vendendo criações caras de moca com creme. E também estava vazia.

O restaurante tinha alguns clientes, e nós nos sentamos para experimentar a pizza, que foi feita por funcionários especialmente treinados em um forno à lenha importado. Conversei com um norte-coreano que me contou que o Respeitado Líder queria que os cidadãos de Pyongyang fossem capazes de desfrutar pratos do mundo todo.

Ele provavelmente passou a gostar de pizza durante a adolescência na Europa, falei maliciosamente. A cabeça do homem balançou. Ele me olhou intrigado. Continuei: "Você sabe, quando ele estudou na Suíça? Ele viajou para a Itália. Provavelmente comeu pizza." O norte-coreano tentou processar tudo o que eu acabara de dizer. Depois me respondeu, quase com um sussurro: "Como você pode saber mais sobre nosso líder do que nós?"

Uma outra noite, fui para uma cervejaria de temática alemã perto da Torre Juche, no lado sul do Rio Taedong, que divide Pyongyang em dois. A cervejaria tinha paredes de tijolos expostos, mesas de madeira escura e sete tipos de cervejas norte-coreanas nas torneiras alinhadas atrás do bar. Como um bar esportivo, também tinha uma televisão enorme em uma das paredes. Nela passava patinação no gelo.

No cardápio havia contrafilé com batata assada por U$S48 — o mesmo preço do filé mignon no restaurante em Nova York que os diplomatas norte-coreanos atribuídos às Nações Unidas gostam de frequentar. O Weiner Schnitzel custava um total mais razoável de US$7. Mas a maioria dos norte-coreanos no restaurante parecia optar pela comida local, apesar de US$7 por uma tigela de bibimbap — o mesmo preço que você pagaria em Seul por arroz com legumes e carne — não ser muito barato.

"Se não fossem os pequenos emblemas, eles podiam ser sul-coreanos", disse meu companheiro de refeição, um assistente estrangeiro que vivia em Pyongyang, enquanto comíamos na cervejaria. "Eles estão pagando de dez a quinze euros por uma refeição", falou.

Naquela noite, o restaurante estava lotado de norte-coreanos sentados a céu aberto, em total contraste ao pub de Pyongyang que visitei em 2005, no qual havia divisórias entre as mesas para manter a privacidade e que ficou totalmente silencioso quando cheguei.

Dessa vez, ninguém se importou. Continuaram bebendo e rindo sem ligar para a ocidental no recinto. Ainda assim, ainda restava parte da antiga Pyongyang. Ficamos sem eletricidade por um tempo, e todos nos sentamos no escuro esperando que voltasse.

Em outra noite, levamos nossos guarda-costas a uma churrascaria no complexo Nascer do Sol, outra construção nova que surgiu em Pyonghattan. Era tão nova que o motorista de nossa minivan teve dificuldade para encontrar a entrada, e nossos guarda-costas de encontrar o restaurante.

Esse restaurante estava muito menos lotado que a cervejaria, mas ainda havia grupos de norte-coreanos desfrutando a carne que era grelhada na mesa à sua frente. Esse grupo oferecia um tipo mais tradicional de discrição norte-coreana. Um casal sentado em uma cabine fechou a cortina de bambu à frente de sua mesa quando nos ouviu chegar.

A garçonete recomendou pedaços de carne que custavam US$50 a porção individual, o mais caro no cardápio. Claramente fora ensinada sobre a prática capitalista do upselling. Nós pedimos um prato mais modesto acompanhado de cerveja e garrafas de soju.

Se tem uma coisa que aprendi em minhas viagens para a Coreia do Norte, é que os guarda-costas nunca recusam uma bebida. Ao longo dos anos, vi norte-coreanos beberem um copo de soju atrás do outro — norte-coreanos que moravam na Coreia do Norte, outros que trabalham fora do país e os que vivem na Coreia do Sul. É um mecanismo de enfrentamento, um modo de se anestesiar para o que precisam suportar.

Os norte-coreanos, incluindo as elites em Pyongyang e no exterior, também nunca perdem a chance de comer carne vermelha. É algo raro e caro até mesmo para o 1% mais rico da população.

Do outro lado do salão da churrascaria, o complexo Nascer do Sol tem um supermercado de luxo cheio de produtos importados excessivamente caros como salmão norueguês, queijo francês e muesli suíço. Ele estava vazio quando visitei — às 20h de um sábado à noite — e os residentes locais dizem ser raro ver pessoas por lá. O supermercado parece servir mais para propaganda do que para vender produtos. Mas existe.

Existem outros lugares para turista ver.

Também há uma cultura de café nascendo, apesar de, em um país em que não se bebe muito café, ela servir mais para sinalizar sofisticação do que para tomar sua dose diária de cafeína. No centro de lazer Kim Rung, entre as esteiras e aulas de ioga, há um café da moda com decoração e ambientação que não estariam deslocadas em Seul ou Beijing. O barista chefe foi até treinado na China.

Um moca gelado custa US$9 — um preço que seria alto em qualquer lugar do mundo, quem dirá em um dos países mais pobres do planeta — enquanto um espresso ainda custa astronômicos US$4, um absurdo em um país no qual uma proporção considerável da população é malnutrida.

As cafeterias não ganham muito dinheiro, de acordo com Andray Abrahamian, que conduziu os cursos de treinamento financeiro na Coreia do Norte para a ONG Choson Exchange, baseada em Singapura. Simplesmente não há uma base de clientes que gostam de café e estejam dispostos a pagar preços tão altos.

"É apenas um indicador de que você é chique e cosmopolita", contou-me. Abrahamian, um britânico que fala coreano muito bem, já visitou o país quase trinta vezes e ajudou a treinar um grande número de empreendedores, incluindo a mulher que administra a cafeteria Kim Rung.

Mas há sinais de uma classe consumidora real, mesmo que nova.

O supermercado na loja de departamentos em Kwangbok estava lotado quando visitei, com moradores locais carregando suas cestas de doces importados da Ucrânia e maionese do Japão, com um preço muito mais alto do que as alternativas locais, que também são vendidas lá. Garrafas de cinco litros de soju estavam em promoção por apenas US$2,60.

Televisões enormes de tela plana e aspiradores europeus top de linha estão à venda nos mercados jangmadang na capital — se você tiver alguns milhares de dólares para gastar nesse tipo de coisa.

Mais de 10% dos norte-coreanos agora têm celulares, e há muitos táxis nas ruas, com taxímetros começando em US$1. Algumas pessoas têm cachorros de estimação, um luxo inimaginável há alguns anos em um país em que as pessoas tinham dificuldades para alimentar os humanos de suas famílias.

O consumismo foi experimentado em vários níveis pelo país, mas nenhum lugar se beneficiou tanto quanto a capital. "Mesmo que você não tenha um bom emprego, é um privilégio estar em Pyongyang", contou-me So-hyun. "Então, tenho certeza que muita gente nos inveja."

Kang Nara não morava na capital, mas estava se saindo bem em Chongjin, a terceira maior cidade do país. É um lugar que tem prosperado, pelos padrões da Coreia do Norte, graças a seu porto e proximidade com as fronteiras da China e da Rússia.

"Podíamos comprar qualquer coisa de que precisássemos. Havia pessoas com inveja e outras que queriam uma parte do trabalho dele", falou Nara sobre o emprego de seu pai.

Ele era um mestre do dinheiro envolvido com as construções. Era um setor próspero e ele claramente estava colhendo muitos lucros.

Ela frequentou um ensino médio focado em artes, onde foi capaz de desenvolver seu talento na música e na atuação, e também fez aulas de canto particulares. "É claro que havia algumas crianças pobres na minha escola, mas eu não andava com elas", recordou.

Ela morava em uma grande casa independente no centro de Chongjin, onde cada uma das três filhas tinha seu próprio quarto. Muitas pessoas na Coreia do Norte ainda cozinham sobre uma fogueira, mas a família de Nara tem um fogão a gás e um forno micro-ondas. Eles tinham uma frigideira elétrica e uma máquina de lavar roupas automática. Ninguém nessa família precisava lavar as roupas no rio.

Ela recebia uma mesada de seu pai de cerca de US$400 por mês — ou cem vezes o que o funcionário de uma fábrica estatal ou burocrata do governo recebia. Nada mal para uma adolescente.

Gastava seu dinheiro em roupas e gloss perolado vindos da China, perfume francês, capas para seus celulares e pequenos adesivos para decorá-las. Ela tinha um boné de beisebol com a marca da Nike, embora não soubesse o que era isso, só sabia que era moda. Tudo vinha de um mercado local.

Para se divertir em dias bonitos, Nara e seus amigos iam à pista de patinação no centro de Chongjing, inaugurada em 2013, no segundo ano do reinado de Kim Jong Un. Patinar virou uma grande tendência, e crianças ricas como Nara tinham seus próprios patins.

"Nós os carregávamos pendurados no ombro — era um símbolo de status, um sinal de que você tinha dinheiro — quando íamos à pista", alegou. Ela comprou seus patins cor-de-rosa, além de um capacete, joelheiras e cotoveleiras, no mercado por mais ou menos US$30. Deu de ombros. "Isso é algo inimaginável para crianças pobres." Eles tinham que se contentar com patins baratos e desconfortáveis de aluguel se quisessem participar — *se* tivessem dinheiro para pelo menos isso.

À noite, Nara ia aos mercados com os amigos, onde há agora uma grande variedade de lanchonetes cosmopolitas. Eles comiam pato à Beijing ou okonomiyaki, uma panqueca japonesa grossa e saborosa que muitas vezes contém macarrão e carne de porco. Há cada vez mais lugares para que essas pessoas vistosas se entretenham e exibam.

Outras vezes, Nara e seus amigos mandavam mensagens uns para os outros em seus smartphones e organizavam uma saída para o salão de ping-pong, uma operação privada iniciada por um empreendedor local. Ela disse que era um lugar legal para estar. Havia uma área de bar com banquinhos, e os adolescentes podiam comprar cerveja e lanches. "É claro que não íamos para jogar tênis de mesa. Íamos para sair com garotos. Quando eles vinham conversar comigo, eu olhava seus telefones. Se fosse um daqueles velhos com botões, eu não tinha interesse." Se um garoto tivesse um smartphone Arirang norte-coreano, daqueles que custam US$400, aí sim ela dava uma segunda olhada nele.

"Sapatos e celulares eram os maiores símbolos de status. Para comprar um smartphone, sua família tinha que ser rica", falou Nara, relembrando o estilo de vida que teve um dia.

"Outra coisa que olhávamos eram suas roupas. Se estivessem usando roupas feitas na Coreia do Norte, não eram bons. Só tínhamos interesse em garotos que usavam roupas estrangeiras." Estrangeiro geralmente significa chinês, e tudo bem. No mundo ocidental, roupas feitas na China podem ser consideradas baratas e inferiores, mas na Coreia do Norte, até as roupas chinesas são uma indicação de riqueza e sofisticação.

Era divertido ser uma criança rica na Coreia do Norte de Kim Jong Un. A mais rica de todas estava garantindo isso.

CAPÍTULO 11

JOGANDO BOLA COM OS CHACAIS

"Dennis Rodman subiu até o auditório para fazer reverência a Kim Jong Un. Recebendo-o calorosamente, Kim Jong Un deixou-o sentar-se a seu lado."

— KCNA [Agência Central de Notícias da Coreia], 28 de fevereiro de 2013

SER UM AUTOCRATA ISOLADO PODE SER SOCIALMENTE LIMITANTE. Kim Jong Un tem seu irmão e irmã, ligados a ele pelo sangue, e uma esposa, ligada a ele por seu pai. Há uma panelinha bajuladora que é extremamente gentil com ele, dizem que ele é o melhor e sempre o deixam vencer. Mas será que gostam mesmo dele? Ou temem por suas vidas?

Mas nenhuma privação social explica totalmente a escolha de amigo celebridade feita por Kim em 2013: o ex-jogador do Chicago Bulls de 2,01m de altura e celebridade de segunda linha: Dennis Rodman.

Nesse ano, o ex-astro da NBA embarcou na primeira de três viagens para a Coreia do Norte, durante as quais ele e sua comitiva não só conheceriam, mas também participariam de festas com o líder. Esse rebelde maníaco por atenção foi acolhido pelo líder de um país em que a conformidade e a reticência são essenciais para a sobrevivência.

168 O GRANDE SUCESSOR

Isso foi muito incômodo para o establishment de política externa em Washington, especialistas e oficiais com formação avançada e habilidades linguísticas que têm analisado esse estado desgarrado ao longo de suas carreiras. Eles queriam saber tudo o que podiam sobre essa ameaça misteriosa, mas não queriam pedir informações de alguém que definitivamente não era um especialista, alguém que eles viam como um derrotado louco por publicidade.

"Não somos como amigos camaradas, mas temos uma amizade que não envolve política, e sim esporte", disse Rodman alguns anos depois, narrando o tempo passado com o homem que ele chama de "amigo para a vida toda". O veredito do jogador: "Para mim ele é apenas um cara normal."[1]

As viagens aconteceram porque Kim Jong Un era um grande fã do Bulls. Quando chegou na Suíça no verão de 1996, o time tinha acabado de vencer uma série do campeonato da NBA. Michael Jordan foi nomeado o JMV (jogador mais valioso), mas Rodman, com seu jeito para pegar rebotes, ganhou os créditos por ter tido um papel importante em garantir a vitória. O Bulls, com Jordan e Rodman, também venceriam os dois campeonatos seguintes.

Quando Madeleine Allbright foi para Pyongyang em 2000, levou uma bola de basquete Wilson assinada por Jordan como presente para Kim Jong Il. Eu a vi várias vezes, em exposição em uma redoma de vidro no Centro Internacional de Exposições de Amizade no norte de Pyongyang, que consiste em dois palácios considerados tão sagrados que os visitantes precisam cobrir seus sapatos e passar por máquinas de jato de ar.

A ideia de enviar um jogador como emissário para conhecer o novo líder da Coreia do Norte começou como algo sério. Em 2009, quando ficou evidente que Kim Jong Un seria designado como sucessor de seu pai, a CIA discutiu ativamente tentar fazer com que Dennis Rodman fosse a Pyongyang. Mas a ideia não saiu do papel.

Então, em 2012, pouco depois de Kim Jong Un assumir e antes de qualquer norte-americano tê-lo conhecido, Barack Obama convidou alguns especialistas norte-coreanos para o Salão Oval para pedir conselho sobre como lidar com o novo e jovem líder.

Um deles, um economista chamado Marcus Noland, um especialista que estudava a fome norte-coreana, sugeriu que o presidente recrutasse Steve Kerr para um esforço diplomático nada convencional. Kerr jogou pelo Chicago Bulls na década de 1990. Mas, além disso, ele passou parte de sua infância no Oriente

Médio com seu pai professor, então tinha certa experiência em partes do mundo complicadas.

Noland tentou convencer Obama a se aproveitar da obsessão do novo líder pelo Bulls. Sugeriu que o presidente pedisse a Kerr, que virou locutor e treinador, que fosse para Pyongyang. Talvez ele pudesse jogar H-O-R-S-E [uma variação de basquete] com Kim. No pior dos casos, os conselheiros de Obama acompanhando Kerr poderiam observar o novo líder.

"Era uma ideia meio louca, mas era melhor do que Rodman", disse Noland. E a ideia não deu em nada.

Em Nova York, uma equipe de produtores de televisão hipsters da Vice News teve a mesma ideia. Eles queriam fazer um programa sobre a Coreia do Norte, e pretendiam chegar até o líder. E que jeito melhor de fazer isso além de tirar proveito de seu amor pelo Chicago Bulls?

A equipe da Vice levou a ideia ao agente de Jordan, mas eles começaram a enrolar e ficou claro que não daria em nada. E isso acabou sendo um problema para a equipe da Vice, pois já tinham vendido a ideia para os diplomatas norte-coreanos em Nova York com o nome de Jordan. Os norte-coreanos realmente o queriam. Então a Vice acabou dizendo que o jogador profissional, para sempre associado aos tênis Air Jordans, tinha medo de avião. O tipo de desculpa que tem grande relevância na Coreia do Norte, já que Kim Jong Il era conhecido por sua fobia de aviões.

Então procuraram Rodman. O renomado jogador de defesa conhecido como Worm [Verme], também era famoso por topar coisas estranhas.

Todo mundo sabe que ele usou um vestido de noiva, com véu e luvas brancas, e viajou em uma carruagem puxada por cavalos pelas ruas da Big Apple para, como ele mesmo disse, "se casar com a cidade de Nova York" em 1996. Isso acabou coincidindo com o lançamento de sua autobiografia, *Bad as I Wanna Be* [sem publicação no Brasil]. Nove anos depois, ele fez outra jornada inusitada, dessa vez viajando em um carro funerário cercado de beldades vestidas de preto para participar do próprio funeral. Como Lázaro no Halloween, ele surgiu como um zumbi de um caixão generosamente coberto pela logo de um cassino online.

Rodman não era só excêntrico. Ele também parecia ter um preço. Depois de se aposentar do basquete, promoveu jogos de azar online e também participou de vários reality shows, incluindo *The Celebrity Apprentice*, apresentado por Donald J. Trump.

Será que estaria interessado em um pouco de "diplomacia basquetebolística" paga? Sim, ele estava.

A equipe da Vice levou para os norte-coreanos em Nova York a notícia de que haviam conseguido um jogador do Chicago Bulls, e eles transmitiram a boa notícia para a hierarquia superior em Pyongyang. E receberam a luz verde.

Foi só então que perceberam que o Vice News não era um programa de notícias comum e tinha como funcionários millennials com tatuagens que se orgulhavam de sua abordagem disruptiva da mídia.

Mas os diplomatas norte-coreanos não podiam voltar atrás agora. O Grande Sucessor estava esperando um jogador do Chicago Bulls. Então eles insistiram em fazer uma reunião com os executivos da HBO, que havia comprado o programa da Vice, para tentar organizar algumas coisas.

No escritório da HBO em Manhattan, os norte-coreanos falaram para Nina Rosenstein, vice-presidente sênior da rede, que adoravam assistir *Homeland*. Hmm, respondeu ela, isso passa no Showtime, uma rede rival. Ela perguntou se eles tinham visto *Game of Thrones*. Eles lhe deram um olhar vazio. E saíram de lá com boxes da série.

Ainda assim, foram suficientemente tranquilizados para permitir que a visita acontecesse. Então, em 26 de fevereiro de 2013, Dennis Rodman e seus responsáveis voaram de Beijing para Pyongyang, acompanhados por três membros do Harlem Globetrotters, um executivo do time e a equipe da Vice News. Com suas palhaçadas hilárias na quadra, a Vice quis os Globetrotters porque eles eram "os embaixadores mais naturais do basquete na jogada".[2]

Seria uma viagem como nenhuma outra.

A ficha de Rodman caiu quando ele chegou ao aeroporto de Pyongyang e encontrou um amontoado de mídia e um comboio. Era um mundo totalmente diferente da convenção odontológica onde estivera assinando autógrafos na semana anterior.

"Fazia muito tempo que ninguém se importava com sua existência, e ele ficou maravilhado e animado por descobrir que era importante", disse Jason Mojica, o produtor da Vice que foi a força motriz por trás da viagem. Então eles assimilaram que, se conhecessem Kim Jong Un, seriam os primeiros norte-americanos a fazê-lo.

"Ele achou que era relevante de novo. Havia cifrões em seus olhos", contou-me Mojica quando fui visitá-lo no Brooklyn para um relato da viagem.

Rodman admitiu mais tarde que adorou a bajulação recebida: "Uma vez fui para lá e vi o respeito com que me tratavam, nossa, eu ganhei um tapete vermelho."[3]

Mas a viagem não era celebrada em Washington, onde a administração de Obama tentou colocar a maior distância possível entre eles e Rodman.

Dois meses antes, dias antes de Kim Jong Un completar seu primeiro aniversário no poder, a Coreia do Norte lançou um foguete de longo alcance que colocou um satélite em órbita. Isso foi um avanço tecnológico crucial para seu programa de mísseis associado.

Então, apenas duas semanas antes da chegada dos embaixadores do basquete, o regime realizou seu terceiro teste nuclear. Quando Rodman e a delegação chegaram ao hotel de Pyongyang naquela manhã, encontraram uma grande faixa no saguão anunciando o "sucesso" do teste e observaram enquanto milhares de pessoas fluíam em direção à praça principal para um comício de celebração.

A viagem também não foi totalmente bem recebida em Pyongyang. Logo depois de sua chegada na capital, uma mulher "intensa" afastou Mojica do resto da delegação e o levou para o banco traseiro de uma limusine preta. Falou francamente para ele em inglês que não gostava dele ou de seu trabalho — ele já tinha feito uma matéria sobre os gulags norte-coreanos — e nem da Vice News. Contou a ele que foi contra a visita, mas seus argumentos foram rejeitados.[4]

Depois que Mojica me falou sobre esse incidente, examinamos as fotos da viagem para que ele pudesse me mostrar a mulher. Eu a reconheci instantaneamente quando ele a apontou. Era Choe Son Hui, uma pessoa muito influente no regime.

Na época, ela era a chefe da divisão das Américas do ministério de relações exteriores, começara sua carreira como intérprete durante palestras nucleares multilaterais quase uma década antes. Seu padrasto fora o primeiro-ministro do estado, e sua família era muito conectada aos Kims. Em poucos anos, ela seria vice-ministra de relações exteriores. O fato de alguém de escalão tão alto estar envolvido na viagem de Rodman — e servindo como intérprete para alguns jogadores de basquete, por incrível que pareça — mostra o quanto o regime levou a sério esse evento.

172 O GRANDE SUCESSOR

De fato, a ideia de receber os norte-americanos em Pyongyang era complicada. Afinal de contas, a Coreia do Norte destilava seu ódio em direção aos Estados Unidos por quase sete décadas.

Enquanto a guerra na Coreia foi completamente esquecida nos Estados Unidos, na Coreia do Norte as memórias da devastação são mantidas vivas e profundamente enraizadas na psique nacional. O regime transformou os Estados Unidos no bode expiatório por sua economia arruinada e sua lei marcial.

Alunos de educação fundamental fazem viagens ao Museu da Guerra da Libertação da Pátria Vitoriosa em Pyongyang ou para o Museu das Atrocidades Americanas de Guerra em Sinchon, ao sul da capital.

Eles veem pinturas de "lobos americanos astutos" — ilustrados como homens loiros de pele branca com narizes enormes — torturando e matando norte-coreanos de formas brutais: colocando pregos nas cabeças de mulheres ou perfurando crianças com baionetas, pisoteando bebês com suas botas enormes, marcando-os com ferro quente, e amarrando-os com cordas e jogando-os em poços. No museu Sinchon, essas imagens são acompanhadas por uma trilha sonora em alto volume de gritos de crianças.

Certamente houve luta e morte em Sinchon durante a Guerra da Coreia, mas a Coreia do Norte era extremamente exagerada ao afirmar que 35 mil "mártires" foram mortos por soldados norte-americanos durante um massacre.

Kim Jong Un visitou o museu diversas vezes desde que se tornou líder. Depois de uma das visitas, ordenou que ele fosse expandido para um "centro de educação para aulas anti-EUA".

O museu é um exemplo clássico do modo como o regime Kim alimenta o medo dos Estados Unidos e tenta manter a população coesa: a partir da verdade parcial ele cria uma montanha de exagero ideologicamente motivado.

Então deve ter sido confuso quando os norte-coreanos acordaram no dia 1º de março de 2013 e viram uma foto do Amado Camarada na primeira página do *Rodong Sinmun*, o *Pravda* norte-coreano, sentado ao lado de um norte-americano — que teve a audácia de usar boné e óculos escuros na presença de seu líder.

Rodman e sua comitiva chegaram em Pyongyang em um dia frio do final de fevereiro em 2013, no 14º mês de reinado de Kim Jong Un. Eles tinham planos de realizar um acampamento de basquetebol — algumas crianças em um ginásio escolar, pensaram — e uma partida amistosa.

Chegaram em um estádio com 10 mil lugares em Pyongyang e encontraram o time nacional sub-18 à espera. As arquibancadas estavam vazias, mas claramente esse não seria um amistoso normal.

No dia seguinte, Rodman e seus Globetrotters compareceram ao estádio para um amistoso. Dessa vez as arquibancadas não estavam vazias. Milhares de pessoas aguardavam pacientemente em seus lugares. E aí, de repente e quase em uníssono, todos ficaram de pé e começaram a aplaudir e gritar "Manse!" ou "Viva por dez mil anos!".

Lá estava ele.

"Eu estou lá sentado no banco e, de repente, ele entra. Um cara baixinho", recordou Rodman. "E eu fiquei, tipo, espera aí. Quem é esse? Deve ser o presidente do país. E ele entra com a esposa e todos os seus líderes e coisa assim."[5]

Kim Jong Un, com uma túnica Mao preta, descia as escadas até a seção VIP do estádio com sua esposa, Ri Sol Ju.

Rodman estava lá esperando pelo líder, onde assistiriam ao jogo juntos sentados em poltronas. O Worm, usando óculos escuros e um boné verde com "USA" bordado e piercings nas orelhas, nariz e lábio inferior reluzindo, se aproximou de Kim e apertou sua mão.

A multidão continuou aplaudindo. "Os jogadores e o público explodiram em uma estrondosa alegria, extremamente animados em assistir ao jogo junto de Kim Jong Un", relatou a agência de notícias estatal, acrescentando que Kim "permitiu" que Rodman sentasse ao seu lado.

Os jogadores norte-coreanos também aplaudiam, mas pareciam bem nervosos.

"Todo norte-coreano é fascinado pelo Marechal e quer conhecê-lo", disse Pyo Yon Chol, um jogador do time nacional norte-coreano, depois do jogo referindo-se a Kim e seu título militar oficial. "É impossível descrever o sentimento de estar no mesmo local que o Marechal com palavras. Jogando com eles presentes, desejei jogar melhor. Era tudo que eu queria."[6]

As equipes foram escolhidas como fazemos na escola, então cada uma tinha tanto norte-americanos quanto norte-coreanos. E chegou a hora do jogo.[7]

Com a progressão da partida, todos começaram a se soltar um pouco. Os Globetrotters fizeram suas piruetas, ficando de pé ou pendurados de ponta-cabeça na cesta, o que provocava gritos e aplausos.

A certa altura, Mark Barthelemy, falante fluente de coreano e amigo de Mojica da época em que tocavam em bandas punk em Chicago, apontou sua câmera para Kim Jong Un. Para seu choque, o jovem ditador olhava diretamente para sua lente. Barthelemy olhou por detrás de sua câmera e Kim acenou para ele. Depois fez um sinal para sua esposa e ela também acenou para Barthelemy. Ele me disse que esse foi o momento mais bizarro em um dia cheio deles. O ditador estava sendo brincalhão.

Entretanto, no quarto período o jogo ficou sério. Kim falava concentradamente com Rodman, discutindo jogada a jogada por meio de um intérprete, concordando, gesticulando e parecendo dois velhos amigos esquisitos em um jogo do Knicks.

Por incrível que pareça, o jogo acabou empatado em 110x110, sem permissão de acréscimos — um resultado habilmente diplomático.

Então Rodman ficou de pé para fazer um discurso, falando a Kim que honra e privilégio foi estar lá. Kim continuou sentado inexpressivo, olhando para o público como se estivesse preocupado com o que seu convidado diria em seguida.

Mas Rodman foi diplomático, lamentou seus países não conseguirem se entender antes de se oferecer como uma ponte: "Muito obrigado, senhor. Você tem um amigo para a vida toda", disse ele, fazendo uma reverência ao ditador.

Finalmente, depois de duas horas intensas, Kim deixou o estádio. Todos voltaram a respirar.

Mas a aventura estava longe do fim. Os responsáveis pela delegação se apressaram para tirar Rodman e sua comitiva do estágio, dizendo a eles que tinham um evento importante na agenda.

Um guarda-costas levou um convite à equipe da Vice em um cartão branco e grosso, anunciando uma recepção. Não havia detalhe algum. Mas os convidados foram informados para se vestirem adequadamente e que não poderiam levar nada à festa: telefones, câmeras, canetas, nada. Isso só poderia significar uma coisa.

Eles foram levados pelas ruas de Pyongyang, passando por uma área arborizada, subindo uma rua com curvas desnecessariamente fechadas até um grande prédio branco. Eles passaram por seguranças no estilo de aeroporto, com detectores de metal e scanners de mão, e entraram em um grande salão de mármore branco com toalhas e cadeiras brancas.

Kim Jong Un esperava para cumprimentar todos pessoalmente em uma fila de recepção. Era como um casamento.

Rodman ainda usava o boné e os óculos de sol, mas colocou sua versão de um smoking: uma camiseta cinza com um blazer preto sobre ela. O cachecol rosa-choque enrolado no pescoço combinava com seu esmalte rosa e branco.

Todos tinham sorrisos largos enquanto se sentavam às mesas, decoradas com esculturas elaboradas em vegetais: grandes flores esculpidas em abóboras, pássaros feitos com algum tipo de vegetal branco pousados sobre melancias inteiras. O jantar tinha dez pratos, incluindo caviar e sushi. Havia vinho francês e cerveja Tiger de Singapura. Também serviram Coca-Cola, a bebida dos diabos imperialistas.

Kim começou os eventos da noite com um brinde, tilintando pequenas taças de soju com Rodman. Ri aparentemente achou melhor não beber a aguardente e preferiu o vinho tinto.

Então, Rodman fez um brinde longo e divagante, que concluiu: "Marechal, seu pai e seu avô fizeram umas paradas tensas. Mas você… você está tentando fazer uma mudança, e eu te amo por isso."

Todos pararam de respirar. Kim Jong Un levantou sua taça e sorriu.[8] Ufa!

Logo depois, o homem do outro lado de Ri ficou de pé e fez um brinde sobre a oportunidade de todos se conhecerem melhor. Kim Jong Un bufou como se dissesse: "Esse velho tagarela de novo, não", recordou Mojica. Conferindo as fotos do evento, Mojica confirmou minhas suspeitas. Esse velho tagarela era o Tio Jang.

Mas aquela noite foi só sorrisos e felicidade. Foram brindes seguidos de brindes. Mojica, encorajado pelo soju, convidou Kim Jong Un a fazer uma viagem à Nova York. Então, levantou seu copo — de Johnnie Walker Black que os garçons estiveram enchendo a noite toda como se fosse vinho — e deu um gole. De repente, o jovem ditador estava gritando e gesticulando em sua direção. Por um segundo, Mojica se perguntou se tinha cometido um grave erro. Então a intérprete irrompeu dizendo: "Vira!"

"Era uma ordem", falou Mojica. "O cruel ditador estava exigindo que eu bebesse todo o meu drinque. Então eu virei o copo."

Ele ficou tonto, mas ainda estava com o microfone. Falou meio enrolado: "Se as coisas continuarem assim, estarei pelado no fim da noite." A Madame Choe fez uma cara de total repulsa, mas como intérprete, transmitiu a observação para Kim Jong Un, que caiu na risada.

Era hora da festa.

Uma cortina subiu e no palco estava a Moranbong Band, às vezes chamadas de Spice Girls norte-coreanas. As mulheres, usando jaquetas brancas e saias acima do joelho, escandalosamente curtas pelos padrões do país, começaram o tema de *Rocky*. Elas tocavam guitarras e violinos elétricos, bateria e sintetizador.

O soju estava fazendo efeito. O rosto de Kim começou a ficar cada vez mais vermelho, e seu sorriso maior, revelando os dentes amarelados de um fumante voraz. Mojica estimou que o Grande Sucessor bebeu pelo menos uma dúzia de doses de soju. Todos estavam, nas palavras do produtor da Vice, "bebaços".

A certa altura, os Globetrotters estavam no palco, de mãos dadas com os membros da Moranbong Band. Mais tarde, Rodman estava ao microfone cantando "My Way" enquanto Barthelemy tocava o saxofone, inclinando-se para trás com os olhos fechados como se estivesse incorporando Kenny G.

Rodman enviou um membro da equipe da Vice até Mojica para pedir que ele maneirasse seu comportamento estridente. Foi então que ele percebeu o quanto as coisas tinham saído de controle. Você sabe que está descontrolado quando um bad boy internacionalmente reconhecido está pedindo que você se acalme.

Todo o resto é apenas uma vaga lembrança. "Se eu tivesse mantido minha melhor postura jornalística, teria ficado sóbrio e memorizaria tudo", afirmou Mojica. "Mas todos nos envolvemos no espírito da noite."

Depois de várias horas, Kim Jong Un ficou de pé para fazer o brinde final. Ele disse que o evento tinha ajudado a "promover o entendimento entre os povos dos dois países".

Filmagens não transmitidas pela televisão norte-coreana mostram Rodman e Kim se abraçando, o líder dando tapinhas nas costas do jogador com um grande sorriso no rosto. Ele conseguira seu Bull.

Surpreendentemente, Dennis Rodman se lembrava da promessa feita para o Grande Líder durante a bebedeira em Pyongyang.

Sete meses depois, ele a cumpriu. Rodman voltou a Pyongyang, dessa vez com uma companhia ainda mais incomum. Seu musculoso assistente pessoal, Chris "Vo" Volo, estava ao seu lado, e junto deles estava um geneticista da Universidade Columbia chamado Joe Terwilliger, um homem que se orgulha de ser idiossincrático. Ele toca tuba profissionalmente, faz imitações de Abe Lincoln, às vezes usa uma barba no estilo Amish, fala finlandês e é campeão de comer cachorros-quentes.

Como geneticista, Terwilliger estudou a diáspora coreana. Aprendeu um pouco de coreano e deu aulas na Universidade de Ciência e Tecnologia de Pyongyang, uma instituição privada dirigida por cristãos coreano-americanos.

Então, quando ouviu falar que Rodman estava interessado em voltar para Pyongyang, deu um lance de US$2.500 em um leilão de caridade e ganhou a oportunidade de jogar lances livres com ele. Enquanto estavam em quadra, Terwilliger se apresentou como um especialista em Coreia que poderia ajudar o jogador. E assim entrou para a equipe.

O problema era que eles não estavam conseguindo um jeito de voltar para Pyongyang. Então Terwilliger ligou para um cara que conheceu por lá um dia: Michael Spavor, um canadense que vivia no norte da China e acompanhava delegações de estudiosos e empresários até a Coreia do Norte.

Em setembro, os quatro chegaram em Pyongyang. Foram colocados no helicóptero particular de Kim Jong Un, equipado com poltronas e uma mesa de madeira para seu cinzeiro. Eles viajariam para Wonsan, o resort à beira-mar, onde o helicóptero pousou dentro do complexo real.

Rodman gostava do tratamento VIP. "Tudo é cinco, seis, sete estrelas. Todo dia é um ótimo dia. Há tanto entretenimento, tanta diversão, tanto relaxamento. Tudo é simplesmente tão, tão perfeito."[9]

Dessa vez, não houve transmissão de jogo nem formalidades. Era tudo uma questão de se divertir no complexo suntuoso à beira-mar.

Kim Jong Un levou Rodman e a comitiva para um navio de 150 pés com painéis de madeira que pertenceu a seu pai. O filho também tinha seu próprio barco, um iate de 95 pés avaliado em US$7 milhões, mas este permaneceu em sua doca coberta especial no complexo de Wonsan.

Eles beberam chás Long Island gelados no convés. Apostaram corridas de jet skis pela costa. Kim Jong Un sempre ganhava porque pilotava o mais potente. O jovem líder gostava de chegar perto da orla e saltar sobre as ondas.

A esposa de Kim estava lá com sua bebê gordinha, Ju Ae. Seus irmãos também estavam lá. O irmão mais velho, Kim Jong Chol, falava inglês com os convidados e foi com eles de jet ski até o barco-piscina flutuante de 200 pés que tinha até tobogãs, atracado no mar.

Sua irmã mais nova, Kim Yo Jong, também estava lá. Eles foram informados de que ela tinha acabado de se formar em engenharia. Nos anos que viriam, ela assumiria um papel cada vez mais proeminente no regime de seu irmão, agindo como sua conselheira de confiança e assessora de assuntos gerais. Mas, nesse dia, ela estava sentada na praia usando um biquíni vermelho e assistindo às brincadeiras. As mulheres da Moranbong Band também estavam lá, brincando na praia de um jeito que não passou despercebido pelos homens convidados.

No outro dia, Kim Jong Un e a equipe de Rodman foram cavalgar juntos. Uma foto mostra Rodman em um corcel branco. Ele não está usando sapatos, mas seus pés com meias rosa-choque estão nos estribos.

Em seguida, houve mais comidas, bebidas e farras em abundância. As integrantes da Moranbong Band ainda marcavam presença. Hyon Song Wol, a glamourosa chefe da banda que fora declarada morta na imprensa sul-coreana no mês anterior, estava lá, e bem viva.

A banda pegou seus instrumentos e Terwilliger cantou uma música norte-coreana, "Meu País É o Melhor". Rodman, com um colete cinza e as tatuagens todas à mostra, cantou a plenos pulmões sua música de karaokê favorita, "My Way". Kim Jong Un, na sua vez, tentou cantar "Get Up (I Feel Like Being a) Sex Machine", de James Brown, de acordo com Rodman.

Foi durante essa visita que Kim contou a Rodman que ele odiara as exibições dos Harlem Globetrotters. Ele levava o basquete muito a sério e queria ver um jogo sério. Então Rodman disse: "Vamos realizar um jogo de verdade." Quando percebeu que o aniversário do líder seria em janeiro, Rodman achou que seria a data "perfeita" para uma competição.

Os planos logo foram colocados em ação. Rodman e sua equipe retornaram em dezembro para escolher o time norte-coreano que jogaria contra uma equipe de ex-astros da NBA. Seu timing foi terrível.

Nem um mês antes, Kim Jong Un havia ordenado a execução de seu tio, Jang Song Thaek. Então, enquanto o resto do mundo reagia à brutalidade de um homem que matou um membro de sua própria família em sua jornada para se manter no poder, Rodman e sua equipe estavam se divertindo no boliche Pistas Douradas em Pyongyang e vendo os aviões norte-americanos destroçados no Museu da Guerra da Libertação da Pátria Vitoriosa.

A revolta nos Estados Unidos aumentou. A Paddy Power, uma empresa de jogos de azar e apostas irlandesa que planejava patrocinar o evento, desistiu. Alguns dos jogadores da NBA também pensaram em fazer o mesmo. A viagem aconteceu em janeiro, mas foi um desastre desde o início.

Rodman, que lutava contra o alcoolismo há anos, começou a beber no voo de Beijing para Pyongyang e, ao que parece, não parou mais.

Os outros veteranos da NBA estavam ficando claramente cada vez mais preocupados. Ouviram dizer que havia muitas críticas nos Estados Unidos sobre o fato de irem jogar para celebrar o aniversário de um ditador. O jogo estava por um fio.

Mas, por fim, decidiram continuar. Afinal de contas, já tinham ido até lá.

No dia 8 de janeiro de 2014, no trigésimo aniversário de Kim Jong Un, os ex-jogadores da NBA estavam em quadra. Rodman apareceu, sem boné, e tirou os óculos de sol. Fez uma reverência a Kim Jong Un, que estava sentado nas arquibancadas.

Depois pegou o microfone e observou que as pessoas mundo afora tinham expressado "visões diferentes" sobre a viagem e sobre o próprio Marechal. Essa provavelmente foi uma das declarações mais traiçoeiras feitas em público na Coreia do Norte, um país em que as pessoas só podem ter uma visão sobre o Marechal: de que ele é um semideus.

Kim Jong Un estava recostado em sua poltrona, avaliando o estádio, aparentemente se perguntando o que diabos viria em seguida. Rodman continuou. "Sim, ele é um ótimo líder. Ele sustenta seu povo aqui em seu país. E graças a deus o povo daqui ama o Marechal." Depois começou a cantar a plenos pulmões uma versão memoravelmente estranha de "Parabéns pra Você".

A agência de notícias estatal norte-coreana tornou o evento adequadamente sério, declarando que Rodman havia dito que "sentia que o povo coreano respeitava Kim Jong Un" e "cantou uma canção que refletia sua reverência por Kim Jong Un, emocionando o público".

Mais surpresas viriam. Os norte-americanos foram jogar supondo que, mesmo sendo mais velhos e fora de forma do que antes, venceriam a partida.

Mas os norte-coreanos, rápidos e em plena forma, mostraram que não deveriam ser subestimados, superando e vencendo os norte-americanos em estratégia durante a primeira metade da partida. O placar depois dos primeiros dois quartos era de 45x39 para os norte-coreanos. Os azarões astutos levaram a melhor em cima dos norte-americanos supostamente superiores.

Depois do primeiro quarto, Rodman pediu licença do jogo e sentou-se perto de seu amigo despota. Eles se envolveram em uma discussão animada durante a segunda metade da partida. Kim se inclinou e pareceu prestar atenção em cada palavra de Rodman. Ele sorria e dava risada, e seu humor se estendeu até o fim do jogo, quando a plateia irrompeu em uma canção celebrando o líder enquanto ele estava no centro do palco, acenando às massas adoradoras.

Enquanto relaxava em uma sala lateral depois do jogo, Rodman, recostado em sua cadeira, estava encantado com o clima. "Eu acabei de cantar 'Parabéns pra você' para o mané." Riu, aparentemente perplexo consigo mesmo.

Mas seu comportamento teria sérias repercussões.

Durante o jogo, Kim Jong Un convidou Rodman e os integrantes principais de sua delegação a passar o final de semana com ele no resort de esqui Masik Pass que construiu. Quando chegaram, os membros da família Kim e outras figuras graduadas do regime já estavam lá. Spavor, que cresceu perto das Montanhas, foi para as pistas com o irmão e a irmã de Kim. Terwilliger perdeu o controle em um tubo inflável e derrubou vários norte-coreanos. Por sorte, conseguiu parar antes de cair de um penhasco.

Dentro do resort, Hwang Pyong So, um oficial militar de alto escalão, passou longos períodos sentado com sua camiseta e bermuda falando em um telefone analógico no corredor do andar VIP. Era o telefone conectado diretamente ao líder.

Kim Jong Un não apareceu naquele final de semana. A amizade para a vida toda estava por um fio.

PARTE TRÊS

A CONFIANÇA

CAPÍTULO 12

HORA DA FESTA

"Lutarei destemidamente, oferecendo-me sem arrependimentos na sagrada luta para acelerar a vitória final da causa da revolução Juche iniciada na Montanha Paektu."

— Kim Jong Un, 10 de maio de 2016

KIM JONG UN PODE TER SE TORNADO O LÍDER OFICIAL DA COREIA do Norte em dezembro de 2011, quando seu pai morreu, mas só se tornou o líder de verdade no início de maio de 2016. Foi quando o Grande Sucessor deu um show de força e confiança que não deixou dúvida alguma de que estava com o controle total.

Foi na ocasião do Sétimo Congresso do Partido dos Trabalhadores da Coreia, a reunião de mais alto nível da organização comunista por meio da qual a família Kim mantém o controle do estado por três gerações.

O último congresso fora em 1980, enquanto seu avô ainda era líder, quatro anos antes do nascimento de Kim Jong Un. Seu pai nunca convocou um. Mas o novo líder queria reunir os grupos que mantinham a união do regime. Dessa vez a festa era dele.

Cheguei a Pyongyang três dias antes do início do congresso. Meus guias apontados pelo regime para essa viagem esperavam por mim. Havia dois oficiais de médio escalão: o Sr. Jang, que fazia o papel de policial mau, impedindo todas as minhas tentativas de sair do cronograma combinado, e o Sr. Pak, um jovial policial bom. Durante a viagem, o Sr. Jang reclamou que eu fazia perguntas demais e tentava me fazer caminhar pelas alas hospitalares e criações de caracóis — essas eram as paradas em nosso itinerário — enquanto o Sr. Pak sorria e tirava fotos dos locais em seu smartphone.

Havia muito a ser fotografado. Pyongyang estava no modo de celebração. Os jornais estavam repletos de artigos sobre a "batalha rápida de 70 dias" que fora iniciada para a preparação do evento. Ondas de grupos em ternos escuros e oficiais militares em uniforme verde-oliva de todo o país fluíam da Estação de Pyongyang.

Nas estradas do interior e nas ruas da cidade, em fazendas e fábricas, faixas anunciavam o congresso, e bandeiras vermelhas exibiam o martelo, a foice e o pincel dourados do Partido dos Trabalhadores. A Casa de Cultura 25 de Abril, a construção com colunatas e aparência distintamente socialista que receberia o congresso, foi envolta em vermelho como um presente.

Os slogans oficiais desenvolvidos para o evento soavam tão estranhos em coreano quanto em suas versões em inglês distribuídas pela agência de notícias da Coreia do Norte. "Faça o país inteiro ferver com uma campanha estridente para produzir vegetais em estufa!" "Vamos dar uma solução definitiva para o problema dos bens de consumo!" "Vamos promover dinamicamente o avanço geral deste ano com o mesmo espírito demonstrado no bem-sucedido teste da bomba de hidrogênio!"

Não havia dúvida de quem estava no centro de todas as celebrações. Os slogans pediam que os norte-coreanos se dedicassem à luta pelo "Amado Camarada Comandante Supremo Kim Jong Un" e que se tornassem sua "jovem vanguarda impreterivelmente leal".

No segundo dia do congresso, eu estava sentada com meu computador em um centro de imprensa que os norte-coreanos montaram para nós no Hotel Yanggakdo de 47 andares, onde gostam de manter os jornalistas porque fica em uma ilha no meio do rio que atravessa Pyongyang. Os jornalistas o chamam de "Alcatraz".

Os norte-coreanos queriam garantir que os visitantes não tivessem motivo para tentar ir embora. Há um cassino no porão e um restaurante no topo que, um dia, costumava girar. Agora é preciso caminhar por ele para ter a visão de

360° porque seus motores estão com defeito. A variedade de produtos da loja de conveniências inclui uma cerveja local surpreendentemente boa, biscoitos que podem ou não ser feitos de serragem e caixas do genérico de Viagra da própria Coreia do Norte.

Nas telonas colocadas no meio do centro de imprensa, assisti enquanto Kim Jong Un caminhava para o palco do salão do congresso, que estava enfeitado no glorioso vermelho socialista: assentos vermelhos no palco para Kim Jong Un e seus camaradas, assentos vermelhos para o público, bandeiras vermelhas com a insígnia do Partido dos Trabalhadores e faixas vermelhas declarando a "unidade fiel".

Kim Jong Un usava um terno escuro de estilo ocidental e gravata cinza, iguais aos que seu avô usou no retrato que adornava — ao lado de um de Kim Jong Il — o cenário de fundo do palco. Eles estavam acesos como um sol. Um velho dia amanhecia.

Cada um dos 3.467 delegados naquele salão, muitos dos quais tinham o dobro de sua idade, ficou de pé para aplaudir Kim Jong Un pelo que pareceram horas. Os militares de alta patente usavam medalhas até a cintura. No palco, Kim Yong Nam, o primeiro-ministro de 88 anos, e um homem que fora vice-primeiro-ministro da Coreia do Norte antes do Grande Sucessor nascer, se viraram para aplaudi-lo.

Kim Jong Un tentou silenciá-los fazendo gestos com as mãos como se pedisse que diminuíssem seu entusiasmo por ele, mas os delegados sabiam que não deveriam parar de aplaudir.

Ele tinha 32 anos. E agora estava confiante e seguro o bastante para se colocar diante de todos e absorver tudo. Fez um discurso de 14 mil palavras no qual se vangloriava sobre um teste nuclear feito apenas alguns meses antes.

Apresentou um plano econômico de cinco anos que seria agora associado diretamente a ele — e por cujo estabelecimento ele mesmo seria responsável. Destacou a escassez de alimentos e energia na Coreia do Norte — algo já bem conhecido pelo povo do país, mas digno de nota por seu reconhecimento — e prometeu liderar a ofensiva para abordar esses problemas.

Repetiu a promessa do primeiro discurso que fez em 2012 de melhorar a vida das pessoas. E tentou atingir a China, afrontando "os ventos imundos da liberdade burguesa e de 'reforma' e 'abertura' soprando em nossa vizinhança".

Como já era de se prever, Kim Jong Un foi reeleito como líder do partido. Mas seu título foi atualizado de primeiro secretário para presidente. Ele estava restaurando o partido à posição principal na Coreia do Norte, recolocando-o no status pomposo que teve durante os anos de seu avô, antes de ceder espaço aos militares durante a época de seu pai.

Poderia ter sido uma jogada arriscada, causando o tipo de ressentimento que já levou outros países a golpes militares. Mas com a política "byungjin" de buscar simultaneamente o desenvolvimento econômico e as armas nucleares, por mais que Kim Jong Un promovesse o partido, não rebaixava as forças armadas.

O Grande Sucessor encontraria maneiras de manter os militares felizes e evitar um golpe — principalmente ao despejar recursos escassos nos programas de armas nucleares e mísseis e transformando os generais responsáveis em celebridades norte-coreanas. Eles também tinham bem gravado na memória o destino do ex-ministro de defesa, que fora reduzido a mingau com uma arma antiaérea depois de dormir em uma reunião.

No decorrer da ostentação do congresso, fiquei chocada pelo quanto Kim Jong Un estava notavelmente seguro de si. Ele não era um homem preocupado com seu emprego. Provou aos céticos externos — e internos, se houvesse algum — que estavam errados. Demonstrou aptidão de se livrar e executar seus rivais.

Astutamente, promoveu o desenvolvimento econômico e o nuclear ao mesmo tempo. A detonação alguns meses antes foi o maior teste nuclear da Coreia do Norte até hoje. A economia não estava indo às mil maravilhas, mas estava nos 4% ou 5% de crescimento — o mais alto em anos.

No mês seguinte, Kim Jong Un descartou a Comissão de Defesa Nacional, que fora estabelecida em 1972 por seu avô como a principal instituição estatal de forças armadas e defesa nacional. Ele estabeleceu a Comissão de Assuntos de Estado como o poder supremo e organização legislativa da Coreia do Norte e nomeou a si mesmo como presidente. Isso o tornou formalmente o Líder Supremo da Coreia do Norte.

Tudo o que Kim Jong Un fizera desde que assumiu o poder, por mais cruel que tenha sido, foi feito de um jeito calculado.

Ao contrário da percepção popular de louco do jovem líder, todas as evidências sugerem que Kim Jong Un era um "indivíduo razoavelmente estável psicologicamente", disse Ian Robertson, psicólogo clínico e professor de neurociência da Trinity College Dublin e alguém que também estivera tentando penetrar na psique de Kim Jong Un. Autor de um livro sobre a psicologia do vencedor, Robertson seguiu os movimentos do jovem líder de perto desde que ele assumiu o poder.

Perguntei a ele o que conseguia captar sobre o estado mental de Kim Jong Un e o psicólogo o considerou como um narcisista clássico.

"A maioria das pessoas que não se intimida com a própria consciência ou com o estresse de ser um líder desenvolve narcisismo", contou-me Robertson. Como é um narcisismo adquirido, é uma distorção da personalidade em vez de um distúrbio.

Mas também existe um componente químico. Tornar-se líder da Coreia do Norte pode ter, de fato, mudado o cérebro de Kim Jong Un. "O poder é, possivelmente, uma das causas mais profundas de grandes alterações bio e psicológicas no cérebro humano", afirmou.

Acontece que há certa base científica no pensamento resumido pelo político britânico do século XIX, Lord Acton, que disse: "O poder corrompe; o poder absoluto corrompe absolutamente." Ele estava se referindo às monarquias absolutistas, como as governadas por imperadores romanos divinos e Napoleão Bonaparte, mas pode ser aplicada igualmente aos Kims.

Esse tipo de poder libera dopamina, o neurotransmissor ligado aos centros de prazer e recompensa do cérebro. É a substância química que regula o modo como percebemos e experienciamos o prazer — desde tomar sorvete a fazer sexo — e nos faz querer mais. A dopamina é frequentemente ligada ao vício.

Em um líder como Kim Jong Un, a sensação obtida de exercer seu poder o faz querer mais, falou Robertson. Poucos seres humanos conseguem resistir a esse efeito químico e permanecer equilibrados quando detêm um poder enorme durante longos períodos de tempo.

Mas há um efeito colateral muito desagradável: quanto mais o ego infla, mais vulnerável ele fica. Muitos tiranos desenvolvem um exterior muito sensível que pode ser penetrado pela menor das infrações. Em Kim Jong Un, esse ego vulnerável explodiu de formas alarmantes.

Kim Jong Un, tendo se firmado em casa, estava pronto para aumentar as apostas no exterior. Ele precisava provar para seus oponentes no resto do mundo que não era uma piada.

Seu programa nuclear seria uma parte crucial disso tudo.

Enquanto celebrava seu quarto aniversário no poder, foi para uma antiga fábrica de munição no centro de Pyongyang, o local em que dizem que seu avô testou uma submetralhadora logo depois da divisão da Península Coreana. Ele lançou uma bomba metafórica.

Do lado de fora, Kim disse que a Coreia do Norte havia se tornado "um poderoso estado nuclear" e estava pronta para detonar uma bomba de hidrogênio para "defender sua soberania e a dignidade da nação".

"Se lutarmos com o mesmo espírito com o qual os trabalhadores produziram submetralhadoras por seus próprios esforços logo depois da libertação do país, quando tudo era escasso, podemos fortalecer ainda mais nosso país em algo poderoso que nenhum inimigo ousará provocar", disse, segundo relatos. Assessores em uniformes militares anotaram cada uma de suas palavras em seus cadernos.

Visitei um local alguns meses depois e passeei pela galeria de fotos comemorando a visita de Kim Jong Un. Todo local norte-coreano que foi abençoado com sua visita real tem uma exposição como essa. Perguntei à minha guia, uma mulher de 50 e poucos anos, se ela estava trabalhando no dia da visita do Marechal. E ela estava. Mas quando tentei perguntar sobre ele, ela saiu correndo, levantando a mão para tampar seu rosto, como se quisesse me bloquear.

A alegação de Kim Jong Un foi tratada com ceticismo no resto do mundo. Desde que assumiu o poder, ele presidiu apenas um teste nuclear, no começo de 2013, apenas o terceiro do país em sua história. Uma bomba atômica simples e relativamente pequena foi detonada, o que não pareceu indicar muita melhoria nas habilidades técnicas da Coreia do Norte.

Agências de inteligência e especialistas nucleares desconsideraram a alegação de uma bomba de hidrogênio como um exagero típico norte-coreano, descartando a sugestão de que o regime de Kim Jong Un podia fazer um dispositivo termonuclear, o que exigiria tecnologias de fusão e fissão.

Suas dúvidas pareceram justificadas um mês depois, quando Kim Jong Un ordenou o segundo teste nuclear de seu reinado. O regime afirmou que era uma bomba de hidrogênio. Observando as ondas sísmicas causadas, especialistas de fora disseram que parecia ser uma bomba atômica convencional. Tinha um poder de cerca de seis quilotons, o que a tornava mais ou menos do mesmo tamanho da usada no teste atômico de 2013.

A bomba atômica Little Boy lançada pelos Estados Unidos na cidade japonesa de Hiroshima em 1945 tinha um poder de quinze quilotons, enquanto a Fat Man lançada em Nagasaki alguns dias depois tinha um poder de vinte quilotons.

Mas a zombaria com o pequeno tamanho da bomba ignorou o ponto principal. A declaração era uma aspiração. Kim Jong Un estava trabalhando em uma bomba de hidrogênio.

Ao mesmo tempo, o Grande Sucessor estava criando um tipo de exército totalmente diferente: de lutadores cibernéticos. Assim como a Coreia do Norte fora considerada inapta para fazer armas nucleares, também era considerada inferior quando se tratava de hacking.

Os hackers norte-coreanos brincaram pela internet durante anos sem causar muito alarde. Em 2009, um grupo chamado DarkSeoul Gang atacou bancos e estações de TV sul-coreanos, às vezes a fim de coletar informações, mas geralmente apenas para provocar o caos.

Mas as atividades de hacking do estado aumentaram exponencialmente com Kim Jong Un. A Coreia do Sul sofre cerca de 1,5 milhão de tentativas de hacking norte-coreanos por dia — isso totaliza dezessete por segundo — de acordo com os oficiais sulistas.[1]

Pyongyang usou ataques cibernéticos para iniciar uma guerra assimétrica, declarou o comandante militar norte-americano na Coreia do Sul.[2]

No fim de 2014, a Coreia do Norte forneceu um exemplo impressionante dessa teoria. O primeiro alvo foi a Sony Entertainment, em uma vingança pelo filme *A Entrevista*, que termina com o personagem de Kim Jong Un explodindo em uma bola de fogo ao som de Katy Perry.

Quando surgiram notícias sobre o filme em junho de 2014, Pyongyang ficou enfurecida com o fato de que o estúdio ousou imaginar uma tentativa de assassinato do líder norte-coreano. E jurou "contramedidas impiedosas" se o filme fosse lançado.

Um mês antes da data de lançamento planejada, no Natal, um grupo que se autointitulava Guardians of Peace [Guardiões da Paz] enviou um malware para funcionários da Sony, e alguns acabaram clicando nele. O hack resultante foi vergonhoso para a empresa, que teve seus computadores apagados, detalhes de salários revelados e e-mails desagradáveis entre executivos divulgados. O grupo então ameaçou fazer ataques terroristas no "estilo 11 de Setembro" em cinemas que passassem o filme. Todas as principais redes desistiram de exibi-lo.

O FBI disse que havia evidências claras apontando para a Coreia do Norte como autora do ataque. O Departamento de Justiça acusou um homem norte-coreano que teria orquestrado o hack para o Reconnaissance General Bureau. O RGB, uma agência de espionagem de elite conduzida pelas forças armadas, tem uma unidade de hackers de computadores chamada Bureau 121.

O regime de Kim Jong Un negou qualquer envolvimento, mas chamou o hack de "ação justa".

Os norte-coreanos também foram acusados de serem membros do Grupo Lazarus, que esteve por trás de dois hacks audaciosos.

O primeiro envolvia um plano de roubar US$1 bilhão do Banco Central de Bangladesh em 2016 se passando por funcionários do banco para pedir transferências monetárias pelo sistema eletrônico global chamado SWIFT. Um erro de grafia interrompeu o ataque, mas não antes dos hackers terem roubado US$81 milhões. O FBI o chamou de maior roubo cibernético da história.[3]

Então, em 2017, os hackers lançaram o WannaCry 2.0, um vírus de computador contendo ransomware que infectou mais de 230 mil computadores em 150 países. Ele encriptou dados nos computadores das vítimas e exigiu dinheiro para restaurar o acesso. Dentre as vítimas estava o sistema britânico de saúde, que foi prejudicado pelo ataque. Os Estados Unidos e o Reino Unido acusaram a Coreia do Norte de estar por trás da ação, mas ela negou mais uma vez qualquer envolvimento. Mesmo assim, especialistas técnicos dizem que os hackers deixaram muitas evidências para trás, na forma de códigos-fonte, endereços de IP e contas de e-mail, provando que os norte-coreanos eram os culpados.

Os hackers da Coreia do Norte roubaram uma quantidade enorme de dados — cerca de 235 gigabytes — de uma rede militar sul-coreana. Eles incluíam planos confidenciais de contingência em tempo de guerra e um plano de "decapitação" para remover Kim Jong Un. Depois, no início de 2018, foram suspeitos do roubo de US$530 milhões em tokens digitais do câmbio de criptomoedas japonês Coincheck.

A cada ataque, os hackers demonstravam estar cada vez mais sofisticados e ardilosos.

De acordo com uma estimativa, os hackers do RGB atacaram mais de cem bancos e câmbios de criptomoedas em todo o mundo desde 2016 e roubaram mais de US$650 milhões no processo.[4]

O regime norte-coreano está cultivando ativamente hackers de elite para que se juntem ao Bureau 121 do RGB. Alunos que mostram potencial — alguns muito jovens, com 11 anos — são enviados a escolas especiais e, então, para a Universidade de Automação em Pyongyang, a faculdade militar de ciência da computação da Coreia do Norte. Durante cinco anos, eles aprendem a hackear e criar vírus de computador. Competem em "hackathons", resolvendo enigmas e problemas de ataques cibernéticos sob pressão extrema de tempo. "Durante seis meses, dia e noite, nos preparamos apenas para essa competição", disse um ex-aluno.[5]

Ao longo de 2018, os alunos norte-coreanos baseados em Pyongyang regularmente ficavam entre os principais classificados, e às vezes até venciam, nas competições realizadas pela CodeChef, uma empresa de software indiana.

O hacking é a arma mais poderosa do país, disse outro ex-aluno. E acrescentou que, na Coreia do Norte, é chamado de "Guerra Secreta".[6]

As agências de inteligência norte-americanas dizem que a Coreia do Norte tem um total de mais de mil agentes cibernéticos morando e trabalhando no exterior, onde há melhor acesso à internet. A maioria está na China, mas alguns estão na Rússia e na Malásia.

Eles têm um propósito: ganhar dinheiro para o regime de Kim Jong Un da forma que puderem — com malware, ransomware, spear phishing, se esgueirando em sites de jogos e apostas —, contanto que cumpram suas metas. Os bons conseguem ganhar US$100 mil por ano — US$90 mil para o regime e US$10 mil para si.[7]

Esses tipos de fundos ficariam cada vez mais importantes para o Grande Sucessor à medida que as rendas de negócios mais legítimos eram cortadas por sanções internacionais. Se não conseguia ganhar, roubaria.

Kim Jong Un esteve trabalhando em outra forma de chamar a atenção do resto do mundo e, em particular, do povo que o regime norte-coreano chama de "bastardos americanos astutos".

Era hora de fazer mais reféns — reféns norte-americanos. Isso se provou como um bom modo de chamar a atenção deles no passado.

Muitas das pessoas detidas anteriormente pela Coreia do Norte eram coreano-americanos fazendo trabalho missionário nas fronteiras ou usando atividades empresariais como disfarce para fazer conversões.

Passado um ano da posse de Kim Jong Un, seu regime prendera Kenneth Bae, um missionário coreano-americano que tentava difundir o cristianismo na Coreia do Norte. Ele foi acusado de estabelecer bases na China com o objetivo de tentar derrubar o regime de Kim Jong Un e foi sentenciado a quinze anos de trabalho braçal. Passou dois anos em detenção, alguns trabalhando em campos, outros no Hospital da Amizade no bairro diplomático de Pyongyang sendo tratado por várias queixas médicas. É o único lugar em que os estrangeiros têm permissão para receber tratamento.

Então o regime prendeu Matthew Miller, um jovem perturbado da Califórnia que havia rasgado seu passaporte ao chegar em Pyongyang e pediu asilo político. Foi levado em custódia, aparentemente parte de um plano para ser preso a fim de documentar como era a vida em uma prisão da Coreia do Norte. Passou oito meses detido.

Em seguida foi Jeffrey Fowle, um trabalhador de manutenção de estradas de 56 anos que usava óculos e era de Ohio. Ele viajou para a Coreia do Norte como turista, colocando na bagagem uma bola de basquete que comprou em um jogo de exibição dos Harlem Globetrotters em Dayton. Ele conseguiu o autógrafo dos jogadores na bola e, enquanto assinavam, Fowle disse que esperava levar a bola para a Coreia do Norte.

Em sua imaginação, ele queria presenteá-la pessoalmente a Kim Jong Un. Também levou consigo uma Bíblia em coreano com capa turquesa, que deixou em um banheiro no Clube Chongjin Seaman's na esperança de que alguém que fosse secretamente cristão achasse e compartilhasse. O norte-coreano que a encontrou entregou-a imediatamente às autoridades, começando um processo que faria Fowle passar quase seis meses em um centro de detenção no país.[8]

Os cristãos não eram bem-vindos em um país com espaço para apenas uma divindade: o próprio Kim Jong Un. Os cristãos coreano-americanos eram particularmente indesejados porque sabiam falar o idioma e aos olhos do regime Kim eram traidores do povo coreano. Então foram os primeiros alvos de detenção.

O regime tinha um padrão bem estabelecido. Geralmente, mantinha os detidos até que um enviado suficientemente graduado dos Estados Unidos fosse libertá-los. Os ex-presidentes Jimmy Carter e Bill Clinton estão entre aqueles que já viajaram anteriormente para Pyongyang para libertar norte-americanos detidos. Essas visitas podiam ser anunciadas na mídia norte-coreana como sinal de pessoas importantes indo prestar homenagem e bajular o todo-poderoso líder.

Mas, no fim de 2015, um jovem universitário norte-americano fez algo que poderia ter lhe conferido uma repreensão da polícia do campus em uma festa de fraternidade nos Estados Unidos. Mas na Coreia do Norte, acabou sendo um erro mortal.

Otto Warmbier tinha acabado de fazer 21 anos. Ele era, no geral, um bom aluno de classe média-alta de Cincinnati, um cara de uma família abastada, alguém que tinha uma predileção por camisetas esquisitas de brechó. Estudava economia na respeitada Universidade de Virgínia e embarcava em uma viagem de intercâmbio para Hong Kong. Já tinha visto um pouco do mundo — foi para Cuba com sua família, Londres para estudar, Israel para explorar sua fé judia — e decidiu que iria para a Coreia do Norte a caminho de Hong Kong.

Inicialmente, os três Warmbier — o pai, Fred, e os filhos, Otto e Austin — iriam para a Coreia do Norte com a Koryo Tours, a empresa de viagens mais bem estabelecida de Beijing que atende turistas estrangeiros. As viagens independentes para a Coreia do Norte não são permitidas, mas os britânicos que administravam a Koryo tinham uma boa reputação.

No fim das contas, apenas Otto viajou. Ele se juntou à Young Pioneer Tours, com pessoas de sua idade e um nome que vem da liga jovem comunista da União Soviética e vende excursões para "destinos que sua mãe não gostaria que você fosse". Eu encontrei esse grupo de excursão durante uma de minhas viagens para Pyongyang. Mais ou menos às 11h da manhã, eu estava caminhando pela área do café de um parque aquático quando os vi pedindo cervejas. O líder da excursão flertava muito com uma mulher norte-coreana. Eu lembro de pensar na hora que essa era a receita para um desastre.

Naquele dia 29 de dezembro, Otto voou de Beijing para Pyongyang em uma Excursão de Ano Novo de cinco dias e quatro noites. Ele fez fotos com seus colegas de excursão em frente às estátuas de bronze de 21m de altura de Kim Il Sung e Kim Jong Un no centro da cidade enquanto os moradores locais caminhavam penosamente pela neve para prestar suas homenagens obrigatórias. Foi às apresentações musicais estranhas que as crianças norte-coreanas fazem para turistas. Com um grande sorriso no rosto, jogou bolas de neve com algumas crianças locais em um estacionamento congelante.

Na véspera de Ano Novo, o grupo foi até a zona desmilitarizada que separa as duas Coreias, outra parada comum no itinerário. Quando voltaram para Pyongyang, saíram para jantar, beberam algumas cervejas e foram até a Praça Kim Il Sung para ver uma grande exibição de fogos. O grupo continuou bebendo, como os jovens costumam fazer nessa época.

Já passara da meia-noite quando as coisas começaram a dar errado para Otto Warmbier. Podemos nunca saber o que aconteceu entre meia-noite e quatro horas da manhã, quando o colega de quarto de Otto, Briton Danny Gratton, voltou para o quarto e o encontrou dormindo em sua cama.

O regime de Kim Jong Un diz que, no início da madrugada, Otto foi a um andar reservado apenas para funcionários do hotel e supostamente retirou um grande cartaz de propaganda que dizia: "Vamos nos armar fortemente com o patriotismo de Kim Jong Il!" O regime chamou isso de "ato hostil" contra o estado e parou Otto no aeroporto de Pyongyang no dia 2 de janeiro enquanto ele embarcava para sair do país.

Mas foi apenas três semanas mais tarde — depois de um teste nuclear e um lançamento de míssil de longo alcance — que o regime anunciou que estava com Otto. E ele só foi visto no final de fevereiro. O jovem aflito foi levado diante de câmeras em Pyongyang para transmitir uma confissão bizarra que certamente fora escrita para ele.

Ele disse que sua família não tinha muito dinheiro — o que é mentira — e que um membro de sua igreja Metodista em Ohio — ele é judeu — pediu que roubasse o cartaz como um "troféu" em troca de US$10 mil. Disse também que a Agência de Inteligência Central e um grupo secreto de alunos da Universidade de Virgínia chamado Z Society estava por trás da ação.

Otto parecia extremamente abalado e, depois de dizer que cometera "o pior erro de sua vida", fez uma reverência profunda e desajeitada para se desculpar.

Kim Jong Un sabia o que estava acontecendo com Otto? Provavelmente não no início. Os oficiais do regime não pedem sua permissão para defender a honra do líder. Mas em algum momento depois da prisão de Otto, Kim deve ser sido informado sobre o novo refém — um norte-americano branco, um fato importante, pois a Coreia do Norte faz uma distinção entre norte-americanos brancos e coreanos-americanos. Kim Jong Un sabia que esse jovem poderia ser uma moeda de barganha crucial durante o início de um ano eleitoral nos Estados Unidos.

Duas semanas depois dessa primeira exibição bizarra, Otto apareceu novamente diante das câmeras. Em 16 de março, ele foi levado, algemado, até um tribunal para um julgamento "show" de uma hora. No fim, foi sentenciado a quinze anos de prisão com trabalho braçal. Era uma perspectiva inimaginável para um homem de 21 anos que já tinha passado dez semanas sozinho em uma prisão norte-coreana.

No dia seguinte, o regime exibiu um vídeo granulado de uma câmera de segurança com marcação de hora: 1h57 do dia de Ano Novo. Ela mostra uma pessoa alta — o rosto não é reconhecível — caminhando até um corredor e tirando um cartaz da parede. A pessoa o coloca em sua frente no chão, e o vídeo é cortado. É impossível dizer se é Otto, e tudo no vídeo é estranho: o jeito que a pessoa caminha diretamente para o cartaz sem olhar para os lados para ver se tem alguém por perto, o modo como o coloca diretamente no chão, o fato de que as luzes estão acesas em um país com escassez de energia. Eu nunca estive em um prédio em que as luzes estivessem desnecessariamente acesas. Na verdade, estive em muitos prédios na Coreia do Norte em que elas deveriam estar acesas, mas não estavam.

Quando o regime norte-coreano liberou o vídeo, Otto já tinha sofrido a lesão que levaria à sua morte, pois algo aconteceu ao estudante na noite de sua sentença. Os norte-coreanos dizem que ele contraiu botulismo depois de comer espinafre e carne de porco e teve uma reação adversa a algum remédio que lhe fora dado. Alguns observadores acham que o jovem, em sua angústia, tentara se suicidar na cela e foi descoberto tarde demais. É improvável que saibamos exatamente o que aconteceu a Otto naquela noite.

Mas temos certeza que ele entrou em coma. Foi levado ao Hospital da Amizade, onde Kenneth Bae também fora tratado. Apesar de toda a depravação e provocações, o regime norte-coreano não quer sangue norte-americano em suas mãos. Antes, com detidos idosos ou doentes como Bae, eles os libertavam ou tratavam no hospital. Um prisioneiro morto é inútil como moeda de barganha.

Mas, neste caso, os serviços de segurança pareceram entrar em pânico e tentaram cobrir seus rastros. Em vez de informar as autoridades pertinentes sobre a condição de Otto e permitir que voltasse para casa a fim de obter tratamento médico, eles o esconderam. Talvez achassem que fosse se recuperar. Ou talvez tenham percebido tarde demais que não iria.

Quando cheguei no Hotel Yanggakdo seis semanas depois de sua sentença, exigi imediatamente uma entrevista com Otto. Achei que isso seria possível, dado que os detidos anteriores foram apresentados para jornalistas visitantes. Também perguntei se podia ver o andar em que ele supostamente roubou o cartaz. Não consegui nenhum dos dois.

As semanas se transformaram em meses, e ainda não havia sinal de Otto Warmbier. Os oficiais do ministério de relações exteriores da Coreia do Norte pararam de responder os diplomatas suecos em Pyongyang, que representavam os Estados Unidos na ausência de relações diplomáticas.

Um intermediário me contou que os norte-coreanos declararam que Otto e outros três homens presos, coreano-americanos com conexões missionárias, eram prisioneiros de guerra. Mas ele também me disse que os diplomatas norte--coreanos pareciam não saber de nada do que estava acontecendo.

Com a aproximação das eleições presidenciais dos EUA, havia especulação de que os reféns estavam sendo mantidos como garantia até depois da votação. Talvez fossem libertados para a próxima administração como forma de envergonhar o Presidente Obama, assim como os alunos iranianos humilharam Jimmy Carter libertando os reféns da embaixada norte-americana horas depois da posse de Ronald Reagan em 1981.

Mas a eleição chegou e passou. Donald Trump foi empossado como o novo presidente dos Estados Unidos, e ainda assim não havia nem sinal dos reféns. As coisas não mudaram até o início de maio de 2017, mais ou menos dezesseis meses depois da detenção de Otto.

Madame Choe, a oficial do ministério de relações exteriores, estava viajando para a Noruega a fim de conversar com ex-oficiais norte-americanos, um tipo de encontro nada irregular no qual os norte-coreanos perguntam sobre a política dos EUA e os norte-americanos os encorajam a ter um comportamento melhor.

Joseph Yun, o principal homem do Departamento de Estado dos EUA na Coreia do Norte, obteve permissão para viajar com objetivo de participar de conversas em Oslo especificamente para perguntar sobre a libertação dos quatro norte-americanos. Durante as conversas, em um hotel que ficava em frente a um fiorde, Yun convenceu Choe a permitir o acesso consular aos quatro homens, que não eram vistos há meses, como gesto de boa vontade.

Choe voltou a Pyongyang e relatou aos serviços de segurança o acordo que fizera. Só então descobriu que havia um grande problema. Eles lhe contaram que Warmbier estava em coma e estava assim há quinze dos dezessete meses em que esteve detido.

Ela compreendeu a gravidade do problema imediatamente. Alertou um diplomata norte-coreano nas Nações Unidas, que deu a notícia a Yun. Isso levou a um esforço frenético para o traslado médico do jovem. Sob o comando do Presidente Trump, Yun se preparou para viajar para a Coreia do Norte com um médico norte-americano.

Os norte-coreanos queriam uma isca para distrair a mídia. Claramente perceberam o quanto isso seria sério. As relações entre os dois países chegaram a seu ponto mais baixo. Havia uma forte preocupação em Washington e em Seul de que a guerra de palavras poderia escalar para um conflito militar.

E, com tudo isso, vem Dennis Rodman.

O campeão da NBA se tornara estranhamente relevante desde sua última viagem ébria à Coreia do Norte. Nos meses que se passaram, o ex-apresentador do *Celebrity Apprentice* se tornara presidente dos Estados Unidos; Dennis Rodman apareceu duas vezes no programa. Isso o tornou a única pessoa do mundo que conhecia Trump e Kim.

Dessa vez, a aparência de Rodman estava mais bizarra do que nunca. Ele chegou em Pyongyang usando uma camiseta da criptomoeda de maconha Pot-Coin, sua patrocinadora mais recente. Houve especulação de que estava indo para a Coreia do Norte como convidado presidencial. Até levou uma cópia do livro *A Arte da Negociação*, de Trump, com ele.

Rodman fora convidado à Coreia do Norte exatamente na mesma época em que a equipe diplomática norte-americana estava indo resgatar Warmbier. O jogador tentou retornar a Pyongyang naquele verão, mas os norte-coreanos adiaram a viagem algumas semanas para que ela coincidisse com a da secreta delegação norte-americana. Parece que os norte-coreanos queriam Rodman para encenar uma distração sem seu conhecimento.

Com Rodman fazendo o show secundário, Yun e o médico entraram em horas de reuniões e, por fim, no hospital em que Warmbier estava detido. Ele tinha um tubo de alimentação no nariz e não estava respondendo. Depois de algumas discussões e de passar pela burocracia para reduzir sua sentença ao lado

198   O GRANDE SUCESSOR

de sua cama, o médico preparou Otto para a longa viagem para casa. Antes de liberarem Otto, os norte-coreanos apresentaram a Yun uma conta pelo tratamento médico de Warmbier. Eram US$2 milhões.

O regime de Kim Jong Un — tendo tomado como refém um jovem saudável por causa de uma pequena infração e o deixado com morte cerebral, e então ficado com ele por mais de um ano, negando um tratamento médico adequado — agora tinha a audácia de esperar um pagamento por seu "cuidado".

Yun ligou para o então secretário de estado, Rex Tillerson, do telefone do hotel. Tillerson ligou para Trump. Eles instruíram Yun a assinar um papel concordando que ele pagaria os US$2 milhões. A primeira prioridade era levar o jovem para casa.

Otto Warmbier morreu seis dias depois em um hospital em Cincinnati, não muito longe do bairro frondoso em que cresceu. A conta de hospital de US$2 milhões foi para o Departamento do Tesouro dos EUA. E lá ficou — sem ser paga.

CAPÍTULO 13

O IRMÃO INDESEJADO

"Kim Jong Un ainda é apenas um personagem nominal e os membros da poderosa elite é que realmente estarão no poder. A sucessão dinástica é uma piada para o resto do mundo."

— Kim Jong Nam, 2012

OS AUTOCRATAS SÃO PARANOICOS POR NATUREZA. MAS NINGUÉM deixa um autocrata mais paranoico que um irmão. Afinal de contas, o irmão tem as mesmas experiências e o mesmo sangue; ele é, por definição, um líder na fila de espera.

Desde que Rômulo matou Remo para fundar Roma, desde que Caim matou Abel em um surto de ciúmes, e desde que Cláudio matou o Rei Hamlet, irmãos estão sempre com a corda no pescoço. Os otomanos legalizaram o fratricídio: Maomé, o Conquistador, aprovou uma lei permitindo que qualquer um de seus filhos que subisse ao trono "matasse seus irmãos pelo benefício do povo", um jeito de eliminar as lutas pelo poder. O método recomendado era que eles fossem estrangulados com cordas de seda por homens surdos e mudos.[1]

Kim Jong Un, já tendo matado cruelmente seu tio, decidiu aceitar o conselho do Conquistador e se livrar de seu meio-irmão mais velho, Kim Jong Nam.

Seu pai sentiu a mesma coisa por seu próprio meio-irmão. Quando estava sendo preparado para suceder o pai, Kim Jong Il se sentiu ameaçado por seu meio-irmão mais novo, Kim Phyong Il, que diziam ter influência nas forças armadas.

No final da década de 1970, enquanto era preparado para suceder ao pai, Kim Jong Il fez com que seu meio-irmão fosse enviado no que se transformaria em uma missão diplomática de mais de quatro décadas. Kim Phyong Il foi embaixador em vários países da Europa Ocidental — Iugoslávia, Hungria, Bulgária, Polônia e agora a República Tcheca. E permanece em Praga até hoje.

Kim Jong Nam, o primeiro filho em uma cultura que preza os primogênitos, era uma grande ameaça ao Grande Sucessor. Não importava ele estar fora da Coreia do Norte em um tipo de exílio há mais ou menos quinze anos. Kim Jong Un claramente não queria que o Primogênito, um homem que também tinha o sangue místico de Paektu correndo em suas veias, fizesse parte da história do país.

Em 13 de fevereiro de 2017, pouco antes das 9h, Kim Jong Nam se tornou alvo de um assassinato público muito audacioso.

Ele estava no Aeroporto Internacional de Kuala Lumpur para companhias aéreas de baixo custo, um mar agitado de gente e malas muito cheias. Estava fazendo seu check-in em um voo para Macau, sua base principal nos últimos quinze anos mais ou menos, na AirAsia, a EasyJet da região. Ele não tinha bagagem, apenas uma mochila, e nem acompanhantes. Para um homem com uma reputação de playboy internacional esbanjador, o homem de 45 anos quase careca parecia decididamente comum.

Enquanto estava em pé no quiosque, uma jovem indonésia se aproximou dele por trás, esticando os braços para tapar seus olhos, e então desceu as mãos sobre sua boca. Ao correr para lavar as mãos, outra mulher, esta uma vietnamita vestindo uma camiseta com uma estampa escrito LOL, apareceu e repetiu a ação antes de correr para o banheiro e, depois, para fora do aeroporto.

Elas esfregaram nele duas substâncias químicas que, quando combinadas, formavam o mortal agente neurotóxico VX, uma arma química banida internacionalmente. Kim pediu ajuda aos funcionários do aeroporto e foi acompanhado à clínica médica do aeroporto. Lá, jogou-se na cadeira com sua barriga à mostra e defecou nas calças.

As substâncias químicas se infiltraram por suas membranas mucosas. Fizeram com que seus músculos se contraíssem continuamente, começando com seu coração e pulmões. Ele morreu na ambulância a caminho do hospital, apenas quinze minutos depois de ser atacado.

Em um dos muitos mistérios que cercam sua morte, descobriu-se que Kim Jong Nam carregava doze frascos de antídoto para venenos — incluindo o VX — quando foi morto.[2] Nunca saberemos por que ele não usou nenhum.

Em vez disso, sofreu uma morte extremamente dolorosa, e tudo aconteceu completamente à vista das câmeras de segurança do aeroporto.

Inicialmente, não acreditei que o regime norte-coreano estava por trás da ação. A Coreia do Norte já havia assassinado pessoas, mas nunca de forma tão descarada e nunca usando estrangeiros. Também achei estranho que as mulheres, Siti Aisyah e Doan Thi Huong, que rapidamente foram capturadas e acusadas de assassinato, tenham sobrevivido para contar a história.

Elas disseram que foram enganadas para realizar o assassinato, informadas de que apareceriam em um programa de pegadinhas na TV e receberiam US$100 pelo trabalho. Acabaram sujeitas à pena de morte.

Mas eu estava pensando na velha Coreia do Norte. Esta, a de Kim Jong Un, enviava deliberadamente uma mensagem pública desafiadora aos desertores: onde quer que você esteja, podemos pegá-lo — e vai doer.

Ele também estava desafiando o resto do mundo. Mandou matar sangue do seu sangue com uma arma química em um local público lotado. E daí? A condenação verbal era rápida, mas tinha pouco efeito real em Pyongyang.

A administração Trump, há pouco mais de um mês no poder quando o ataque ocorreu, estava prestes a permitir que diplomatas norte-coreanos viajassem para Nova York a fim de ter a primeira conversa direta em anos. Os planos foram cancelados quando a administração culpou o regime Kim pelo ataque. Há poucos agentes com acesso a esse tipo de arma química, e menos ainda com motivação para usá-la. Mas, tirando o cancelamento da reunião e a emissão de mais algumas sanções, não havia nada que os Estados Unidos pudessem fazer.

Os agentes norte-coreanos responsáveis pela operação foram imediatamente para a Malásia, pegando uma rota cheia de conexões — Jacarta, Dubai, Vladivostok, Pyongyang — para evitar passar pela China. Eles sabiam que o governo de Beijing, que protegera Kim Jong Nam e acreditava-se estar mantendo ele na reserva caso precisassem colocar um novo líder no país vizinho, estaria furioso.

O embaixador norte-coreano foi expulso de Kuala Lumpur, sua desonra estampada em fotos dele partindo em um voo de classe econômica no assento do meio. Mas os esforços para responsabilizar outros norte-coreanos fracassaram depois que eles fizeram diplomatas malaios e suas famílias como reféns em Pyongyang.

Logo os países voltaram aos negócios de sempre. Mahathir Mohamed, um homem que há muito tempo adotou uma abordagem leve com a Coreia do Norte, foi eleito primeiro-ministro e não mostrou interesse algum em analisar o caso. Vários estados matam, disse em uma conferência em Tóquio. Veja Israel e a Palestina. Qual é o problema?

Kim Jong Nam nasceu em Pyongyang no dia 10 de maio de 1971, consequência do relacionamento de seu pai com a atriz muito famosa e muito casada, Song Hye Rim. Kim Jong Il fez a atriz se divorciar de seu marido, mas ainda manteve seu relacionamento escondido de seu pai.

Na Coreia do Norte, não era certo ter um filho fora do casamento com uma mulher mais velha e divorciada que vinha de uma família sulista aristocrática, especialmente se você tivesse planos de assumir uma revolução socialista. O menino nunca conheceu seu avô.[3]

Apesar do segredo, Kim Jong Il era apaixonado por seu filho durante os dez primeiros anos mais ou menos — até que Kim Jong Un e seus irmãos chegaram.

"Palavras não conseguem descrever o quanto Jong Il amava seu filho", escreveu a irmã de Song Hye Rim em suas memórias da vida dentro da corte real.[4] "O jovem príncipe ninava seu filho inquieto até que ele voltasse a dormir, carregava-o no colo até parar de chorar e balbuciava para o bebê do mesmo jeito que muitas mães fazem para acalmar um bebê chorão."

A criança tinha tudo o que poderia querer — tudo exceto amigos e liberdade. Ele vivia em complexos murados em Pyongyang, era criado por sua avó materna, sua tia e um séquito enorme de empregados domésticos, incluindo dois homens — um que era técnico de cinema e outro, pintor — que deveriam ser seus amigos. Ele os chamava de "palhaços". Aparentemente foram designados a ele assim como o chef de sushi fora para Kim Jong Un.

Sua mãe estava quase sempre ausente. Ela ficou deprimida e ansiosa depois de desistir de sua brilhante carreira de atriz apenas para ser tratada como um segredo vergonhoso. Sua perturbação mental foi tanta que depois de ir para Moscou para obter tratamento médico, quando Kim Jong Nam tinha 3 anos, nunca voltou realmente.

Kim Jong Nam ficou no complexo com sua avó e os empregados. O menino "estava sendo criado de forma anormal, totalmente isolado do mundo fora da cerca, sem amigos, e sem conhecer a alegria de brincar com eles", escreveu sua tia.[5]

Quando atingiu a idade escolar, sua tia se mudou para a casa para ser como uma tutora da era vitoriana, ensinando coreano, russo, matemática e história a ele. Levou seus dois próprios filhos para lá: um menino que era dez anos mais velho que Jong Nam e uma menina cinco anos mais velha. Eles não conseguiam acreditar na diferença dali com sua vida na Pyongyang comum.

O menino mais velho logo partiu para a universidade, deixando apenas Jong Nam e a menina, cujo nome era Nam Ok. Juntos, eles tiveram uma infância muito solitária, proibidos por Kim Jong Il de sair do complexo.

Também tinham um número ridículo de brinquedos. Os dois, que eram basicamente irmãos, podiam assistir a filmes, atirar com armas e andar por aí com carrinhos de golfe. Eles viviam em um estranho universo paralelo.[6]

Mais de uma década antes de Kim Jong Un ter sua oitava ostentosa festa de aniversário, Kim Jong Nam teve uma própria similarmente extravagante. Lá foi presenteado com um uniforme militar feito sob medida em tamanho infantil, que carregava a patente de marechal. Ele se gabava para soldados reais que o seu uniforme era melhor que o deles.

O menino logo era chamado de Camarada General — o nome que seu meio-irmão mais novo receberia mais de uma década depois quando estava na ascendência e Jong Nam perdia a preferência. O aniversário do Primogênito seria celebrado com uma exibição ostentosa de fogos de artifício e as palavras "Feliz Aniversário, Camarada General" escritas no céu com pólvora.

Para outros aniversários entre os 6 e os 12 anos, Kim Jong Il enviara uma equipe de compradores de presentes para o exterior a fim de comprar presentes para seu filho mais velho. Eles foram para o Japão, Hong Kong, Cingapura, Alemanha e Áustria, gastando mais de US$1 milhão por ano em presentes para

204 O GRANDE SUCESSOR

o principezinho. Ele teve todos os jogos eletrônicos que uma criança poderia querer e uma arma de brinquedo folhada a ouro.[7]

Sua avó se preocupava com as "circunstâncias infelizes" do nascimento do menino. Então, quando ele se aproximava dos 9 anos, ela levantou a possibilidade de todos irem para Moscou, aparentemente para que o menino pudesse visitar a mãe. Mas ela queria fazer as preparações para que todos se mudassem para lá, assim o menino poderia ter uma vida relativamente normal.

E lá se foram no outono de 1978: avó, irmã/prima e o jovem Camarada General. Leonid Brezhvev era o líder da União Soviética, mas o período era de profundo mal-estar econômico, às vezes chamado de Era da Estagnação.

Também foi um período difícil para Jong Nam. O menino, desacostumado com pessoas, não gostou da vida nos últimos dias da União Soviética. Um dia, na escola, ele se recusou a usar o banheiro porque estava muito sujo e acabou fazendo xixi nas calças, que congelaram enquanto ele andava para casa na temperatura negativa.

Os Kims voltaram para Pyongyang.

Com o nascer de 1980, a avó de Jong Nam criou um plano B. Durante um banquete de Ano Novo tão elaborado que os funcionários se perguntaram se a mesa não cederia sob o peso de toda a comida, ela levantou a possibilidade de enviar as crianças para a Suíça. Disse que a neutralidade e a discrição do país forneceriam um nível de proteção, além dos banheiros com certeza serem mais limpos.

A irmã e o cunhado de Kim Jong Il ficaram entusiasmados com a ideia, então ele entrou em contato com um oficial do ministério de relações exteriores que falava francês chamado Ri Su Yong. Ele apresentou Jong Nam, com 8 anos, como seu filho — pela primeira vez na vida — e disse ao diplomata para ir imediatamente a Genebra a fim de verificar a Escola Internacional de Genebra, uma instituição privada que ensina em inglês e francês. Ex-alunos notáveis incluem o ator de Hollywood Michael Douglas e a ex-primeira ministra da Índia, Indira Gandhi, bem como vários membros da realeza da Tailândia.

O Tio Jang também foi junto. Declararam a escola adequada quando retornaram. Então o Plano B foi colocado em ação.[8]

A família incomum se mudou para um casarão enorme, completo com piscina e sauna, nas margens do Lago Léman. Essa casa custou US$2 milhões à

Coreia do Norte. Kim Jong Il deu ao grupo US$200 mil para gastar inicialmente, e dali em diante, teriam que se virar com US$50 mil por mês.[9]

Ri foi nomeado o número dois na missão, e Jong Nam e sua irmã/prima foram registrados como seus filhos, Ri Han e Ri Ma Hy, ou Henry e Marie. Eles estudaram do lado francês da escola, principalmente para tentar manter os sul-coreanos que se amontoavam do lado inglês afastados.

Como um prenúncio das experiências que Kim Jong Un teria mais tarde em Bern, Kim Jong Nam teve dificuldades para interagir com outras crianças. Isso em parte por sua inaptidão para falar o idioma, mas também porque ele odiava outras crianças. "Estava acostumado com adultos que o elogiavam dizendo: 'Camarada general, era isso? Camarada general, era aquilo? Sim, senhor. Sim, senhor'", escreveu sua tia. Ele não queria brincar com outros alunos. No intervalo, ficava dentro da sala e fazia desenhos dos "bastardos norte-americanos", como os que vira em seu país.

Mas os guardiões de Jong Nam estavam sempre com medo de que algo pudesse acontecer com ele. Colocaram sua irmã/prima na mesma turma que ele, mesmo ela sendo cinco anos mais velha. Alugaram um apartamento no 5º andar em frente à escola para que pudessem vigiá-la, e pessoas o seguiam em excursões escolares.

Ficaram apenas uns dois anos em Genebra antes de Ri Su Yong, que era chamado de Ri Chol na época de sua carreira na Suíça, achar que era perigoso demais para as crianças. Então o grupo voltou a Moscou, onde ambos frequentaram uma escola francesa para que não perdessem a língua adquirida em Genebra.

Enquanto isso, o diplomata Ri notou que os ventos reais estavam mudando, e, com destreza, mudou sua afiliação para a parte da família de Kim Jong Un. Foi nomeado embaixador na Suíça e se mudou para Bern, onde permaneceu durante todos os anos escolares de Kim Jong Un. Foi uma decisão que valeu a pena. Ele prosperou sob Kim Jong Un, tornando-se seu ministro de relações exteriores em 2014 e depois sendo promovido para posições ainda melhores no Partido dos Trabalhadores.

A família secreta ficou em Moscou por mais alguns anos. Depois retornaram a Genebra para que Nam Ok pudesse frequentar a universidade e Jong Nam finalizasse seu ensino médio. Nessa época, Jong Nam simplesmente se chamava de Lee — uma variação de seu sobrenome adotado, Ri — e dizia ser filho do embaixador norte-coreano. Ninguém prestava muita atenção nele. Como Kim Jong Un experienciaria na escola particular em Bern, naquele caldeirão de pirralhos de diplomatas, todos eram de outro lugar, e todos falavam diversas línguas. Além disso, as crianças europeias não sabiam a diferença entre a Coreia do Norte e a do Sul.

Kim Jong Nam se juntou aos adolescentes de alta classe que enchiam as danceterias. Eles incluíam árabes ricos, herdeiros do hotel Hilton e os filhos de Charles Aznavour, o "Frank Sinatra francês".

Anthony Sahakian, um empresário suíço que estudou com Jong Nam, disse que ele nunca lidou bem com autoridade. "Ele não foi feito para seguir regras. Não estou dizendo que ele era um anarquista, mas ele matava muitas aulas e já dirigia antes de ter permissão legal para fazê-lo."

"Lee" se destacou em algumas coisas. Ele não só dirigia por Genebra; ele dirigia uma Mercedes 600, o enorme sedã favorito entre os ditadores. "Na época, tudo o que queríamos era dirigir, então ficamos com muita inveja. Matávamos aula para ir para algum lugar tomar um café durante o dia", contou-me Sahakian.

Era uma vida de paranoia e privilégio, segredo e subterfúgio. Mas Lee conseguiu aproveitar sua adolescência na Europa, indo esquiar com seus amigos, comprando bebidas alcoólicas com identidade falsa e dirigindo alegremente sua Mercedes.

Mas tudo acabou em 1989, quando Jong Nam tinha 18 anos. Ele voltou para Pyongyang e uma vida que não podia ser mais diferente de sua juventude independente na Europa. Jong Nam conversara com seus colegas em Genebra sobre a "vida no palácio" ser opressiva. "Ele tinha tudo o que poderia desejar, mas estava com uma depressão profunda lá", contou-me outro antigo colega de escola.

Para piorar muito as coisas, ele descobriu que a afeição que seu pai um dia demonstrara em relação a ele estava direcionada agora a uma nova família que incluía dois meninos chamados Jong Chol e Jong Un. O mais novo tinha 5 anos nessa época.

Agora seu pai mal ficava no complexo onde a parte da família de Jong Nam vivia. Seu lar pulsava com rivalidade.

Estavam convencidos de que a outra mulher, a mãe de Kim Jong Un, era uma bruxa manipuladora que envenenava Kim Jong Il contra eles. Conversaram sobre a possibilidade da outra mulher ser gorda — coisa improvável, já que fora dançarina — e a ridicularizavam como "meio japa". Apelidaram-na de Pangchiko, uma mistura pejorativa das palavras para "nariz de batata" e pachinko, um negócio de apostas do Japão que foi dominado pelos coreanos.[10]

No início da década de 1990, ficou claro para Nam Ok — como foi para o chef de sushi japonês — que Kim Jong Un, o filho mais novo, era o favorito de Kim Jong Il.

Rejeitado pelo pai, confinado no complexo e incapaz de imaginar que tipo de vida teria, o Primogênito se tornou insuportável, diria mais tarde sua irmã/prima Nam Ok. Ele começou a escapulir do complexo à noite para beber e pegar mulheres. E piorou ainda mais as coisas se mostrando publicamente. Dessa forma, ele desafiava as regras de seu pai, abrindo uma janela para a vida privada do Querido Líder.

"Quanto mais tempo [Kim Jong Il] passava com a outra família, mais as coisas ficavam difíceis com o meu irmão", disse Nam Ok em uma biografia que nunca foi publicada. "Era mais fácil para Papai ficar com a outra família."

Jong Nam e Nam Ok viviam no luxo em comparação ao resto da Coreia do Norte, que estava entrando na era da fome, mas sentiam-se em uma "prisão de alta classe" e que seriam prisioneiros para sempre. Então, quando Kim Jong Il ofereceu um acordo para seu filho mais velho — se ele se casasse e tivesse um filho, poderia sair da Coreia do Norte — Kim Jong Nam aceitou com prazer.

Kim Jong Nam se casou em 1995 e teve um filho, Han Sol, e depois uma filha, Sol Hui. A família se mudou para Macau e ocupava dois casarões em uma comunidade fechada exclusiva.

Depois ele se envolveu com outra mulher norte-coreana e teve três filhos com ela. Eles foram instalados em outra comunidade fechada exclusiva, essa em Beijing.

Em 2011, ele teve outro filho com uma terceira mulher, disseram seus associados. Tal pai, tal filho.

* * *

Mesmo depois da vergonha de ser apanhado no Aeroporto em Tóquio e deportado do Japão em 2011 completamente às vistas das câmeras de segurança, ou talvez por causa dela, Kim Jong Nam se tornou um objeto de fascínio. Era o único membro da família real norte-coreana que estava passeando pelo mundo e era reconhecível.

A imprensa sul-coreana estava cheia de especialistas, desertores e oficiais do governo que falaram com ilusória certeza sobre o papel de Kim Jong Nam no regime. Ele era um oficial militar de alta patente. Ou um oficial do Partido dos Trabalhadores. Ou chefe do Centro de Computadores da Coreia em Pyongyang que custa meio bilhão de dólares, a sede de hackeamento.

Houve relatos de que os irmãos mais novos se juntaram para despachar seu rival, organizando uma conspiração para assassinar Kim Jong Nam quando estivesse visitando a Áustria no fim de 2002. Dois anos mais tarde, houve rumores de outra tentativa de assassinato, dessa vez na China. Depois outra e mais uma.

Depois de sua morte, o chefe do serviço de inteligência da Coreia do Sul contou aos legisladores que Kim Jong Nam entrara em contato com seu irmão mais novo, implorando para ser poupado. "Não temos para onde ir ou onde nos esconder. O único modo de escapar é o suicídio", dizem que ele escreveu.[11]

Afirma-se que Kim Jong Nam e sua tia, a irmã de Kim Jong Il, conversavam bêbados ao telefone por horas lamentando o estado do país. Outros especialistas dizem que Kim Jong Il enviou seu filho mais velho para o mundo para testar suas habilidades. No fim de 2007, houve relatos de que ele havia retornado a Pyongyang e estava trabalhando no Departamento de Organização e Orientação do Partido dos Trabalhadores.

Boa parte da vida de Kim Jong Nam continua envolta em mistério. O que se sabe é que ele viveu nas sombras em meio a apostadores, gangsteres e espiões. Pareceu manter algumas conexões com o regime ao mesmo tempo em que vivia fora dele.

Kim Jong Nam utilizou vários codinomes, incluindo Kim Chol, e teve diversos passaportes, sendo dois deles norte-coreanos e um português. Um ex-contato comercial disse que ele também tinha um passaporte chinês. Assim como coreano, ele falava chinês e se virava no japonês, inglês, francês e russo.

O IRMÃO INDESEJADO   209

Mas durante esses anos, Kim Jong Nam usou suas habilidades únicas em vantagem própria — de formas perigosas que teriam irado o regime em casa e contribuído para sua morte.

Kim Jong Nam se tornou um informante da CIA, uma agência com um histórico de tentar derrubar ditadores dos quais não gostava. Seu irmão teria considerado falar com espiões norte-americanos um ato de traição. Mas Kim Jong Nam forneceu informações a eles, geralmente encontrando seus contatos em Cingapura ou na Malásia.[12]

Depois dessa última viagem desastrosa, as gravações da câmera de segurança o mostram em um elevador de hotel com um homem de aparência asiática que foi considerado um agente de inteligência norte-americano. A mochila de Kim Jong Nam do aeroporto continha US$120 mil em dinheiro.

Podia ser um pagamento por suas atividades relacionadas com a inteligência. Ou poderiam ser lucros de seus negócios de cassino.

Por pelo menos uma década antes de sua morte, Kim Jong Nam administrava sites de apostas por todo o sudeste asiático, incluindo a Malásia, de acordo com um ex-parceiro de negócios que virou seu amigo e começou a trabalhar com ele em 2007.

Conversei com o parceiro de negócios pela primeira vez no dia em que Kim Jong Nam morreu. Entramos em contato por meio de um conhecido em comum. Ele estava em um avião, e estava aterrorizado. Choramingava do outro lado da linha de um jeito quase inteligível enquanto conversávamos no Face-Time no Wi-Fi de bordo. Ele me contou sobre questionamentos adicionais nos pontos de imigração e de pessoas estranhas circundando seu escritório.

Eu sei seu nome, nacionalidade e onde mora. Ele me contou alguns detalhes vagos sobre seu trabalho. Como muitas pessoas envolvidas nesse obscuro submundo, ele era extremamente reservado.

Mas não me permitiu usar nenhum desses detalhes, então o chamarei de Mark aqui.

Mark é um especialista em segurança da internet. Um dia, no luxuoso hotel Shangri La em Bangkok, ele foi apresentado a um homem que dizia se chamar Johnny Kim e que precisava de um especialista em TI para ajudá-lo a manter a segurança de seus servidores.

Mark não tinha ideia de quem era o homem ou sequer de onde ele era, mas sabia que era um pouco esquivo. O trabalho que ele fazia "não era legítimo". Ele administrava sites de apostas, vários deles. Cassinos em geral, e cassinos online em particular, são modos bem conhecidos de lavar dinheiro sujo.

Um dia, em 2009, quando estava assistindo à TV, Johnny se virou para Mark e disse: "Eu quero lhe contar quem eu sou. Sou o filho de Kim Jong Il. Meu nome é Kim Jong Nam." Mark não sabia o que responder. Não sabia muito sobre a Coreia do Norte. Eles continuaram trabalhando juntos, como antes, nos vários sites de aposta online que Johnny administrava.

Mark disse que havia dois ciberespecialistas norte-coreanos que trabalhavam muito com Kim Jong Nam. Em Macau, ele tinha relações próximas com dois titãs das apostas: Stanley Ho, o "Rei das Apostas", dono de cerca de vinte cassinos em macau e até um em Pyongyang, e Chan Meng Kam, um ex-legislador que também era dono de cassinos. Kim Jong Nam gostava de passar seu tempo no Lisboa, um dos cassinos de Ho em Macau, ou no cassino de Chan, o Golden Dragon. Mark falou que eles pediam vodca e uísque por garrafa.

"Ele conhecia muitas pessoas influentes", contou-me Mark. "Chineses, ingleses, portugueses, norte-americanos, cingapurianos. Todos em Macau o conheciam."

Macau era o melhor lugar para Kim Jong Nam lavar as notas de cem dólares falsas que a Coreia do Norte produzia em massa no início dos anos 2000, afirmou Mark. Uma vez, Kim Jong Nam até lhe pagou com essas notas falsas, chamadas "superdólares" porque eram muito bem-feitas. O governo dos EUA impôs sanções a um banco de Macau, o Banco Delta Asia, em 2006, acusando-o de ajudar o governo norte-coreano a lavar dinheiro e distribuir notas norte-americanas falsas.

Em Macau, o Primogênito aproveitava sua vida de homem da cidade, indo a clubes masculinos e bebendo muito. Ele tinha namoradas por toda a Ásia. Tinha tatuagens de dragão e carpa enormes no corpo em um estilo comum nas gangues de crime organizado na Ásia. E tinha uma "fascinação" pela máfia japonesa, chamada Yakuza, e pelas tríades chinesas, afirmou Mark.

Durante seu tempo em quase exílio, Kim Jong Nam manteve conexões com o regime. Permaneceu particularmente próximo de seu tio, o reformista econômico Jang Song Thaek, e falava com ele com frequência.

De vez em quando ia para casa. Voou para Pyongyang em 2008, quando seu pai teve um derrame. Também foi para a França a fim de conseguir tratamento médico para seu pai. Kim Jong Nam contou a Mark que, durante essa viagem, ele também conheceu Eric Clapton. Parece que o amor pelo artista é forte em toda a família Kim.

Ele visitou a Coreia do Norte novamente nas semanas depois da morte de seu pai, embora não tenha visto seu meio-irmão mais novo, na época o Líder Supremo, ou ido ao funeral.[13]

"Ele estava um pouco preocupado com o que poderia acontecer a ele" depois que seu irmão assumiu o poder, disse Mark, acrescentando que Kim Jong Nam nunca falou sobre querer um cargo na Coreia do Norte. "Ele estava feliz com a vida que tinha. Estava feliz que seus filhos, esposas e amantes não estavam na Coreia do Norte."

Quando encontrou velhos amigos em Genebra e Viena, disse a eles que estava na cidade a negócios. Falou que era uma consultoria para clientes asiáticos muito ricos que viviam na Europa, como os novos ricos chineses que queriam gastar US$30 mil em vinho ou comprar propriedades na Suíça. "Coisas assim. Nada sórdido", disse Sahakian, seu velho colega da Escola Internacional de Genebra.

Kim Jong Nam gostava de beber vinho e fumar charutos. Era um *bon vivant* que usava relógios caros. Mas Sahakian disse que nunca viu o alcoolista/playboy/apostador famoso por essa reputação.

Seu amigo não se intrometeu, mas tinha uma sensação de que Kim Jong Nam estava realmente trabalhando para viver, que seu irmão tinha cortado sua renda. Em sua última viagem para Genebra, Kim Jong Nam ficou em um Airbnb e não no Four Seasons.

Sahakian me enviou uma selfie que eles tiraram juntos em Genebra. Mostrava dois homens envelhescentes com uma barba espetada, óculos de sol pendurado na gola da camiseta, sorrindo para a câmera em frente a uma barraca de cachorro-quente gourmet chamada Mischa.

Os dois amigos disseram que o Primogênito estava sempre muito preocupado com sua segurança. Ele fazia de tudo para garantir que todas as webcams nos computadores estivessem cobertas e muitas vezes mandava verificar escritórios e casas em caso de grampos, contou Mark.

Ele conhecia caminhos secretos entre os prédios onde não havia câmeras de segurança, possibilitando que se movesse pela cidade sem ser localizado. Quando via japoneses, ele se afastava caso fossem repórteres. Ficava especialmente paranoico em Beijing, afirmou Mark. Usava um velho telefone da Nokia do início dos anos 2000, um celular que não podia ser usado para rastrear sua localização.

Mas, para alguém tão reservado, Kim Jong Nam também era surpreendentemente aberto.

Durante todo o seu exílio, ele manteve uma conta no Facebook com um de seus codinomes, Kim Chol. Postava fotos de si mesmo livremente lá, incluindo uma série inteira de si mesmo na frente de vários cassinos de Macau. "Vivendo Las Vegas na Ásia", era a legenda de uma delas.

Quando a conta do Facebook foi revelada, imediatamente enviei uma mensagem a todos os pouco mais de 180 amigos dele. Foi assim que encontrei Sahakian. Mais tarde eu também descobriria que tinha entrado em contato com o cunhado de Kim Jong Nam.

O Primogênito também falava muito com repórteres. Os jornalistas japoneses esperavam por ele no aeroporto de Beijing e entregavam seus cartões de visita. Em 2004, quando ainda não havia declaração pública da sucessão, Kim Jong Nam mandou um e-mail para alguns deles para dizer que seu pai tinha o "direito absoluto" de escolher quem quisesse.

Com seu pai notavelmente cada vez mais frágil, Kim Jong Nam, que usava um moletom, foi desdenhoso com uma equipe de televisão japonesa que o seguiu em Macau em 2009. "Eu estaria vestido assim se fosse o sucessor?", respondeu.

Mais tarde, depois de seu pai escolher Kim Jong Un, o irmão mais velho abandonado disse que, em princípio, se opunha a uma terceira geração de liderança, mas que desejava o melhor a Kim Jong Un. "Espero que meu irmão faça o que puder para melhorar as vidas dos norte-coreanos", disse, acrescentando que estava feliz em oferecer sua ajuda no exterior.[14]

Depois disso, tornou-se ainda mais crítico, chamando a reforma econômica desastrosa de 2009 de "erro" e dizendo que era hora de a Coreia do Norte "reformar e abrir" como a China.

Sua maior crítica surgiu no início de 2012, apenas um mês depois que seu meio-irmão mais novo se tornou líder do país. "Eu tenho minhas dúvidas sobre se uma pessoa com apenas dois anos de preparação como líder pode governar", escreveu Kim Jong Nam para Yoji Gomi, um repórter japonês que encontrou com o Primogênito em duas ocasiões e trocou mais de 150 e-mails com ele.

Esse tipo de crítica não seria tolerada pelo Grande Sucessor.

* * *

Um ano depois da morte de Kim Jong Nam, encontrei sua irmã/prima, Nam Ok. Havia se passado 15 anos desde que ela escapou das garras de Kim Jong Il, o homem a quem chamava de Papai, fervendo de frustração pelo modo como sua vida foi sacrificada por seu "irmão". Ela não teve uma educação adequada por causa dele. Não conseguiu ir à universidade por causa dele. Foi punida por causa dele, punida porque ele — com 20 e poucos anos — bebia e dormia com todo mundo.

Nam Ok fugiu. Tornou-se francesa, casou-se com um francês que conheceu no Lycée em Moscou e teve dois filhos franceses bonitos e brincalhões.

Ela ainda tem uma vida cheia de privilégios, mas é um tipo de privilégio diferente. Ela e seu marido começaram um negócio de sucesso, em grande parte devido a suas boas conexões políticas. Eles têm um estilo de vida muito confortável. Seus documentos dizem que ela nasceu no Vietnã. Ela diz às pessoas simplesmente que tem origem "coreana".

É extremamente reservada. Não há fotos suas recentes na internet. Ainda há fotos com seu "irmão" da época em que moravam juntos. Ela com um casaco de pele de vison ou um vestido coreano tradicional. Ou ambos em trajes de marinheiros em Wonsan. Ou praticando tiro, na praia ou na piscina na Coreia do Norte.

Essas fotos vêm de uma biografia na qual ela trabalhou com Imogen O'Neil, uma escritora britânica-francesa a quem conheceu pelas antigas conexões do Lycée. O'neil terminou o livro, que seria chamado *The Golden Cage: Life with Kim Jong Il, a daughter's story* ["A Jaula Dourada: A vida com Kim Jong Il, a história de uma filha", em tradução livre]. Mas Nam Ok ficou com medo e o livro nunca foi publicado.

214 O GRANDE SUCESSOR

Eu a procurei até encontrá-la na cidade em que vivia com seu marido e deixei uma carta para ela em sua empresa. Seu marido concordou em me encontrar e tentou explicar por que Nam Ok não podia e nem falaria comigo pessoalmente. Ela tinha que permanecer calada sobre o regime norte-coreano para sua segurança, contou-me seu marido.

Seu irmão verdadeiro fora morto pelo regime, com um tiro na cabeça e um no peito em seu apartamento na periferia de Seul. Ele desertou para a Coreia do Sul e levava uma vida secreta e talvez conturbada, intocado pelo regime. Depois, falido, publicou um livro sobre a corte real. Meses depois estava morto.

Em seguida, o "tio" Jang, o homem que organizou as coisas para que ela fosse estudar na Suíça e fora uma das poucas figuras divertidas quando ela estava isolada em Pyongyang, foi publicamente humilhado e enviado para morte.

E, mais recentemente, seu irmão adotivo acabara de ser morto pelo regime publicamente de uma forma horrenda. Ela não podia se arriscar a falar e sofrer o mesmo destino, disse-me seu marido.

Não acreditei completamente em sua explicação para a reserva de Nam Ok. Havia muitos sinais de que ela ainda tinha conexões com o regime, que ainda se beneficiava por ser norte-coreana.

Eu lutei com minha descoberta de Nam Ok. Poderia ter publicado uma história revelando seu novo nome, endereço e negócios e por que acho que ela ainda está conspirando com o regime, ou, pelo menos, com apoiadores do regime. Seria um furo jornalístico genuíno. Em 25 anos ninguém a encontrara.

Mas, assim como honro os pedidos por anonimato de fugitivos comuns para proteger suas famílias, resolvi preservar o de Nam Ok. Seus filhos não fizeram nada para merecer o tipo de atenção que essa revelação traria a eles, as hordas de repórteres sul-coreanos e japoneses que os seguiriam à universidade ou em suas viagens para esquiar.

Da numerosa e disfuncional família Kim, ela foi a única que conseguiu levar uma vida normal. Eu não quis ser a pessoa que acabaria com isso.

Contudo, a pessoa que obviamente corria mais risco depois da morte de Kim Jong Nam não era sua irmã/prima, mas seu extrovertido filho, o único deles com qualquer tipo de perfil público.

Han Sol, que usa o nome inglês Donald, também foi surpreendentemente crítico para um membro da família real norte-coreana. Embora tenha nascido em Pyongyang, foi criado em Macau, vivendo uma variação da vida de criança expatriada rica que seu pai experimentou. E parecia feliz. Estudou em uma escola particular e fala inglês perfeitamente, com um leve sotaque britânico. Descoloriu seu cabelo, furou a orelha, usa uma cruz pendurada no pescoço e tem uma linda namorada chamada Sonia.

Ele postou fotos no Facebook e comentários em vídeos do YouTube. "Eu sei que meu povo está com fome", escreveu em um comentário em um vídeo do YouTube exibindo norte-coreanos morrendo de fome. "Eu faria qualquer coisa para ajudá-los." Mas ele também revelou em outro post que tinha "relação" com a família no poder. "VIDA LONGA À DPRK", escreveu em outro vídeo, usando a abreviação oficial da Coreia do Norte.[15]

Em 2011, meses antes de seu tio assumir o controle do país, Han Sol se mudou para a Bósnia para frequentar o Colégio do Mundo Unido em Mostar. Viveu em relativo isolamento por alguns meses antes de a mídia sul-coreana encontrá-lo e começar a segui-lo.

Ele deu uma entrevista extraordinária para o ex-ministro de defesa finlandês, um dos fundadores do colégio. Ela foi exibida na televisão finlandesa e mostrava um jovem cosmopolita tentando levar uma vida normal apesar de sua família incomum.

Ele disse que não sabia como seu tio havia se tornado o "ditador" da Coreia do Norte, mas, como seu pai, disse que esperava que as coisas melhorassem. "Eu sempre sonhei que um dia voltaria e tornaria tudo melhor e mais fácil para o povo de lá. Também sonho com a unificação", disse ele. Afirmou também que voltava para a Coreia do Norte todo verão "para manter o contato com a família".

Depois da Bósnia, a próxima parada de Han Sol foi a França, onde se matriculou no campus Sciences Po de Le Havre, a universidade de elite, no outono de 2013. Quando o Tio Jang foi executado no final daquele ano, ele foi colocado sob a proteção da polícia francesa.

Ele tem um motivo para ter medo. É homem e descendente direto da linhagem ficcional de Paektu. Isso lhe dá o mesmo direito inato de Kim Jong Un e poderia fazer dele um rival — pelo menos na cabeça do líder.

Han Sol supostamente estava em Macau quando seu pai foi morto. Enquanto eu estava em Kuala Lumpur e a polícia malasiana insistia em pegar uma amostra de DNA antes de liberar o corpo de Kim Jong Nam, havia intensa especulação de que Han Sol iria até la para fornecê-la. As equipes de televisão se amontoavam em volta de todo homem asiático vigenário com óculos geek chic que saísse do voo AirAsia vindo de Macau.

Mas ele nunca chegou. Ele, sua mãe e sua irmã acabaram embarcando em uma fuga frenética, primeiro para Taiwan, onde perderam trinta horas esperando seus vistos para a viagem seguinte, com a ajuda dos Estados Unidos, da China e da Holanda. Vários interessados supostamente procuraram interferir na evacuação, tentando impedir um jovem com sangue Paektu de escapar para o anonimato e potencialmente continuar a criticar Kim Jong Un — ou pior ainda, tramar contra ele.[16]

Quando estavam todos a salvo, Han Sol lançou outro vídeo extraordinário. "Meu pai foi morto alguns dias atrás. Estou agora com minha mãe e minha irmã", disse, usando um moletom preto e sentado contra um pano de fundo branco que poderia ser em qualquer lugar do mundo. Ele segurou seu passaporte norte-coreano como prova de sua identidade, embora a página de informações estivesse censurada. Mesmo assim, ele não precisava de provas. Era idêntico ao pai.

No vídeo ele agradece a várias pessoas pela segurança de sua família, incluindo o embaixador holandês em Seul. Isso fez surgir especulações de que ele estava na Holanda. Mas havia rumores sobre a França, a China e, inevitavelmente a CIA.

O vídeo tinha o selo da Defesa Civil de Cheollima, um grupo que parecia ter sido criado com o propósito de colocar o vídeo no ar — talvez pelo serviço de inteligência da Coreia do Sul. Seu nome vinha de um cavalo coreano místico, mas usava explicitamente a grafia sul-coreana.

Han Sol terminou o vídeo com as palavras: "Esperamos que isso melhore logo."

Há, no entanto, um homem descendente direto da linhagem Paektu que parece estar a salvo, até mesmo próspero.

Kim Jong Chol, o outro irmão mais velho do líder, parece estar vivendo dentro de muros enclausurados dos complexos reais. Ele é alguém que Kim Jong Un conhece bem e em quem claramente confia. Além disso, o irmão, que fora descrito como "afeminado" e até "de seios grandes" ao longo dos anos, não parece apresentar qualquer tipo de ameaça. Ele só quer tocar guitarra. Então pode viver.

Um dia, em 2015, Thae Yong Ho, na época vice-embaixador em Londres, recebeu uma mensagem criptografada de Pyongyang que lhe dizia para comprar ingressos para o concerto da Turnê de Celebração do Septuagésimo Aniversário de Eric Clapton no Royal Albert Hall.

Não foi informado para quem eram, mas não precisava. Todos sabiam quem era o maior fã de Eric Clapton da Coreia do Norte.

O VIP ficaria em Londres durante quatro dias e três noites, chegando em um voo da companhia Aeroflot de Vladivostok via Moscou.

Thae havia preparado uma suíte de dois quartos em um hotel cinco estrelas — o Chelsea Harbor Hotel, onde a suíte da cobertura custa mais de US$3 mil por noite — para sua "incumbência", que parecia estar bem doente. Ele viajava com um médico, que precisava ficar por perto, e tomava um monte de comprimidos três vezes ao dia, disse Thae, fazendo uma concha com as mãos.

Nervoso, ele também preparou uma lista dos melhores lugares para visitar e, como um bom oficial norte-coreano, aprendeu vários fatos e números sobre cada local. Um visitante não pode ir a lugar algum da Coreia do Norte sem um guia descrevendo quantos tijolos foram usados para construir uma torre ou quando o Grande Líder fez a primeira visita. Então lá estava Thae, transbordando trivialidades sobre a Torre de Londres e a Praça do Parlamento.

Mas tudo o que Kim Jong Chol queria fazer era ver guitarras na Denmark Street, uma fileira de lojas especializadas no Soho em Londres, renomada entre os entusiastas por guitarras.

Lá, nas lojas, Kim Jong Chol experimentou algumas guitarras. Ele estava muito sério e determinado, disse Thae, e surpreendeu os donos das lojas com sua habilidade. Ele tinha calos nas pontas dos dedos da mão esquerda, um sinal de quem tocava muito.

Mas nenhuma das lojas tinha a guitarra específica que Jong Chol queria, então Thae foi enviado para encontrar uma que tivesse. Ele achou outro comerciante especialista em uma cidadezinha a cerca de 40km de Londres, e lá foram eles.

Eles tinham a guitarra e Jong Chol a comprou. Ela custou cerca de £3 mil, ou US$4.500 na época. Thae manteve distância durante a transação. O inglês de Jong Chol era bom o bastante para isso. "Ele era louco por aquela guitarra", recordou Thae.

Então, Jong Chol foi ver Clapton no Royal Albert Hall não uma, mas duas noites seguidas. Fotos o exibem usando uma jaqueta de couro preta e óculos de sol, acompanhado de Thae, outro homem e uma mulher. Ela também estava de rockeira, com uma jaqueta de couro verde e óculos de sol. Não era sua namorada ou esposa, disse Thae. Era uma guitarrista da Moranbong Band.

Apesar da multidão de jornalistas e câmeras que esperavam por ele na segunda noite, o VIP norte-coreano se sentia em casa nos concertos de Clapton, que apresentavam sucessos de toda a carreira de Slowhand [seu apelido], incluindo "Layla", "Tears in Heaven" e "Wonderul Tonight".

"Ele estava se divertindo muito, cantando todas as músicas", disse outro espectador.[17]

Thae disse que Kim Jong Chol parecia dominado pela música, ficava de pé, aplaudia muito e levantava as mãos no ar. Ele comprou camisetas e outros souvenirs. De volta ao hotel, ainda muito feliz, os norte-coreanos esvaziaram seus minibares.

Fora dos concertos, Thae organizou para que seu visitante VIP aproveitasse o melhor de Londres.

"Eu o levei para um restaurante luxuoso no Shard, mas ele não comeu muito", contou-me alguns anos depois, referindo-se à torre referência de Londres. "Então perguntei o que ele queria comer, e ele disse McDonald's. Então fomos até um e ele comeu. Em especial, ele adorava as batatas fritas."

Mas até nos concertos ou comendo batatas fritas, Kim Jong Chol não parecia ficar feliz por muito tempo, falou Thae. "Ele raramente sorria. Também era muito quieto."

Kim Jong Un parecia ter o irmão onde queria, perto o bastante para ficar de olho e ver que ele não alimentava ilusões sobre quem era o herdeiro merecedor do trono de seu pai. Kim Jong Chol não fugia nem envergonhava seu irmão mais novo, e certamente não fazia críticas para os jornalistas.

Exceto por esses concertos do Eric Clapton, ele nunca foi visto em público. Não apareceu ao lado do irmão em desfiles militares, em sessões de orientação em campo ou durante os testes nucleares e lançamentos de mísseis que estavam prestes a se tornar cada vez mais frequentes.

CAPÍTULO 14

A ESPADA PRECIOSA

"Nós continuaremos a melhorar nossa capacidade de autodefesa, cujo pivô são as forças nucleares, e a capacidade de ataques preventivos enquanto os Estados Unidos e suas forças aliadas continuarem a ameaça nuclear e a chantagem."

— Kim Jong Un, 1º de janeiro de 2017

O GRANDE SUCESSOR ESTAVA FELIZ — MUITO FELIZ. AS MÃOS NOS quadris, sorriso largo, aplaudindo a si mesmo, esse tipo de felicidade.

Em setembro de 2017, passados quase seis anos do início do reinado de Kim Jong Un, a Coreia do Norte proclamava que acabara de negociar "uma marretada impiedosa nos imperialistas norte-americanos e suas forças aliadas".

Os cientistas do país haviam construído uma bomba de hidrogênio e tinham acabado de detoná-la sob o Monte Mantap no norte do país. A explosão foi tão grande que satélites de observação da Terra mostraram um pico de 2.200m que encolheu visivelmente logo após a explosão.[1]

Com esse teste, a Coreia do Norte se tornou o mais novo — e muito indesejado — membro do clube da bomba H, que até hoje só tinha incluído oficialmente os Estados Unidos, o Reino Unido, a Rússia, a China e a França.

Agora estamos armados com uma "poderosa espada preciosa para defender a paz", disse Kim aos poderosos norte-coreanos enquanto declarava que nenhum outro teste nuclear seria necessário.[2] Foi seu sinal de que a Coreia do Norte havia alcançado a capacidade tecnológica que almejava. Não precisava mais fazer testes porque tinha aperfeiçoado "a bomba".

Kim Jong Un já era líder de um exército de 1,2 milhão de soldados, tornando-o o quarto maior do mundo. Agora, aos 33 anos, também era o líder com armas nucleares mais jovem do mundo. Ele queria deixar claro que esse era o seu programa. Foi fotografado em lançamentos de mísseis e testes de motores, inspecionando a bomba de hidrogênio com formato de amendoim e assinando a ordem para detoná-la.

Kim jurou desenvolver a economia e o programa nuclear em paralelo, mas na verdade isso foi mais um processo encenado. Embora tivesse tirado as algemas da economia e permitido que os comércios prosperassem, o crescimento econômico experimentado naqueles primeiros anos era mais resultado de uma negligência benéfica, da inatenção, do que qualquer outra coisa.

Pois a atenção de Kim estava no programa nuclear. Para sustentar sua reivindicação de liderar a Coreia do Norte — e para fazer o resto do mundo pensar duas vezes antes de desafiá-lo —, Kim Jong Un investiu todos os recursos de seu estado nos programas nuclear e de mísseis.

Por um tempo, o mundo riu das proezas militares autoproclamadas da Coreia do Norte. O "gênio estrategista" Kim Jong Un era ridicularizado por usar um binóculo de cabeça para baixo logo antes de se tornar líder e depois por navegar em um submarino claramente enferrujado enquanto supostamente comandava a marinha. Quando Kim Jong Un apareceu ao lado do que a Coreia do Norte disse ser uma arma nuclear em miniatura, foi zombado por ela parecer mais uma bola de espelhos. A internet explodiu com memes.

Mas o Grande Sucessor queria provar que não era uma piada. Enquanto se estabelecia em seu novo cargo, queria mostrar um progresso claro. Precisava se sair bem em seu constante refrão de que a Coreia do Norte era um "país forte e próspero" e rapidamente se concentrou no programa de armas nucleares como um modo de fazê-lo.

O primeiro avanço foi burocrático. Em meados de 2012, Kim Jong Un revisou a constituição do país para enaltecer seu pai e celebrar esses avanços nucleares para que tudo ficasse bem claro. Pela primeira vez, a palavra "nuclear" era colocada na constituição. Kim Jong Il havia transformado a Coreia do Norte "em um estado político ideológico invencível, um estado com armas nucleares e um estado militarmente forte impossível de ser derrotado", diz o documento revisado.[3]

Com seu primeiro teste nuclear em fevereiro de 2013 e seus primeiros lançamentos de mísseis, parecia que Kim Jong Un estava se vangloriando sem, provas como seu pai fizera, exaltando as habilidades técnicas de seu estado e usando o programa para propósitos políticos.

O regime norte-coreano gosta de calcular suas provocações para que tenham um máximo impacto, e no mês próximo desse teste nuclear de fevereiro havia três eventos que ele poderia marcar com uma exibição ostentosa dessa bravata norte-coreana: Barack Obama começara seu segundo governo como presidente dos Estados Unidos apenas algumas semanas antes, e o conservador Park Geun-hye logo assumiria como presidente da Coreia do Sul algumas semanas depois. Entre isso havia o aniversário de seu pai, um dia celebrado na Coreia do Norte como o Dia da Estrela Brilhante.

De um ponto de vista técnico, o primeiro teste nuclear de Kim não foi um avanço muito grande dos anteriores. O momento parecia ter sido projetado para mostrar que o jovem ditador estava confiante. Os mísseis lançados em 2013 e 2014 também não eram nada impressionantes, um rá-tá-tá de mísseis de curto alcance que já sabíamos que a Coreia do Norte possuía.

Tudo isso começou a mudar em meados de 2016. Em janeiro desse ano, os propagandistas de Kim Jong Un afirmaram que eles tinham testado uma bomba de hidrogênio. A explosão não teve o efeito de uma bomba H. Então, dias depois, eles divulgaram um vídeo do que disseram ser um míssil balístico sendo lançado de um submarino, algo que podia ser um avanço considerável se fosse verdade.

Acabou que o vídeo tinha sido digitalmente manipulado para que a Coreia do Norte pudesse exagerar muito suas habilidades novamente e parecer que tinha feito mais progresso do que realmente fizera. O resto do mundo riu ainda mais do regime ordinário que não conseguia nem dominar o Photoshop. Como poderiam ser levados a sério como ameaça?

Mas esse foi outro caso do país sinalizando suas intenções. Kim Jong Un não tinha uma bomba H, nem podia lançar mísseis balísticos debaixo d'água, mas queria. E logo conseguiria.

Para marcar o aniversário de Kim Il Sung em 2016, a Coreia do Norte lançou um Musudan, um míssil balístico de alcance intermediário tecnicamente capaz de alcançar todo o Japão e a Coreia do Sul e até mesmo o território norte-americano da Ilha de Guam no meio do Oceano Pacífico. O lançamento foi um fracasso. Uma semana depois, outro míssil balístico lançado por submarino resultou em mais um fracasso. No fim de maio, outro Musudan falhou.

Mas, em junho, outros dois testes mostraram que os norte-coreanos estavam aprendendo com seus erros. Um teste foi bem-sucedido, o outro não. Enquanto o resto do mundo zombava, a Coreia do Norte fazia progresso, e tudo graças ao "Comandante Sempre Vitorioso e Determinado".

"Certamente temos a capacidade para atacar de forma geral e prática os norte-americanos no teatro de operações do Pacífico", disse um exultante Kim Jong Un, que supervisionou o lançamento bem-sucedido. Ele foi retratado sentado em uma mesa, segurando um binóculo e com um mapa à sua frente, enquanto à sua volta havia militares alegres comemorando e erguendo as mãos para os céus.

Os mísseis estavam sendo disparados a partir de lançadores móveis, caminhões convertidos que podiam sair de qualquer hangar ou túnel do país. Não partiam mais de estandes de teste fixos que eram fáceis de monitorar por satélites. Isso deveria ter alertado o resto do mundo de que a Coreia do Norte aumentara as apostas.

Em agosto, as risadas surgidas depois dos lançamentos fracassados do submarino desapareceram. Um míssil balístico liberado de um submarino na costa leste da Coreia do Norte foi diretamente para águas controladas pelos japoneses. A partir daí, os fracassos diminuíram e os sucessos foram mais frequentes. Os mísseis voaram mais longe. Não era só o progresso que era alarmante, mas o número total de lançamentos também. Isso mostrava que o país tinha mísseis para desperdiçar.

Em 2017, o regime de Kim demonstrou mais avanços assustadores. Seus cientistas lançaram três mísseis balísticos intercontinentais, o primeiro no aniversário dos Estados Unidos, 4 de julho, para efeito máximo. Esse teoricamente poderia ter alcançado o Alasca. O regime de Kim Jong Un chamou-o de "um presente para os bastardos norte-americanos".

Da próxima vez que foi lançado, no fim do mês, o míssil mostrou que poderia alcançar Denver ou Chicago. No fim de novembro, Kim Jong Un supervisionou outro lançamento, mas dessa vez o alcance mostrou que poderia, tecnicamente, alcançar qualquer lugar dos Estados Unidos, inclusive Washington, D.C.

Ele ainda não tinha provado a capacidade do regime de combinar os dois componentes: lançar uma ogiva nuclear a um alvo é uma proeza muito difícil e requer que o dispositivo nuclear suporte altas vibrações e temperaturas extremas. Mas poucos analistas duvidavam que Kim Jong Un, com mais tempo e testes, logo seria capaz de fazer isso.

Para Kim, desenvolver um sistema de armas nucleares confiável era um modo de afastar os Estados Unidos enquanto ele consolidava seu controle do regime. De fato, apesar da alta natureza provocativa dos testes nucleares e dos lançamentos de mísseis, o líder enfatizou que só utilizaria seu arsenal nuclear para se defender. Nós "não usaremos armas nucleares primeiro, a não ser que forças hostis agressoras usem armas nucleares para invadir nossa soberania", disse no primeiro congresso em décadas em 2016.

Kim viu seu programa nuclear como uma apólice de seguro contra o tipo de destino que se abateu sobre Muammar Gaddafi. Usá-la antecipadamente seria suicídio, garantindo uma resposta norte-americana à qual seria impossível que a família Kim sobrevivesse. Mas ter alguns mísseis com ogiva nuclear capazes de alcançar Washington poderia ajudar a impedir os Estados Unidos de atacarem a Coreia do Norte. Nada diz "me leve a sério" ao resto do mundo como uma bomba H e o potencial de lançá-la.

Os testes e lançamentos também carregavam uma importante mensagem doméstica. Para o povo da Coreia do Norte, Kim Jon Un dizia: "Olha que estado forte e avançado estamos nos tornando sob minha ótima liderança."

Canalizar recursos preciosos no programa nuclear foi um modo de aplacar as forças armadas — a instituição que talvez seja a menos impressionada com o "marechal" desqualificado. Em um país com tão pouco a celebrar, o programa nuclear é uma grande fonte de orgulho, mesmo entre aqueles que rejeitam o sistema.

"Eu me lembro de um dia em que aprendemos sobre tecnologia nuclear", contou-me Man-bok, o estudante de ciências que escapou, quando perguntei sobre seu curso. "Lembro de ficar muito impressionado que meu país tinha sido capaz de fazer esses avanços e se tornar uma potência nuclear."

As armas nucleares e os mísseis foram incorporados a lições escolares, com crianças pequenas sendo ensinadas a ter orgulho dos programas e as mais velhas sobre a física envolvida. Um livro didático de "ética socialista" de nível fundamental publicado em 2013 mostra um homem, um menino e a imagem de um foguete Unha-3. "É verdade que você alegrou o Respeitado Líder?", pergunta a criança ao seu pai, que parece ser um engenheiro.

Kim Jong Un enche os cientistas de elogios e luxos de todos os tipos desde que se tornou líder do estado.

"Ilimitado é o carinho de Kim Jong Un pelos cientistas e técnicos que têm um grande papel na melhoria da vida das pessoas e na fortificação das capacidades de defesa", declarou a mídia estatal quando o Grande Sucessor visitou, em 2013, a Universidade de Tecnologia Kim Chaek — o MIT (Instituto de Tecnologia de Massachusets) da Coreia do Norte. Uma das imagens mais surpreendentes da estabilidade de Kim Jong Un que não envolvia Dennis Rodman veio depois de um teste em solo de um novo motor de foguete em março de 2017.

O Respeitado Marechal, usando um sobretudo marrom e exibindo um sorriso largo, carregou nos ombros um dos principais homens envolvidos no projeto. O cientista claramente angustiado, décadas mais velho que Kim, balançava nas costas dele enquanto outros oficiais, todos vestindo uniformes militares verde-oliva, riam e comemoravam.

O ato relembrou uma tradição coreana simbólica de andar de cavalinho. Homens jovens carregavam seus pais nas costas para mostrar o quanto são gratos. E, em cerimônias de casamento coreanas, o noivo carrega a noiva nas costas para mostrar sua força e que pretende carregá-la, ainda que não de forma exatamente literal, pelo resto de suas vidas.

Então a mensagem de Kim era clara: ele estava mostrando sua gratidão sem precedentes e seu amor por esses especialistas em foguetes.

Quando a mídia estatal da Coreia do Norte publicou fotos do jovem imperador inspecionando um dispositivo nuclear em uma manhã de domingo perto do fim de seu sexto ano no poder, o resto do mundo riu.

Os fotógrafos mostraram Kim examinando um dispositivo com um envólucro de metal prateado, uma pequena protuberância em uma extremidade e uma maior na outra. Foi imediatamente apelidado de "amendoim". A internet riu do ditador esquisito olhando para a estranha geringonça do tamanho de uma grande churrasqueira.

Cinco cientistas nucleares, todos vestindo túnicas Mao escuras idênticas à de Kim Jong Un, apontaram os mínimos detalhes do dispositivo para o líder. E todos tomaram notas em seus caderninhos, aparentemente anotando os pensamentos do líder, apesar de eles serem cientistas nucleares e o líder não.

Para evitar dúvidas sobre o que Kim Jong Un queria fazer com esse dispositivo, eles o posicionaram atrás do cone de nariz de um míssil balístico intercontinental. Reforçando a mensagem, havia um gráfico na parede atrás deles mostrando como a ogiva se encaixaria no cone.

Parecia o clássico exagero norte-coreano. Mas não era.

Algumas horas depois, sensores sísmicos registraram um terremoto artificial no norte do país com uma magnitude de 6,3. Foi a explosão termonuclear de uma bomba exponencialmente mais poderosa do que as lançadas anteriormente. As ondas mostraram que o dispositivo gerou cerca de 250 quilotons, tornando-o mais ou menos 17 vezes maior que a bomba norte-americana que destruiu Hiroshima em 1945.

A evidência científica parecia certa. Agências de inteligência e especialistas nucleares do mundo todo geralmente admitem que o tamanho da explosão era consistente com um teste termonuclear.

Kim Jong Un certificou-se de obter todo o crédito por esse desenvolvimento. Um especial de TV mostrou-o assinando a autorização para o teste. Todos tinham que saber que essas realizações eram todas de seu glorioso feito. Essa bomba era sua filha. As celebrações continuaram por mais de uma semana em Pyongyang.

No final de semana seguinte, a equipe nuclear pousou para uma foto comemorativa em frente ao mausoléu Palácio do Sol de Kumsusan, o tipo de foto que parece uma piada porque há muita gente amontoada sob imagens dos dois líderes mortos. É impossível reconhecer alguém a não ser o grande homem com uma túnica Mao preta na parte central da frente da imagem. Mas essa é a ideia: Kim Jong Un quer mostrar que uma arma nuclear produzida em casa é feita pelo trabalho duro de muitos norte-coreanos, e que o esforço está intricadamente interligado com a visão do Eterno Presidente e do Querido Líder.

Mais tarde, em um grande banquete em uma das casas de hóspedes palaciais no meio de Pyongyang, grupos juraram com "entusiasmo revolucionário" defender a Coreia do Norte "com as bombas nucleares mais potentes do mundo". Eles juraram sua lealdade a Kim Jong Un.

A sequência de celebrações foi encerrada com um concerto em Pyongyang, onde um jubilante Kim Jong Un entrou no teatro com sua esposa e os dois principais cientistas nucleares sob os aplausos ressoantes dos grupos que aguardavam. O concerto incluiu apresentações rápidas como "Glória ao General Kim Jong Un" e "Seguiremos a Estrada da Lealdade". Quando a imagem do jovem líder foi exibida na tela enorme, o público explodiu em "aplausos entusiasmados com fervor", disse a mídia estatal.

"Nossa bomba H com poder superexplosivo com certeza é a bomba H de Kim Jong Un, produzida por seu amor ardente pelo país e pelo povo", falou no concerto Ri Man Gon, o diretor das indústrias de munição e uma das pessoas mais responsáveis pelo programa nuclear. Foi Ri e outros cientistas nucleares que fizeram todo o trabalho, mas sabiam a quem precisavam dar crédito.

Luzes brilhavam pelo teatro, fazendo reluzir as medalhas que cobriam o peito de muitos na plateia. Os aplausos e a adoração eram garantidos. Todos os escolhidos para estar naquela plateia sabiam o que era esperado deles, mas não há dúvidas de que parte também era genuína. Afinal de contas, o fato de que a Coreia do Norte alcançara um feito espetacular era algo universalmente reconhecido.

Fora, havia o choque de um estado tão primitivo na maior parte de sua tecnologia e incapaz de fornecer sustento e serviços básicos para sua população ter produzido *a bomba*; e que tenha conseguido não apenas dominar a tecnologia, mas também contornar a década de sanções destinadas a eliminar sua capacidade de conseguir dinheiro ou os materiais necessários.

Siegfried Hecker, no entanto, não ficou chocado. A Coreia do Norte vinha deixando muito claras suas intenções a cada passo. O problema é que pouquíssimas pessoas estavam levando o regime a sério.

"Eles têm nos mostrado desde a década de 1980 que estão trabalhando nisso", disse-me logo depois da detonação. Hecker é um cientista nuclear de renome e diretor do Laboratório Nacional de Los Alamos, onde nasceu a bomba atômica, antes de ir para a Universidade Stanford. Mas ele também tinha uma visão incomparável do programa nuclear da Coreia do Norte. Quando o país quis exibir suas conquistas, chamaram Hecker.

Quando foi convidado para ir à Coreia do Norte em 2010, enquanto Kim Jong Un ainda estava na fase de aprendizado como ditador, Hecker esperava ver tecnologia de cinquenta anos atrás, como nas visitas anteriores.

Em vez disso, foi levado a uma instalação moderna de enriquecimento de urânio, onde viu 2 mil centrífugas atuais organizadamente alinhadas. Hecker ficou surpreso. Foi quando percebeu: "Não vamos conseguir fazê-los desistir da bomba."

As centrífugas que viu naquele dia estavam armazenadas em um prédio com teto azul-claro que era bem visível do céu.

Desde que Kim Jong Un assumiu o controle, esse prédio de teto azul dobrou de tamanho. Ninguém sabe exatamente quanto material físsil o regime tem. Alguns especialistas dizem que é o suficiente para quinze bombas; a inteligência norte-americana diz que talvez o bastante para sessenta ou até setenta. Hecker acha que o regime Kim está produzindo material suficiente para seis ou sete bombas por ano — todos os anos.

De muitas formas, não importa quanto material eles têm. Um fato é irrefutável: a Coreia do Norte tem a bomba. "As pessoas estão surpresas por esse país subdesenvolvido conseguir fazer isso", afirmou Hecker. "Mas nesse setor eles não são subdesenvolvidos."

Com o teste da bomba de hidrogênio e o desenvolvimento simultâneo do programa de mísseis balísticos, Kim Jong Un tornou o sonho de seu avô uma realidade inegável.

Desde os primeiros dias da existência da Coreia do Norte, Kim Il Sung pensava em conseguir armas nucleares. Sua obsessão vinha de ver a devastação que os Estados Unidos fizeram em Hiroshima e Nagasaki em 1945 e o modo como as duas bombas forçaram o Japão imperial a se render imediatamente.

Então veio a ameaça norte-americana durante a Guerra da Coreia de usar armas nucleares contra o Norte. Os avisos tiveram o efeito desejado — os dois lados encerraram a guerra com um armistício. Mas o impacto provocado na mente de Kim Il Sung foi imensurável. O perigo de os Estados Unidos usarem suas armas nucleares contra o Norte é um princípio central nos pensamentos e ações estratégicos do regime desde então.[4]

Kim Il Sung queria as mesmas armas. Apenas alguns anos depois de a Coreia do Norte sair da Guerra da Coreia, Kim Il Sung enviou seus cientistas nucleares para estudarem e receberem treinamento prático no proeminente Instituto Central de Investigações Nucleares em Dubna, próximo a Moscou.

Não demorou para que o líder norte-coreano visse exatamente por que precisava de sua própria capacidade nuclear, com o exemplo alarmante da crise de mísseis cubana.

Em 1962, a União Soviética e os Estados Unidos ficaram presos em um impasse de treze dias por causa da instalação de mísseis soviéticos nucleares em Cuba, a menos de 160km da costa dos EUA. Durante essas duas semanas, o mundo cambaleava à beira de uma guerra nuclear. Mas o conflito foi resolvido diplomaticamente quando o líder soviético Nikita Khrushchev concordou em remover os mísseis contanto que o Presidente John Kennedy concordasse em não invadir Cuba. E o acordo foi feito.

Kim Il Sung viu esse acordo como uma submissão da União Soviética para os Estados Unidos, um sinal de que Moscou estava disposto a vender um aliado pelo bem de sua própria segurança. O Grande Líder aparentemente aprendeu com isso que a Coreia do Norte nunca deve confiar sua segurança nacional a qualquer outro governo.

Isso inseriu mais impulso em sua motivação por independência nuclear. Dentro de alguns meses, o regime de Kim Il Sung começou a explorar a possibilidade de desenvolver impedimentos nucleares próprios. O líder que adotou uma necessidade de política agrícola mais forte logo estava em frente a grupos em Pyongyang para reforçar a importância de colocar a mesma ênfase no crescimento econômico e na defesa nacional. Essa foi a primeira política de "avanço simultâneo". A proporção do orçamento nacional dedicado à defesa aumentou de apenas 4,3% em 1956 para quase 30% em uma década.[5]

Os cientistas nucleares que retornaram da União Soviética começaram a construir, a cerca de 100km ao nordeste de Pyongyang, um complexo similar ao que trabalharam em Dubna. Ele acabaria se tornando o Complexo de Pesquisa Nuclear Yongbyon.

Mais ímpeto veio no início da década de 1970, quando surgiu a notícia de que o outro principal aliado da Coreia do Norte, a China, havia começado secretamente a forjar relações com os Estados Unidos, um esforço que levou à histórica visita do Presidente Richard Nixon a Beijing em 1972.

Enquanto isso, na Coreia do Sul, o tirano Park Chung-hee, um general que tomou a presidência por meio de um golpe militar, iniciava sua própria corrida nuclear em segredo. Quando essa notícia veio à tona, foi um golpe insuportável à vaidade pessoal de Kim Il Sung e ao senso de orgulho nacional.[6]

Outro fator principal que deve ter pesado na mente de Kim Il Sung foi sua própria mortalidade. Ele tinha 60 e poucos anos nessa época, e estava começando a preparar o filho para assumir seu lugar. Achava que ter armas nucleares facilitaria que Kim Jong Il controlasse o estado. Em vez de carisma, o filho deveria ter, pelo menos, armas nucleares.

Do fim da década de 1970 para frente, os norte-coreanos construíram mais de cem instalações nucleares só em Yongbyon.[7] As agências de inteligência norte-americanas ficaram alarmadas. Em um espaço de mais ou menos seis anos, um país sem experiência prévia tinha construído um reator nuclear funcional. Três anos depois veio a prova clara de que o propósito do reator era militar e não civil; o país construiu uma grande instalação de reprocessamento que possibilitaria transformar o combustível do reator em material físsil.[8]

Mas seus esforços não estavam passando despercebidos nem entre os aliados. A União Soviética pressionou Kim Il Sung a assinar o Tratado de Não Proliferação de Armas Nucleares no fim de 1985. A Coreia do Norte levou sete anos para permitir a entrada dos inspetores exigida no tratado, e, quando conseguiram entrar, encontraram diversos sinais de que o regime estava trabalhando secretamente no tipo de programa nuclear que se comprometeu a não fazer. Em 1993, Kim Il Sung ameaçou sair do tratado, iniciando um impasse alarmante. Foi o mais próximo que a Coreia do Norte e os Estados Unidos chegaram de uma guerra em quarenta anos.

Conversas para resolver o impasse aconteciam quando Kim Il Sung morreu de repente no verão de 1994, lançando ambos os lados para territórios desconhecidos. No entanto, conseguiram sinalizar um acordo de desarmamento nuclear de referência chamado Agreed Framework, no qual a Coreia do Norte concordava em congelar e, por fim, desmontar seu programa de armas nucleares e uma coalizão liderada pelos EUA concordava em construir dois reatores nucleares civis que poderiam ser usados para gerar eletricidade para o país necessitado.

Pyongyang também não tinha intenção alguma de cumprir esse trato. Assinar o acordo serviu apenas para ganhar tempo para que o regime Kim pudesse trabalhar em seu programa enquanto mantinha as aparências de cooperação.

A Coreia do Norte desenvolveu um relacionamento próximo com o cientista nuclear paquistanês Abdul Qadeer Khan. Na década de 1990, enquanto os norte-coreanos morriam de fome e Kim Jong Un assistia a filmes do Jackie Chan na Suíça, o regime construía um programa de enriquecimento de urânio,

230 O GRANDE SUCESSOR

que não era tecnicamente abrangido pelo Agreed Framework. E a Coreia do Norte adora tecnicalidades.

A administração de George W. Bush declarou no verão de 2002 que Pyongyang tinha um programa dedicado, que foi extremamente auxiliado por A. Q. Khan. Depois disso o Agreed Framework acabou.

Enquanto Kim Jong Un se preparava para comemorar seu quinto ano no poder, um evento ocorreu a meio mundo de distância e subverteu o modo como a Coreia do Norte lida com os Estados Unidos. O empresário celebridade Donald J. Trump foi eleito presidente. Oficiais da Coreia do Norte, como em muitos outros países, inicialmente tiveram dificuldades para prever qual seria a abordagem desse novo presidente.

Mas enquanto o programa de armas de Kim Jong Un se tornava cada vez mais confiável durante o primeiro ano da presidência de Trump, o novo comandante-chefe norte-americano usava uma linguagem cada vez mais direta. Os líderes republicanos rapidamente rotularam Kim Jong Un como louco. Donald Trump chamou-o de "doido de pedra". A primeira embaixadora de Trump nas Nações Unidas, Nikki Haley, disse que ele "não era uma pessoa racional". O senador republicano John McCain chamou-o de "criança gorda e louca".

Desde seus primeiros dias no poder, o estado mental de Kim Jong Un foi assunto de intensa especulação.

Muitos líderes ao longo dos séculos perceberam que, como Maquiavel escreveu, pode ser sensato fingir ser louco. Às vezes os líderes querem que seus inimigos achem que são loucos para forçá-los a agir de uma forma que, caso contrário, não fariam.

O Presidente Richard Nixon ofereceu um exemplo didático durante a Guerra do Vietnã. Ele criou um tipo de diplomacia coerciva baseada na aparência irracional. Durante a corrida armamentista entre a União Soviética e os Estados Unidos na década de 1960 e, então, no decorrer da crise de mísseis cubana, a perspectiva de ação nuclear levou ambos os lados a exercer moderação na emissão de ameaças nucleares.

"Com a perspectiva de destruição mútua garantida, os líderes em Moscou e Washington evitaram fazer ameaças explícitas, exerceram um controle central rígido sobre suas forças nucleares e usaram comunicação direta para aliviar tensões que poderiam escalar a um confronto militar que nenhum dos lados queria", escreveram os estudiosos Scott D. Sagan e Jeremi Suri.[9]

Nixon acreditava que seu predecessor, o Presidente Dwight Eisenhower, tinha convencido a Coreia do Norte, a China e a União Soviética de encerrarem a Guerra da Coreia em 1953 ameaçando-os com suas armas nucleares.

Em 1969, Nixon foi incapaz de conseguir suporte doméstico para sua opção preferida de lançar uma enorme campanha de bombardeio contra os norte-vietnamitas. Então, Tricky Dick queria usar as táticas de Eisenhower. Ele fingiria fazer o que sabia que não podia. Enviaria um sinal nuclear secreto para tentar convencer os soviéticos de que lançaria um grande bombardeio, talvez até mesmo nuclear, contra o Vietnã do Norte.

"Eu a chamei de Teoria do Louco", falou a seu chefe de gabinete. "Quero que os norte-vietnamitas acreditem que eu cheguei ao ponto de fazer qualquer coisa para acabar com a guerra. Vamos apenas citar para eles que 'por Deus, você sabe que o Nixon é obcecado pelo comunismo. Não podemos segurá-lo quando fica com raiva — e ele está com a mão no botão nuclear' — e o próprio Ho Chi Minh estará em Paris em dois dias implorando por paz."[10]

Durante 2017, muitos se perguntaram quem estava se fazendo de louco na guerra de palavras entre Trump e Kim. Alguns dizem que Trump estava tentando convencer os norte-coreanos de que ele era inconstante o suficiente para fazer o que os presidentes antes dele não fizeram — mesmo que isso significasse sacrificar Seul. E mesmo assim, o tempo todo, Trump acusava Kim Jong Un de ser o louco.

O líder norte-coreano era um "maníaco" e "um homem obviamente louco" que "não se importa em deixar que seu povo morra de fome ou de matá-los", disse Trump em 2017. (A propósito, a Coreia do Norte respondeu chamando Trump de "velho lunático".)

As observações do presidente norte-americano podem parecer ideais para as notícias de televisão, mas são verdadeiras? Uma pessoa precisa ser clinicamente insana, um psicopata de carteirinha, para ser tão cruel com seu próprio povo? Uma pessoa pode ter sucesso mesmo contra todas as probabilidades se não tiver plenas faculdades mentais?

Essas são perguntas que ocupam os analisadores de perfis psicológicos em serviços de espionagem no mundo todo.

Durante décadas, a CIA tenta criar perfis dos líderes mundiais para descobrir o que os motiva e prever como podem agir, especialmente durante negociações e crises.

Já em 1943, o Escritório de Serviços Estratégicos, o precursor da CIA, tentava entender a psicologia e a personalidade de Adolf Hitler usando "técnicas psicobiográficas". Desde a década de 1970, a CIA cria perfis de líderes mundiais para avaliar seus comportamentos políticos, estilos cognitivos e processos de tomada de decisão. Mas também observa a cultura na qual o líder opera para avaliar que outros fatores podem influenciá-lo.[11]

Contrário às afirmações de Trump, os analistas da inteligência norte-americana descrevem Kim Jong Un como um "ator racional" que opera de acordo com a realização de seu objetivo de vida: ficar no poder.

"Há uma clareza de propósito no que Kim Jong Un fez", falou Yong Suk Lee, um alto oficial do Centro de Missão da Coreia da CIA em raras aparições públicas em 2017, enquanto o jovem líder lançava uma torrente de mísseis com tecnologia cada vez mais alta. Kim Jong Un não acordará um dia e decidirá bombardear Los Angeles, porque ele sabe que isso faria com que os Estados Unidos respondessem. "Ele quer governar por muito tempo e morrer em paz em sua própria cama", disse Lee.

Na verdade, seria loucura se Kim Jong Un não se empenhasse em desenvolver armas nucleares. Para um país pequeno com poucos recursos e um medo constante de ser aniquilado pelos Estados Unidos, a Coreia do Norte consegue muito poder de fogo investindo em tecnologia nuclear e de mísseis. Até mesmo Kim Jong Un sabia que seu armamento convencional não se equiparava ao poderio militar norte-americano, mas a perspectiva de destruição mútua garantida, que funcionou tão bem na Guerra Fria, poderia ajudá-lo a evitar um ataque norte-americano.

Mas, na Casa Branca, as ações de Kim Jong Un foram vistas como as de um homem reconhecidamente louco.

Depois dos lançamentos de mísseis balísticos intercontinentais de julho de 2017, o presidente norte-americano ameaçou fazer chover "fogo e fúria como o mundo nunca viu" na Coreia do Norte. O exército dos EUA estava "pronto para entrar em ação", disse ele. Depois do teste nuclear em setembro, Trump assumiu o palanque na Assembleia Geral da ONU e disse que "destruiria totalmente a Coreia do Norte" se fosse necessário para defender os Estados Unidos.

Apesar de essa ter sido a política do país durante décadas, nenhum presidente havia dito isso tão claramente quanto Trump.

Ao mesmo tempo, o presidente norte-americano zombou de seu adversário chamando-o de "Homenzinho do Foguete". "O Homenzinho do Foguete está sozinho em uma missão suicida", declarou Trump para uma plateia chocada na ONU.

Kim Jong Un não se intimidou. Na verdade, ficou ainda mais animado. "Certa e definitivamente domarei o caquético mentalmente insano dos EUA com fogo", disse sobre Trump, fazendo com que pessoas do mundo inteiro procurassem seus dicionários. A declaração não foi apenas uma bravata norte-coreana comum — dessa vez a ameaça foi atribuída diretamente a Kim Jong Un, um acontecimento extremamente raro que enfatiza a gravidade da situação.

Essa era uma competição primitiva de macho alfa como nenhuma outra.

As ameaças de Trump ajudaram Kim a sustentar sua afirmação de que estava protegendo o povo norte-coreano dos malvados norte-americanos. Esse estado foi fundado sobre a premissa de que os Estados Unidos eram uma potência hostil determinada a destruí-lo. E as palavras de Trump pareciam confirmar isso.

Coincidentemente, os exércitos de ambos os países começaram seus grandes treinamentos anuais. Veículos anfíbios começaram a praticar pousos na praia, enquanto caças soltavam bombas em um campo de treinamento na Coreia do Sul, a apenas algumas dezenas de quilômetros da fronteira com o Norte.

O conselheiro de segurança nacional da Casa Branca, H. R. McMaster ameaçava uma "guerra preventiva" se os norte-coreanos continuassem a avançar rapidamente seu programa de armas nucleares. Ele definiu isso como "uma guerra que evitaria que a Coreia do Norte ameaçasse os Estados Unidos com uma arma nuclear".

McMaster falou de um jeito que lembrou a preparação para a invasão do Iraque. "O perigo associado a um regime brutal e trapaceiro, [um homem] que assassinou seu próprio irmão com um agente neurotóxico em um aeroporto, é imensurável", disse ele.[12]

Os exércitos sul-coreano e norte-americano começaram a praticar ativamente, conduzindo "golpes de decapitação" na liderança norte-coreana. A Coreia do Sul estabeleceu uma "unidade dedicada de decapitação" de soldados de elite chamada Spartan 3000. Durante esse período tenso, Kim Jong Un mudou

234 O GRANDE SUCESSOR

com frequência seu itinerário de última hora para que ninguém soubesse onde estava, de acordo com a agência de inteligência da Coreia do Sul.

Em resposta, a Coreia do Norte ameaçou "envolver" o território norte-americano da Ilha de Guam com mísseis para "domar os norte-americanos com fogo". Também ameaçou "colocar a mão mais perto do 'gatilho' para tomar a medida defensiva mais dura", declarou um oficial norte-coreano, indicando um ataque nuclear.

Havia uma preocupação muito palpável no nordeste da Ásia — e também em partes de Washington, D.C. — de uma perspectiva real de um conflito com a Coreia do Norte.

O Japão fez treinamentos para se preparar para a chegada de mísseis pela primeira vez desde a Segunda Guerra Mundial. Os sul-coreanos se preocupavam com o novo presidente norte-americano imprevisível e provocador. No Havaí, as autoridades reativaram uma rede de sirenes que remontam à Guerra Fria.

Em Washington, até os analistas cuidadosos declaravam as chances de conflito como maiores de 50%.

Esse medo só aumentou quando McMaster e outros oficiais da administração de Trump sugeriram que o impedimento — a base da política nuclear norte-americana durante toda a Guerra Fria — poderia não funcionar com a Coreia do Norte.

Em vez disso, Trump lançou uma campanha de "pressão máxima" sobre o país, aumentando ainda mais as sanções.

Enquanto anteriormente elas tinham como alvo as indústrias e o fluxo de dinheiro para os programas nuclear e de mísseis, agora começaram a parecer como embargo de comércio. A exportação de frutos do mar, carvão e roupas foi proibida. As sanções foram acompanhadas por um veto de viagens que exigia que todo cidadão norte-americano obtivesse uma permissão especial para viajar para a Coreia do Norte — e os funcionários humanitários descobriram que suas razões para visitar o país não eram aceitas pelo Departamento de Estado. O Fundo Global, uma agência de saúde global multilateral, suspendeu o financiamento para projetos de malária e tuberculose na Coreia do Norte, levando os médicos a prever uma grande crise de saúde pública e humanitária que poderia levar décadas para ser revertida.

O Departamento de Estado dos EUA estimou que as sanções haviam bloqueado mais de 90% das exportações da Coreia do Norte, sem incluir o fornecimento de mão de obra que também foi proibido. No total, estima-se que as sanções cortaram os ganhos em moeda forte do país em um terço — ou US$1 bilhão.

Esse número era enorme, mas as ações transformadoras estavam acontecendo na fronteira da Coreia do Norte. A China as impôs como nunca.

Anteriormente, Beijing havia feito o mínimo possível, temendo o colapso da Coreia do Norte muito mais do que qualquer míssil indesejado. Mas agora, parecia que Trump poderia estar falando sério sobre realizar ataques no Norte, e Beijing achou a perspectiva de guerra muito mais alarmante do que a de instabilidade.

Beijing cortou o comércio. Os frutos do mar e o carvão pararam de chegar na China. Muitos dos milhares de trabalhadores norte-coreanos no país foram enviados de volta. Um calafrio palpável se instalou em Dandong, o portal comercial para a Coreia do Norte. Fui chutada de um restaurante norte-coreano em Dandong às 19h30, mal tendo terminado minha última garfada do jantar. Nesse tipo de ambiente, tudo estava sendo fechado.

A China precisava mostrar aos Estados Unidos que estava agindo, aplicando sanções para garantir que Washington não tomasse ações militares. A estabilidade era melhor do que a instabilidade, mas a instabilidade era melhor do que uma invasão.

Os especialistas também se preocupavam abertamente com o erro de cálculo que levaria à guerra, que um lado poderia ler erroneamente a delicada dança de sinais e manobras que foram cuidadosamente coreografadas entre eles durante anos e reagir impulsivamente. Afinal de contas, os líderes dos dois países tinham apenas sete anos de experiência política somados. Seis deles eram de Kim Jong Un.

A probabilidade de um mal-entendido parecia crescer a cada dia.

Falava-se sobre a administração de Trump estar criando um plano para "sangrar o nariz" de Kim Jong Un. A ideia era conduzir um ataque cirúrgico restrito a uma usina nuclear ou silo de míssil norte-coreano e, ao fazer isso, forçar o jovem líder a pensar duas vezes sobre suas ações provocativas e voltar a falar sobre dar um fim ao seu programa nuclear.

236 O GRANDE SUCESSOR

O regime em Pyongyang não sabia o que pensar desse novo presidente norte-americano. Ele estava dando uma de Nixon e se fingindo de louco? Ou estava falando sério?

Oficiais da Coreia do Norte começaram a pedir a ex-oficiais norte-americanos que decifrassem os tuítes de Trump para eles. Leram *A Arte da Negociação*. Leram *Fogo e Fúria*, um livro explosivo sobre o caos dentro da Casa Branca. Perguntaram sobre o protocolo de ataque nuclear dos Estados Unidos. Perguntaram se Trump realmente tinha a autoridade máxima para apertar o botão nuclear.

O regime de Kim Jong Un estava levando o desafio de Trump extremamente a sério. Os oficiais começaram a perguntar a diplomatas estrangeiros e outros intermediários o que achavam que aconteceria se a Coreia do Norte prosseguisse e lançasse um míssil perto da Ilha de Guam — ou até mesmo nela. Como Trump reagiria? Eles não sabiam muito bem qual era o limite.

Enquanto isso, pôsteres foram espalhados por Pyongyang exibindo um míssil norte-coreano tendo como alvo o prédio do Capitólio dos Estados Unidos e uma bandeira norte-americana, intitulado "Resposta da Coreia do Norte".

No virar de 2017 para 2018, com dois antagonistas históricos liderados por dois líderes ousados e relativamente inexperientes que gostavam de se gabar de seus botões nucleares, a frágil paz na Península Coreana parecia estar por um fio.

CAPÍTULO 15

A CAMPANHA DE CHARME

"Abriremos nossas portas para qualquer um da Coreia do Sul... para diálogo, contato e viagens, se desejarem sinceramente o acordo e a unidade nacional."

— Kim Jong Un, 1º de janeiro de 2018

KIM JONG UN FEZ TUDO O QUE PRECISAVA PARA SE CONSOLIDAR no poder. Obteve um meio de intimidação nuclear convincente. Despachou rivais, reais ou imaginários. Criou um grupo de pessoas com forte interesse em mantê-lo no poder.

Agora era hora do tirano cruel, ameaçador e com armas nucleares começar sua metamorfose para um ditador mal compreendido, gracioso e promotor do desenvolvimento. Na fase dois, Kim Jong Un buscaria apoiar seu governo melhorando as relações com o resto do mundo.

Para começar esse processo, lançou sua arma secreta: sua irmã mais nova, Kim Yo Jong. Ela participaria da abertura das Olimpíadas de Inverno na Coreia do Sul no começo de 2018, marcando a primeira visita desde a Guerra da Coreia de um membro da família Kim ao Sul.

238 O GRANDE SUCESSOR

Foi uma decisão inteligente da perspectiva de Kim Jong Un. Sua irmã mais nova tem o mesmo incentivo que ele para garantir que o regime permaneça no poder — ela também quer manter a família no controle —, mas ela não tem suas qualidades caricatas. Na verdade, mal falou durante a viagem de três dias para o sul.

Kim Yo Jong chegou na Coreia do Sul no dia 9 de fevereiro de 2018, o dia programado para a abertura das Olimpíadas, com seu sorriso estilo Mona Lisa. As estações de televisão sul-coreanas transmitiram ao vivo a cobertura da aterrissagem do jato de seu irmão, o Air Force Un, no aeroporto Incheon próximo de Seul. Os norte-coreanos gostam do poder do simbolismo. Quando o jato de Kim Jong Un chegou no Sul com sua irmã a bordo, carregava o número 615. O governo sul-coreano tomou isso como um sinal de boa intenção. A primeira cúpula intercoreana, realizada em 2000, foi concluída no dia 15 de junho [6/15, no sistema norte-americano de datas].

As equipes de TV seguiram como um aglomerado enquanto a princesa norte-coreana — junto de Kim Yong Nam, o oficial sênior de 90 anos que era tecnicamente o chefe da delegação — saiu do avião e foi até uma sala VIP para ser recepcionada pelos oficiais seniores sul-coreanos.

Desse momento em diante, a Primeira Irmã era um objeto de fascínio entre o público sul-coreano. Ela era recatada e discreta. Usava roupas pretas comuns, pouquíssimas joias, e penteava o cabelo para trás em um estilo prático. As jovens sul-coreanas, acostumadas a ver suas celebridades cheias de joias e de cirurgias plásticas, ficaram surpresas com o quanto essa princesa era modesta.

Ela era tão "humilde", observaram os jornais depois que ela fez um gesto para que Kim Yong Nam se sentasse primeiro, seguindo as regras hierárquicas confucianas, muito embora ela fosse da realeza norte-coreana. "Olha a postura dela", observaram os comentaristas. Ela se sentava tão ereta — talvez fosse dançarina, como sua mãe. Kim Jong Un não poderia ter criado uma embaixadora da boa vontade tão misteriosamente atraente para um país sem boa vontade alguma.

Kim Yo Jong torceu para o time conjunto coreano na cerimônia de abertura das Olimpíadas, onde o vice-presidente norte-americano Mile Pense a ignorou explicitamente, o que o fez parecer mesquinho. Ela ficou de pé para o hino nacional sul-coreano, um ato que é crime político na Coreia do Norte. E torceu por um time de hóquei conjunto das Coreias do Norte e do Sul na noite seguinte.

Nesse jogo, eu me esgueirei do meu lugar na sessão de imprensa acima de onde os VIPs estavam para conseguir vê-la melhor. Ela parecia a imagem do decoro, um contraste completo da imagem de seu irmão. Sorriu educadamente e jogou conversa fora quando falaram com ela, do contrário permanecia um enigma.

No dia seguinte, foi para a Casa Azul presidencial da Coreia do Sul para entregar uma mensagem de seu irmão. A última vez que norte-coreanos tinham chegado tão perto da Casa Azul foi em 1968, quando um grupo de soldados tentou sem sucesso assassinar o presidente sul-coreano.

Dessa vez, entraram pela porta da frente, chegando em um carro Hyundai Genesis de luxo fornecido pelo governo. Kim Yo Jong usava um broche de seu pai e avô sobre o coração e carregava uma pasta azul que continha um convite: será que o presidente sul-coreano, Moon Jae-in, gostaria de se encontrar com seu irmão?

Apenas oito meses antes, Moon fora eleito presidente depois que sua predecessora conservadora linha-dura caiu em desgraça de modo chocante e acabou na prisão, potencialmente pelo resto da vida. Moon era o total oposto em termos de temperamento e política. Enquanto sua predecessora tinha tentado acabar com a Coreia do Norte com sanções, Moon queria se envolver. Ele jurou falar com os norte-coreanos para tentar negociar um fim ao tenso impasse que paralisou a península. Kim Jong Un percebeu que uma oportunidade se apresentava e enviou sua irmã para explorá-la.

Os sinais estavam presentes havia alguns meses. No dia 29 de novembro, quando o regime Kim conduziu outro lançamento balístico intercontinental, indicou que estava pronto para conversar. "Agora concluímos nosso programa de foguetes", dizia. Esse era o sinal. Tendo acumulado suas moedas de barganha, a Coreia do Norte estava pronta para jogar.

Isso ficou claro no Dia de Ano Novo, quando Kim Jong Un ficou de pé para proferir seu discurso anual ao povo, o equivalente norte-coreano do Discurso sobre o Estado da União do presidente norte-americano.

"Devemos trabalhar juntos para diminuir a tensão militar aguda entre o Norte e o Sul e criar um ambiente pacífico na Península Coreana", disse, incentivando a Coreia do Sul a "responder positivamente aos nossos esforços sinceros de trégua".

240 O GRANDE SUCESSOR

A questão complicadora era o fato de que Kim também usou o discurso para declarar que a Coreia do Norte começaria a "produção em massa" de armas nucleares e mísseis no ano que chegava. Mas para Kim não havia contradição: suas mensagens foram para públicos distintos, e poderiam apontar para direções diferentes.

Moon escolheu ignorar a bravata nuclear. Ele estava pronto para conversar; sua equipe se encontrou secretamente com oficiais norte-coreanos durante vários meses, até mesmo nos bastidores de partidas de futebol na China, para estabelecer as bases para que a Coreia do Norte participasse das Olimpíadas.

Assim como a diplomacia ping-pong entre a China e os Estados Unidos na década de 1970 abriu caminho para uma normalização das relações entre os dois adversários, os esportes agora eram usados para fornecer um caminho apolítico em meio às conversas altamente políticas.

A Coreia do Sul apelidou as Olimpíadas de "Jogos Pacíficos", uma alusão às raízes dos jogos na Grécia antiga, mas um claro encorajamento para o regime nortenho, especialmente porque o local ficava em uma província que se estende pela fronteira entre as Coreias. Atletas dos dois lados marcharam juntos na cerimônia de abertura, vestindo uniformes que diziam simplesmente "Coreia" e segurando bandeiras que mostravam uma península unificada.

Para tornar o simbolismo ainda mais perfeito, o Comitê Olímpico Internacional foi liderado por Thomas Bach, um ex-esgrimista olímpico da antes dividida e agora unificada Alemanha. Durante a cerimônia de abertura, ele anunciou a cooperação entre as duas Coreias como um grande exemplo do poder unificador dos jogos.

"Eu espero que Pyongyang e Seul se aproximem mais nos corações coreanos e tragam a unificação e a prosperidade no futuro próximo", escreveu Kim Yo Jong no livro de visitas da Casa Azul presidencial da Coreia do Sul. A sedução continuava.

Apesar de não declarar publicamente, no privado Kim Yo Jong retratou seus anfitriões como gentis e francos. "Eu nunca esperei vir aqui tão rápido, para ser sincera, e achei que seria estranho e diferente, mas não é", disse quando requisitada a fazer observações em um jantar de despedida particular. "Há muitas coisas parecidas e iguais. Eu espero que logo possamos nos unir e encontrar essas pessoas boas novamente em Pyongyang."

A Primeira Irmã encantou a imprensa sul-coreana, que a chamou de "Ivanka Trump da Coreia do Norte". Ela era a face acessível e razoável de um parente excessivo e muitas vezes exposto ao ridículo. Além do mais, assim como Kim Jong Un enviara sua irmã para a cerimônia de abertura dos Jogos Olímpicos, o Presidente Trump enviou sua filha para o encerramento.

Mas os norte-coreanos se asseguraram de oferecer apenas o que queriam durante essa viagem, tanto em termos de política quanto de inteligência. Kim Yo Jong ficou na suíte presidencial de um hotel cinco estrelas, mas levou sua própria cama dobrável para dormir. Quando fez check-out, seu quarto estava impecavelmente limpo. Não deixou para trás uma única impressão digital, nem um fio de cabelo. A inteligência sul-coreana não colocaria as mãos em DNA da família Kim.

Como uma das poucas pessoas em quem Kim Jong Un confia, Kim Yo Jong passou a ter um papel crucial no regime de seu irmão, agindo como um tipo de chefe de gabinete, chefe de protocolo e assistente executiva de uma vez só. Ela é seu braço direito e guardiã.

Assim, os irmãos seguem o exemplo de seu pai. Kim Jong Il era muito próximo de sua irmã mais nova, Kim Kyong Hui, que se casou com o Tio Jang. Ele a adorava, falou mais tarde um membro da família.[1] Depois de exilar seu meio-irmão, ela era a única família que ele tinha. E teve um papel crucial de conselheira para seu irmão, além de cargos importantes dentro do Partido dos Trabalhadores até desaparecer na época em que o marido foi executado por Kim Jong Un.

As duas mulheres foram vistas juntas no centro equestre de Kim Jong Un no final de 2012, ambas usando jaquetas marrons e cavalgando cavalos brancos. Kim Kyong Hui parecia estar preparando a sobrinha para o papel de Primeira Irmã, assim como Kim Jong Il preparara seu filho.

Kim Yo Jong é muito mais nova que seu irmão; mas ninguém sabe exatamente quanto. O serviço de inteligência sul-coreano diz que ela nasceu em 1988; o governo norte-americano acha que foi 1989. Quando se juntou a seus irmãos mais velhos em Bern, registrada como Pak Mi Hyang, sua data de nascimento foi declarada como 28 de abril de 1991. Isso parece tarde demais e pode ter sido mudado para que entrasse em uma turma mais jovem na Suíça enquanto aprendia um novo idioma.

Uma foto dessa época mostra uma menina de mais ou menos 8 ou 9 anos com um sorriso radiante e bochechas rechonchudas, o total oposto de seu rosto angular atual. Ela usa um colar choker, que era moda no fim da década de 1990, e um vestido vermelho. Como sua mãe, ela adorava dançar.

Teve uma vida reclusa, crescendo nos palácios reais da Coreia do Norte. Seu pai a chamava de "doce, doce Yo Jong" e "Princesa Yo Jong" e achava que ela era perspicaz e tinha ótimas habilidades de liderança. Kim Jong Il identificou que Kim Jong Un e Kim Yo Jong tinham aptidão para a vida política.[2]

Ela se juntou a seus irmãos na Suíça e frequentou a mesma escola pública em Bern. Ficou lá até o fim dos anos 2000, completando o equivalente ao sexto ano do ensino fundamental. Acredita-se que terminou seus estudos com um professor particular e, depois, estudou na Universidade Kim Il Sung.

Não a vimos novamente até que fosse a hora de seu irmão tomar as rédeas. Ela apareceu na foto granulada da família tirada sob uma árvore em Wonsan em 2009, e estava na mesma conferência do Partido dos Trabalhadores em 2010 em que seu irmão foi apresentado como o sucessor do pai. Ficou ao lado da quinta "esposa" de Kim Jong Il, que trabalhava na secretaria pessoal do líder. Isso sugeriu que a Primeira Irmã também estava trabalhando na secretaria.

Então foi vista no funeral de seu pai, uma figura abatida em um vestido preto, o rosto abaixado enquanto caminhava atrás de seu irmão em direção ao corpo do pai. Mas sabia-se tão pouco sobre ela que ninguém tinha certeza de quem era, levando à especulação de que pudesse ser a esposa de Kim Jong Un. Naquela época ninguém sabia sobre a Primeira Dama Ri Sol Ju.

Desde os primeiros dias de liderança de seu irmão, Kim Yo Jong esteve lá, apoiando-o.

Enquanto a glamourosa Ri Sol Ju está ao lado de Kim Jong Un para fazê-lo parecer um líder mais moderno e transmitir uma sensação de propósito, Kim Yo Jong está trabalhando. A primeira-dama pode desfilar em modelitos de cores vivas e enganchar no braço de seu marido, mas a Primeira Irmã é geralmente vista ao fundo, garantindo que tudo ocorra tranquilamente.

Ela pode ser vista saindo detrás de um pilar em uma sacada supervisionando uma enorme cerimônia militar em Pyongyang em 2017, levando documentos para seu irmão, que aparentemente eram relacionados ao espetáculo que ocorria na praça e no céu à frente deles. Na inauguração de um grande distrito residencial na capital, ela estava no palco, garantindo que os fotógrafos estivessem posicionados e que tudo estivesse pronto antes de seu irmão chegar. Muitas vezes está conferindo seu telefone.

Ela tem acompanhado Kim Jong Un às visitas de orientação em campo em bases militares, fábricas e museus. Geralmente está sorrindo e tem um caderno nas mãos, como os outros políticos. E está sempre vestida como funcionária pública.

E desde que o irmão assumiu o poder, vem sendo promovida no Partido dos Trabalhadores.

Mais para o final de 2014, Kim Yo Jong foi nomeada vice-diretora do Departamento de Propaganda e Agitação do Partido dos Trabalhadores. Ele controla toda a mídia da Coreia do Norte, decidindo o que é transmitido na televisão e no rádio, quais histórias aparecem nos jornais e quais livros são adequados para publicação. É a guardiã do culto de personalidade.

Dentro do departamento, ela controla o Escritório Documental Nº5, a unidade de propaganda que produz relatórios e fotos sobre as atividades do Líder Supremo que, então, são usadas na mídia estatal. Seu pai assumiu esse mesmo cargo para o próprio pai.[3]

O cargo de Kim Yo Jong no departamento de propaganda é, de certa forma, confuso. Ela não é uma substituta. Foi colocada nesse cargo para garantir que seu irmão, como seu avô, pareça um líder benevolente a ser adorado. Ela assumiu o cargo de um homem de 89 anos que fora uma figura tão central no regime que caminhou ao lado do carro funerário durante o funeral de Kim Jong Il, e que desapareceu repentinamente em meados de 2016. Mas, de repente, a Primeira Irmã estava em todos os lugares.

Em 2016, foi nomeada membro do Comitê Central do Partido dos Trabalhadores. No ano seguinte, tornou-se membro alternativo do politburo do partido, assumindo a posição de sua tia. A foto do novo politburo mostra Kim Jong Un no centro, flanqueado por dezenas de homens velhos o bastante para se aposentar e uma mulher esbelta com seus 20 e poucos anos.

Ela nunca foi anunciada como a irmã do líder, mas não é preciso ser um gênio para descobrir. Mesmo entre a elite norte-coreana, não há um caminho óbvio para uma jovem ser promovida tão rapidamente na hierarquia de poder. Além disso, o fato de ela ter "Jong" em seu nome sugere que ela tem relação de parentesco próxima com Kim Jong Il e Kim Jong Un.

Ela se tornou proeminente o bastante para ganhar um lugar nas listas de sanções norte-americanas. Em 2017, foi acusada de abusos aos direitos humanos por causa de seu papel em impor um sistema de censura severa na Coreia do Norte. Estar presente na lista evita que cidadãos norte-americanos façam negócios com ela, e seus bens foram congelados nos Estados Unidos — uma designação simbólica, já que ela não faz negócios e não tem nada no país. Mas isso enfatiza seu papel no centro do regime.

Não fez diferença para ela, que continuou ganhando influência na Coreia do Norte e subindo na hierarquia comunista, assim como a irmã de Kim Jong Il antes dela.

Não há um herdeiro óbvio de Kim Jong Un. Se ele tiver um filho, ainda é muito jovem. Isso levou à especulação de que ele talvez esteja preparando sua irmã para assumir caso alguma coisa lhe aconteça.

Um dia, conheci um sul-coreano especialista em liderança da Coreia do Norte e lhe perguntei se Kim Yo Jong poderia estar na linha de sucessão do irmão. Ele me olhou como se eu fosse maluca. "Ela não pode ser líder. É mulher", respondeu. E finalizou educadamente com um: "Dã!"[4]

Ele tem razão. Seria incomum em uma Coreia do Norte extremamente machista que uma mulher tivesse qualquer cargo que não fosse de suporte. O mais provável é que um homem da família assumiria. Talvez seu irmão nunca visto na Coreia do Norte, Kim Jong Chol. Kim Yo Jong direcionaria suas habilidades formidáveis para promovê-lo como o herdeiro de direito da dinastia da família enquanto continuaria a manipular tudo dos bastidores.

A Primeira Irmã também parece estar trabalhando na criação da próxima geração de descendentes de Paektu. Foi vista com uma aliança e supostamente está casada com o filho de Choe Ryong Hae, o tenente-coronel de seu irmão. Acredita-se que seu marido trabalhe no Escritório 39, a unidade do Partido dos Trabalhadores que angaria dinheiro para os fundos políticos ilegais do líder.

Quando Kim Yo Jong visitou a Coreia do Sul para as Olimpíadas, algumas pessoas notaram que ela tinha uma barriguinha em um corpo de estrutura esbelta e se perguntaram se ela poderia estar grávida. Os oficiais sulistas revelaram mais tarde que ela havia dado à luz alguns meses antes.

A visita da Primeira Irmã ao Sul desencadeou um frenesi de contatos entre as duas Coreias. Oficiais começaram a estabelecer a base para uma cúpula que acontecria em Panmunjom, a vila de trégua no meio da zona desmilitarizada, dentro de dois meses.

Mas, primeiro, houve um soft power (poder brando) muito surpreendente. Uma enorme trupe artística sul-coreana foi a Pyongyang para fazer uma apresentação para Kim e seus comparsas em um concerto chamado "A Primavera Está Chegando".

A trupe incluía um monte de cantores cuja música fora oficialmente banida do Norte, incluindo estrelas do K-pop como Red Velvet, um grupo feminino em que as integrantes usam cabelo tingido e roupas reveladoras. Elas cantaram sucessos como "Bad Boy" na presença do maior bad boy coreano. "Sempre que eu me aproximo, outro bad boy cai. Eu os pego como uhh uhh", cantaram. Sua coreografia foi menos provocante do que o normal.

Kim e sua esposa, uma ex-integrante da resposta norte-coreana a esses grupos manufaturados de K-pop, aplaudiram o tempo todo, e no fim houve aplausos em pé que duraram dez minutos no total. Era diferente de tudo que a elite norte-coreana já vira antes — pelo menos oficialmente.

Os músicos sul-coreanos já haviam se apresentado anteriormente na Coreia do Norte, mas nunca na presença de um líder. Isso tudo fazia parte do esforço do Grande Sucessor para parecer um governante mais moderno. Ele até ajustou sua agenda para que pudesse ir ao primeiro concerto e assistir ao Red Velvet, falou às cantoras, agradecendo pelo "belo presente" para os cidadãos de Pyongyang. Mas a apresentação mais recatada do grupo aparentemente ainda foi muito arriscada para o consumo geral. Elas foram cortadas das gravações do concerto transmitidas pela televisão estatal norte-coreana.

Mesmo assim, Kim as encontrou em seguida e até posou, com a esposa, para uma foto com todos os artistas: os sul-coreanos com cabelos loiros, mulheres de shorts e botas acima do joelho, os roqueiros da banda YB com seus ternos brancos e Kim no meio com sua túnica Mao.

Essa foto apareceu na primeira página do *Rodong Sinmun*, uma jogada surpreendente para o principal jornal estatal. A música sul-coreana estava banida da Coreia do Norte; ser pego com ela era um crime político que poderia ter sérias consequências. Ainda assim, lá estavam aqueles infiéis sulistas com sua moralidade questionável posando com o homem que impôs a proibição.

A Coreia do Norte não admitiu a contradição. "Nosso querido líder camarada disse que seu coração ficou maior" enquanto ouvia a apresentação, relatou a mídia estatal, acrescentando que ele ficou feliz em ver seu povo desenvolver uma compreensão maior da cultura pop sul-coreana.

Kim Jong Un foi muito amigável pessoalmente, disse Choi Jin-hee, uma cantora sul-coreana de 60 e poucos anos que o conheceu depois do concerto. "É claro que sei que ele matou seu tio e fez todas aquelas coisas terríveis, mas foi muito eloquente e passou uma boa impressão", contou-me quando a visitei.

Choi é conhecida pelo sucesso "The Maze of Love", que dizem ter sido uma das favoritas de Kim Jong Il. Ela achou que seria óbvio apresentá-la em Pyongyang, mas assim que chegou pediram para que cantasse "Belated Regret", uma balada sul-coreana de 1985 que ela nunca cantou antes. Ficou intrigada, mas estava claro que o próprio líder havia pedido a música.

"Kim Jong Un em pessoa se aproximou de mim e disse que gostou muito de eu ter cantado aquela música", disse Choi. "Eu soube da história depois pelos cantores norte-coreanos. Aparentemente, quando sua mãe estava com câncer, ela ouvia muito 'Belated Regret'."

Kim Jong Un não viajou para fora do país durante seus primeiros seis anos no poder. Esteve muito ocupado em casa.

Agora, com sua irmã organizando tudo, ele estava pronto para se apresentar como um líder global responsável e respeitado. Durante essa transformação, mostrou-se um estrategista hábil capaz de mover as peças pelo tabuleiro de xadrez da diplomacia internacional.

Convidou o presidente sul-coreano para uma cúpula. Mas provou-se inteligente em fazer com que os sul-coreanos agissem como intermediários entre ele e Donald Trump na organização da cúpula. Os sul-coreanos tinham um incentivo maior do que nunca para fazer isso funcionar.

No começo de março de 2018, menos de um mês depois da abertura das Olimpíadas e da entrega do convite por Kim Yo Jong, os enviados do presidente sul-coreano viajaram para Washington para encontros na Casa Branca. Acharam que falariam primeiro com assessores e talvez encontrassem Trump no dia seguinte.

Em vez disso, Trump entrou na primeira reunião, surpreendendo a delegação sul-coreana e, surpreendeu-os de novo quando concordou imediatamente com a cúpula com Kim Jong Un. Na verdade, ele queria fazer a reunião o quanto antes.

Os sul-coreanos ficaram embasbacados e perguntaram: "O presidente sul-coreano não deveria encontrá-lo primeiro e descobrir o que ele quer?" Trump relutantemente achou o argumento sensato.

Os funcionários de segurança nacional de Trump pediram para que ele adiasse o anúncio. Ele lhes deu mais ou menos uma hora. Eles correram para ligar para o gabinete do primeiro-ministro japonês e avisar o aliado conservador sobre o que aconteceria. Então os enviados sul-coreanos saíram para o estacionamento da West Wing e anunciaram a cúpula. De uma perspectiva diplomática, isso foi muito irregular: um governo estrangeiro acabara de fazer um anúncio em nome do presidente norte-americano.

De certa forma, Kim Jong Un, um pária internacional até então, conseguira iniciar uma competição entre os líderes para ser o primeiro a encontrá-lo, pois não era apenas Trump que queria fazer história.

Em Beijing, o Presidente Xi Jinping assistia a tudo. O líder chinês deixou claro que não tinha tempo para o jovem rebelde do país vizinho. Rejeitando setenta anos de história em que a China e a Coreia do Norte eram supostamente "como unha e carne", Xi e Kim não se encontraram uma única vez nos cinco anos em que ambos estiveram no poder.

Kim Jong Un nunca fez a visita ritual para prestar homenagem ao benfeitor comunista e protetor do outro lado da fronteira. E Xi Jinping, que chegou à presidência no início de 2013, não mostrou interesse em se envolver com ele. Afinal de contas, no mesmo ano em que Xi assumiu, Kim Jong Un executou o norte-coreano mais próximo da China, o Tio Jang.

A China não estava impressionada com a busca incansável de Kim Jong Un pelas armas nucleares e mísseis. Quando a Coreia do Norte lançou três mísseis balísticos de médio alcance no mesmo dia em que Xi estava recebendo líderes das vinte maiores economias na cidade oriental de Hangzhou, os chineses ficaram claramente muito irados. Outra salva no ano seguinte arruinou a abertura de Xi do Fórum do Cinturão e Rota, um espetáculo enorme que deveria ser a resposta da China para Davos. A audaciosa Coreia do Norte envergonhou o presidente chinês.

Essas jogadas provocativas mostraram uma audácia impressionante do jovem líder norte-coreano. Uma coisa era se recusar a bajular o presidente vizinho, mas outra totalmente diferente era tentar humilhá-lo ativamente.

Mas os eventos do início de 2018 mudaram o cálculo: de repente, Xi tinha um interesse urgente em falar com Kim. Ou melhor, não queria ser o único a não falar com ele.

Então, na primeira parada de seu debute, Kim Jong Un e Ri Sol Ju embarcaram no trem especial do líder, com suas poltronas rosa-choque estofadas, a caminho de Beijing. Kim daria pessoalmente uma atualização a Xi sobre os últimos acontecimentos, relatou a mídia estatal chinesa.

O líder que fora evitado por Xi durante tanto tempo foi recepcionado com um tapete vermelho — literalmente. Havia um na plataforma da Estação de Beijing. Mais tarde, Xi e Kim caminharam por tapetes vermelhos, inspecionando a guarda militar e pousando para fotos felizes. A esposa de Xi, Peng Liyuan, era uma famosa cantora de ópera na China, então as mulheres traziam uma bela dose de glamour aos eventos.

O jantar foi um acontecimento agradável. Gravações em preto e branco dos velhos tempos foram exibidas em telas grandes. Lá estava o avô de Kim Jong Un encontrando Mao Zedong e abraçando Deng Xiaoping e Jiang Zemin. Lá estava Kim Jong Il abraçando Jiang e seu sucessor, Hu Jintao, três vezes na tradição socialista.

No fim de tudo, Xi e Peng, de mãos dadas, acenando e sorrindo enquanto o jovem casal partia em um carro preto. Foi como recém-casados saindo de seu primeiro Dia de Ação de Graças na casa dos pais do noivo.

Foi um sinal surpreendente do reconhecimento de ambos os lados de que tinham muito a ganhar em serem amigos próximos e harmoniosos. Kim Jong Un sabia que precisava do homem que ainda era, apesar da tensão em suas relações, seu maior aliado.

E agora que Kim Jong Un começou a falar, a China não precisava mais se preocupar com a campanha de "pressão máxima". O fantasma da guerra na Península Coreana diminuiu, então Xi Jinping podia voltar à sua preocupação de sempre: garantir que haja estabilidade na Coreia do Norte. Os frutos do mar norte-coreanos voltaram aos mercados nas cidades fronteiriças chinesas e os trabalhadores norte-coreanos começaram a retornar para as fábricas. As sanções internacionais, ainda em vigor, não precisavam mais ser impostas. Xi não precisava mais evitar uma invasão.

Quando Kim Jong Un chegou em casa, a televisão estatal norte-coreana transmitiu uma vasta cobertura da visita. Ficou claro que o jovem líder tinha organizado cada momento filmado dessa viagem. Havia câmeras instaladas sobre a ponte entre a China e a Coreia do Norte para filmar a passagem do trem de Kim Jong Un.

O Grande Sucessor queria que seus súditos vissem cada segundo. Queria que vissem os dois líderes em pé, literalmente lado a lado, em frente às bandeiras chinesa e norte-coreana, suas esposas glamourosas a seus lados, Kim Jong Un e Xi Jinping como iguais.

Um mês depois, Kim Jong Un foi até o limite de concreto que marca a linha divisória entre as Coreias separadas há 65 anos. O presidente sul-coreano Moon Jae-in, cujos pais foram expulsos da Coreia do Norte durante a mesma guerra, esperava do lado sul da Área de Segurança Conjunta na zona desmilitarizada, não muito longe de onde o acordo de armistício que terminou a guerra foi assinado em 1953.

Kim Jong Un se aproximou, o braço esticado para apertar a mão do sorridente Moon durante um tempo excessivamente longo enquanto as câmeras capturavam o momento histórico.

Então o jovem norte-coreano mostrou quem estava no controle. Depois de cruzar a linha para o lado sul e posar para mais fotos, convidou o líder sul-coreano para voltar com ele para o lado Norte. Moon aceitou e, de mãos dadas, os dois homens ficaram de pé no que é tecnicamente terreno norte-coreano. Os repórteres da Coreia do Sul ficaram sem ar. Kim Jong Un estava escrevendo esse roteiro.

O dia 27 de abril de 2018 provou ser um dia extraordinário que produziu um acordo sob o qual os dois líderes juraram trabalhar em direção a terminar formalmente a guerra e melhorar suas relações. Também declararam que a Península Coreana seria livre de armas nucleares. Isso foi tratado em partes de Washington — especificamente a Casa Branca —, como se Kim Jong Un estivesse estabelecendo a base para desistir de suas armas nucleares. "Coisas boas estão acontecendo", tuitou Trump quando acordou e leu as notícias da cúpula.

Na verdade, as palavras "Península Coreana" insinuaram problemas em potencial. A Coreia do Norte há tempos insiste que os Estados Unidos removam sua capacidade nuclear da metade sul da península coreana como parte de qualquer acordo. Embora tenham removido armas nucleares instaladas na

Coreia do Sul como parte de um acordo em 1991, os norte-americanos enviam regularmente jatos e navios estratégicos com capacidade nuclear para o sul. Pois para os Estados Unidos e sua aliança militar com a Coreia do Sul, isso nunca foi negociável.

Nesse dia de abril, eu vi estarrecida enquanto Kim e Moon caminhavam pelo passadiço da zona desmilitarizada especialmente construído para a ocasião. Por meia hora, em bancos de parque sob o sol, eles conversaram frente a frente sobre assuntos que englobaram os Estados Unidos, as Nações Unidas, o programa nuclear da Coreia do Norte e até Donald Trump pessoalmente, de acordo com leitores de lábios que analisaram as filmagens. Moon pareceu explicar qual seria a abordagem do presidente norte-americano em sua reunião com Kim.[5]

Essa foi a primeira de três reuniões que ocorreriam entre os dois líderes nos meses seguintes. A segunda foi rapidamente organizada quando pareceu que a cúpula entre Kim Jong Un e Donald Trump tinha saído dos trilhos, e a terceira foi quando Moon fez a visita de retorno à Coreia do Norte.

A diplomacia produziu resultados surpreendentes. Kim Jong Un permitiu que o presidente sul-coreano — um homem com um cargo que a Coreia do Norte considera totalmente ilegítimo, já que os Kims deveriam ser os únicos líderes legítimos da Coreia — fizesse um discurso sincero para 150 mil norte-coreanos em um estádio. No fim de 2018, os dois lados começaram a baixar a guarda na zona desmilitarizada.

Kim também ordenou o fim da área de testes nucleares da Coreia do Norte sob uma montanha no norte do país. Ele não precisava mais dela — tinha conseguido a capacidade técnica que queria e a montanha já estava muito enfraquecida —, mas foi um jeito espetacular de fazer com que parecesse que estava desistindo de seu programa nuclear sem realmente desistir de qualquer arma. Explosivos foram detonados nos portais da área de testes, e a filmagem foi transmitida no mundo todo. Foi uma jogada norte-coreana clássica: Kim Jong Un parecia que estava cedendo em alguma coisa, mas era apenas — e neste caso, literalmente — uma cortina de fumaça.

Os encontros encenados com Moon podem ter sido relativamente superficiais, mas ainda ofereciam uma grande quantidade de informações valiosas. Cada encontro oferecia relances das operações de Kim Jong Un.

O líder norte-coreano, mais acostumado a emitir ameaças incendiárias e armas de destruição em massa, mostrou-se capaz de agir como um estadista internacional, sendo afável e até autodepreciativo.

Quando Thomas Bach, o alemão que foi presidente do Comitê Olímpico Internacional, foi para a Coreia do Norte em março de 2018, Kim Jong Un o levou depois a um jogo de futebol no grande Estádio Primeiro de Maio de Pyongyang.

Durante a partida, Kim falou repetidas vezes sobre a importância dos esportes no sistema educacional norte-coreano e para o bem-estar geral da população. O esporte era uma prioridade, disse o líder.

A ironia de uma pessoa claramente obesa falando da importância do esporte não foi ignorada por Kim Jong Un, e ele mostrou uma habilidade surpreendente de brincar sobre si mesmo. Tal piada seria considerada traição se feita por qualquer outra pessoa da Coreia do Norte.

Pode não parecer, ele disse mais ou menos a Bach, mas eu adoro esportes, e costumava jogar muito basquete. Várias risadas vieram em seguida.

De fato, os encontros ofereciam informações sem filtros do que pode ser o maior fator de risco de Kim Jong Un: sua saúde. O jovem líder parece um infarto ambulante e claramente já teve problemas de saúde. O período no fim de 2014 foi um claro indício. Ele ainda tinha 30 anos quando desapareceu por seis semanas, aparentemente como resultado de uma gota, e retornou com uma bengala.

Quatro anos depois, quando os dois líderes coreanos encheram de terra a base de um pinheiro durante seu primeiro encontro, o presidente sul-coreano de 65 anos o fez com facilidade. No entanto, a dificuldade para respirar era visível no norte-coreano de 30 anos. Seu rosto ficou vermelho depois do pequeno esforço. Em uma reunião anterior, a esposa de Kim Jong Un disse aos enviados sulistas que não conseguia fazê-lo parar de fumar.

Depois, quando todos foram juntos ao Monte Paektu em setembro, Kim Jong Un estava extremamente ofegante. Ele comentou que Moon não parecia nem um pouco sem fôlego. Não para uma caminhada tão fácil quanto essa, respondeu o sul-coreano que adora fazer caminhadas.

Os norte-coreanos protegem rigorosamente os detalhes da saúde do líder. Em todas as suas reuniões fora da Coreia do Norte — incluindo em Cingapura — eles viajaram com um banheiro portátil especial para ele para que não deixasse nenhuma amostra da qual informações sobre sua saúde pudessem ser extraídas.

Mas, com todos esses encontros, havia muitos vídeos não censurados de Kim Jong Un por aí, e os especialistas médicos foram capazes de tirar algumas conclusões.

Primeiro, o classificaram como gravemente obeso. Kim Jong Un tem 1,70m de altura, e seu peso é estimado em cerca de 136kg. O que significa que seu índice de massa corporal é 45 ou 46, extremamente alto.

Isso afeta como ele anda — com os dedos dos pés e os braços virados para fora. Os médicos especulam que ele deve roncar muito. Ao assistirem atentamente às filmagens de Kim, chegaram até a contar suas respirações. Ele exalou 35 vezes em uma caminhada de 42 segundos com Moon durante a primeira cúpula. Ou estava nervoso ou sua capacidade pulmonar estava reduzida pela falta de exercícios.

Notaram que parecia haver algo de errado com seu tornozelo direito — fato consistente com relatos de 2014, embora não haja provas de que fora resultado do consumo excessivo de queijo — e que ele poderia estar usando uma proteção.

Eles especularam que o Grande Sucessor comia demais como resultado do estresse do trabalho e opinaram que sua perspectiva de saúde era catastrófica. "Geralmente, esse tipo de obesidade, combinada ao fumo, reduz a expectativa de vida em 10 a 20 anos", disse o professor Huh Yun-seok do Inha University Hospital, sugerindo que o jovem líder já tenha diabetes.

Seu jeito de andar "como pato" também é uma indicação de um estado físico debilitado. Outro médico notou que uma pessoa gravemente obesa é quatro vezes mais propensa a desenvolver artrite.

E não era apenas o Grande Sucessor que estava em má forma. Ele sabia que seu país também estava.

Kim Jong Un foi surpreendentemente franco durante seus encontros com o presidente sul-coreano sobre as deficiências no suposto Paraíso do Povo ao norte da zona desmilitarizada. Ele avisou seu equivalente sulista que, quando fosse ao Norte, encontraria um sistema de transporte "deficiente e desconfortável" comparado ao trem de alta velocidade do Sul.

Ele finalizou o dia falando ao vivo com o mundo pela primeira vez. Ficou de pé em frente a um palanque ao lado de um chefe de estado eleito e leu uma declaração para repórteres como um líder comum.

Sua esposa também sabia como desempenhar seu papel. No jantar daquela noite, os sul-coreanos levaram um mágico para quebrar o gelo. Mas foi a primeira-dama norte-coreana que fez todos rirem primeiro. "Eu vou desaparecer?", perguntou brincando Ri Sol Ju, imediatamente deixando o clima mais leve.

O mágico passou pelo cômodo coletando dinheiro dos participantes e transformando notas altas em menores. Depois transformou uma nota de dez dólares em uma de cem, e entregou a Moon. Os dois líderes riram alto, Moon segurando o dinheiro com o rosto de Benjamin Franklin e Kim entusiástico balançando a mão no ar. Alguém gritou: "Não precisamos mais importar da Coreia do Norte. Você pode criar o dinheiro assim com mágica!"

Eles beberam muito. Os sul-coreanos serviram uma marca superpremium de soju, com 40% de teor alcoólico, e Kim Jong Un não recusou nem uma vez a oferta da bebida durante as quase três horas do banquete.[6]

Depois de finalizado o jantar, os funcionários norte-coreanos passaram pela mesa e coletaram todos os copos e talheres usados por Kim Jong Un e sua irmã nas reuniões, lavando-os minuciosamente.

Durante esses encontros, Kim Jong Un provou que podia fazer piadas, podia mostrar seu charme e acariciar o ego de um presidente rival. Em todos os aspectos, ele provou que não era louco, mas sim um líder calculista com uma estratégia que seguia de acordo com o planejado.

Com o ensaio geral concluído, Kim estava pronto para o evento principal.

CAPÍTULO 16

FALANDO COM OS "CHACAIS"

"A reunião do século, iniciando uma nova história nas relações entre EUA e Coreia do Norte."

— *Rodong Sinmun*, 13 de junho de 2018

O HOMEM TÃO RIDICULARIZADO E SUBESTIMADO ESTAVA PRESTES a realizar seu maior triunfo até então: o líder de um país minúsculo que ainda estava tecnicamente em guerra com os Estados Unidos se reuniria com seu presidente. Tal encontro daria a Kim uma aparência superficial de legitimidade e respeitabilidade no mundo inteiro. E, se tudo corresse bem, poderia abrir caminho para a remoção das sanções debilitantes e, até mesmo, no futuro, ao investimento norte-americano.

Em 12 de junho de 2018 — menos de nove meses depois que os norte--coreanos ameaçaram "domar o caquético mentalmente insano dos EUA com fogo" — Kim Jong Un e Donald Trump caminharam por uma plataforma no recluso Hotel Capella em Cingapura. Em frente a bandeiras norte-coreanas e norte-americanas cuidadosamente hasteadas, eles sorriram um para o outro e apertaram as mãos pelo que pareceram muitos minutos.

Foi surpreendente. Até para o próprio Grande Sucessor.

"Muitas pessoas pelo mundo acharão que isso é um tipo de filme de ficção científica", falou o líder norte-coreano a Trump por intermédio de seu intérprete enquanto caminhavam para a sala em que suas delegações aguardavam.

Não era mais o "Homenzinho do Foguete". Não era mais o "doido de pedra". Kim Jong Un estava demonstrando que era, de fato, o "cara esperto" como Trump o chamara uma vez.

Kim Jong Un conseguiu algo que seu avô e seu pai haviam tentado, mas falharam.

Nos últimos anos de sua vida, Kim Il Sung explorou a possibilidade de um "ótimo acordo" com os Estados Unidos. Ele se encontrou duas vezes com o evangelista norte-americano Billy Graham. Na primeira reunião, em 1992, Graham levou uma mensagem pessoal do Presidente George H. W. Bush.

Kim Jong Il convidou Bill Clinton para ir a Pyongyang quando o presidente norte-americano chegava ao fim do seu segundo governo. Clinton enviou sua secretária de estado, Madeleine Albright, em uma missão exploratória, e havia esperanças de que esse fosse o começo de relações melhores. Mas Clinton escolheu passar seus últimos meses no gabinete lidando com outro problema intratável: Israel e Palestina.

Mas Kim Jong Un seria quem realizaria a façanha.

Em Washington, D.C., comentaristas estavam arrancando os cabelos. Diziam que não era assim que se fazia diplomacia. As cúpulas devem ser feitas no final de um processo, não no começo, resmungavam. Enfureceram-se pois ele estava usando uma jogada de seu pai. Os Estados Unidos não conseguiriam fazer a Coreia do Norte desistir de suas armas nucleares dessa forma.

Mas, de meu lugar em Cingapura, eu me sentia otimista com o processo. Nem por um segundo achei que o Grande Sucessor desistiria de suas armas nucleares. Elas eram sua garantia, e ele precisava delas. O destino de Muammar Gaddafi ainda estava em sua mente.

Mas ele pode estar disposto a desistir de alguns de seus mísseis e ogivas nucleares para aliviar as sanções e normalizar sua liderança aos olhos do mundo. Kim Jong Un não facilitaria as coisas, mas parecia estar disposto a jogar.

E talvez fosse hora de tentar algo diferente. Durante 25 anos, o jeito convencional não funcionou. Talvez esses dois líderes não convencionais fossem exatamente as pessoas certas para tentar algo não ortodoxo.

Kim Jong Un mostrou que não era seu pai. Era muito mais corajoso e audacioso. E Trump era diferente de qualquer presidente que os Estados Unidos já viram.

Desde que assumiu, Trump adotou uma prática incomum em suas reuniões com outros líderes. Ele gosta de encontrá-los sozinho, às vezes apenas com um intérprete entre eles. Esse era um sinal de sua convicção de que podia construir uma conexão pessoal com seu equivalente e conseguir um bom acordo.

Essa abordagem combinava com Kim Jong Un. E relacionamentos pessoais são muito importantes quando se faz qualquer tipo de acordo na Ásia, particularmente quando é algo difícil. E é ainda mais o caso em autocracias conduzidas por tiranos.

Quando os Estados Unidos e a China estavam normalizando seu relacionamento no início da década de 1970, o então secretário de estado Henry Kissinger passou centenas de horas em reuniões com o primeiro-ministro chinês, Zhou Enlai. De forma similar, Pompeo, o secretário de estado, passou horas com Kim Jong Un e seus principais assessores antes e depois da cúpula, em Washington, Nova York e Pyongyang.

Ao realizar essa cúpula, Kim Jong Un e Donald Trump investiam pessoalmente no processo. Ambos teriam um incentivo para que funcionasse.

Além disso, mesmo com todas as suas diferenças, Kim Jong Un e Donald Trump têm muito em comum. Ambos nasceram em um império familiar. Nenhum dos dois era o mais velho, o herdeiro automático. Mas ambos provaram a seus pais que eram o homem certo para herdar a dinastia. E ambos amam um projeto grandioso de construção.

Meu otimismo com a cúpula vinha, em sua maior parte, do fato de que Kim Jong Un tinha dado um sinal claro, mas muito desprezado, de que estava agora se concentrando 100% na economia.

Apenas uma semana antes de seu encontro de cúpula com Moon, o presidente sul-coreano, Kim Jong Un fez um discurso em uma reunião do Partido dos Trabalhadores em Pyongyang na qual declarou que o "byungjin" ou a política do "avanço simultâneo" tinha acabado. Não precisava mais cobiçar as armas nucleares — já as tinha conseguido. Declarou um fim imediato aos testes nucleares e aos lançamentos de mísseis balísticos intercontinentais.

Tendo provado suas qualificações militares e se livrado de críticos e rivais em potencial, estava pronto para seguir em frente com as mudanças premeditadas que possibilitariam o crescimento econômico.

De agora em diante, Kim Jong Un disse, ele focaria "uma nova linha estratégica". Ele se concentraria na economia. E, para isso, precisaria de um "ambiente internacional favorável para a construção econômica socialista".

Foi uma mudança tectônica. Em 2013, ele corajosamente elevou a economia ao mesmo nível do programa nuclear depois de décadas de política das "forças armadas primeiro". Cinco anos depois, quase no mesmo dia, estava inequivocamente transformando o desenvolvimento da economia em sua maior prioridade.

Mas não podia alcançar sua visão estratégica para desenvolvimento econômico enquanto as sanções lideradas pelos norte-americanos, tão amplas que ameaçavam estrangular a economia, continuassem. Nem podia alcançar seu objetivo diplomático de ser visto como um líder respeitável e responsável de um estado normal sem o selo de aprovação do presidente norte-americano.

A metamorfose planejada de Kim Jong Un em um estadista global cosmopolita ficou aparente no momento em que saiu da Coreia do Norte.

Seu pai, que morria de medo de avião, sempre pegava seu trem blindado quando viajava para Beijing ou Moscou. O Grande Sucessor não tinha esse medo, mas também não tinha um avião particularmente confiável. Então ele pegou um emprestado de seus vizinhos benfeitores — um Boeing 747 da Air China que geralmente era ocupado pelo primeiro-ministro de Beijing. Era um avião norte-americano com uma grande logo da Star Alliance ao lado da porta.

Kim Jong Un nem tentou disfarçar o fato de que tinha um avião emprestado. Suas fotos embarcando no jato da Air China apareceram coloridas na primeira página do principal jornal da Coreia do Norte, quase como se o empréstimo da aeronave fosse um motivo de orgulho.

A Primeira Irmã viajou em um avião norte-coreano separado. Os Kims aparentemente não queriam correr o risco de derramar muito sangue de Paektu ao mesmo tempo se algo adverso acontecesse.

As preparações logísticas foram vastas. Kim nunca estivera tão longe de casa desde que se tornou líder. O Comando da Guarda Suprema, a comitiva de segurança pessoal do líder que estima-se englobar cerca de 120 mil soldados, não deixou nada ao acaso.

Os guardas norte-coreanos monitoraram a segurança na entrada do Hotel St. Regis, onde Kim Jong Un e sua irmã ficariam. A propósito, o agora falecido meio-irmão Kim Jong Nam gostava de ficar nesse mesmo hotel.

Os três andares superiores foram reservados para os norte-coreanos, incluindo a suíte presidencial com diária de US$7 mil no 20º andar. (Cingapura recebeu a conta pela acomodação e refeições no hotel.) Seguranças foram colocados nos elevadores 24 horas por dia para garantir que ninguém tentasse subir além do 16º andar.

Os seguranças queriam verificar todos os quartos do hotel, mas a administração recusou o acesso além dos três andares superiores. Eles vasculharam esses quartos, além das salas de reunião do local da cúpula procurando explosivos, escutas e qualquer outra coisa que pudesse prejudicar ou ofender seu líder.

Nenhum dos quartos foi liberado até dois dias depois de Kim Jong Un deixar Cingapura. Os funcionários norte-coreanos tinham muito a limpar antes de entregar os quartos de volta ao administrador do hotel, sem traços de DNA da família Kim.

Kim e sua irmã ficaram em seus quartos enquanto estiveram em St. Regis. Comeram refeições especialmente preparadas com ingredientes levados de Pyongyang, transportados em um avião de carga separado e entregues em caminhões refrigerados que esperavam no aeroporto de Cingapura. O mesmo avião levou a limusine de Kim Jong Un, bem como armas autorizadas e outros suprimentos.

Assim que chegou em segurança em Cingapura, Kim Jong Un esbanjava simpatia.

No primeiro dia, encontrou o primeiro-ministro de Cingapura, o filho do líder fundador do país insular, Lee Kuan Yew, um tirano que governou durante umas cinco décadas. O primeiro-ministro declarou mais tarde que o homem de 34 anos era um "líder jovem e confiante".

Kim Jong Un posou para mais uma foto de aperto de mão oficial para acrescentar ao seu álbum de legitimidade.

Naquele dia, depois do anoitecer, ele partiu em uma excursão não anunciada pelos pontos turísticos mais espetaculares de Cingapura. Guiado pelos ministros do exterior e da educação do país, Kim Jong Un, sua irmã e um bando de guarda-costas e cinegrafistas norte-coreanos caminharam pela resplandescente beira-mar. Admiraram as flores dos Jardins da Baía, um parque futurístico espetacular. E fizeram o mesmo que milhões de turistas antes deles: posaram para selfies. Kim sorriu para a câmera do ministro do exterior, suas bochechas coradas pela umidade sufocante.

Eles passaram por uma ponte e contornaram até o Hotel Marina Bay Sands, uma maravilha arquitetônica que engloba um barco gigante de concreto sobre três arranha-céus. A propósito, ele é de propriedade de Sheldon Adelson, o magnata dos cassinos que apoiou Trump nas eleições de 2016 e cujas propriedades em Macau eram regularmente visitadas por Kim Jong Nam.

Subiram até o Sky Park, uma área aberta de bar com uma piscina infinita no 57º andar. Kim Jong Un ficou parado no deque por cerca de dez minutos observando o horizonte com seus arranha-céus com placas iluminadas do Citibank e do HSBC no topo.

A todo lugar que ia, o líder norte-coreano atraía multidões enormes. Hordas de turistas e moradores locais queriam vê-lo. Eles se enfileiraram nas ruas, forçando as barreiras policiais, enquanto ele chegava ao hotel. Se amontoaram na área a beira-mar para tirar fotos para suas páginas de mídias sociais enquanto ele caminhava pela esplanada. Ficaram nas pontas dos pés no saguão do complexo de Marina Bay Sands para tentar vê-lo acima da multidão. Banhistas, algumas com biquínis minúsculos, saíram da piscina infinita para vê-lo passar.

Era um jeito perfeito de alimentar o culto de personalidade de Kim Jong Un. Assim como as multidões se reúnem na Coreia do Norte para demonstrar sua devoção a ele, aqui também havia amontoados de estrangeiros se reunindo para ver o Amado e Respeitado Líder Supremo. Fotos de tudo isso seriam espalhadas pelo jornal e televisões norte-coreanos. "Viu?", podiam dizer seus propagandistas para o povo. "Kim Jong Un também é venerado no exterior."

Cingapura era o destino ideal para a cúpula por muitas razões. Um fluxo contínuo de norte-coreanos e negócios da Coreia do Norte passaram pela cidade ao longo dos anos. Eles nem precisavam de um visto para entrar no país, tornando-o um dos poucos lugares para o qual os norte-coreanos podiam viajar facilmente. Cingapura era o representante do sentimento mais amplo no sudeste da Ásia de que o envolvimento era o jeito certo de conduzir locais erráticos para um caminho melhor. Era uma abordagem muito diferente das sanções e do isolamento favorecido pelos Estados Unidos.

Essa não era a primeira vez que um líder asiático ia para Cingapura a fim de se inspirar.

O visionário da economia chinesa Deng Xiaoping visitou o país em 1978. Fez uma excursão pela cidade com Lee, que explicou como fez tudo. Deng ficou extremamente impressionado. Cinco anos depois, introduziu o socialismo com características chinesas. Então Cingapura esperava inspirar outro país asiático que necessitava desesperadamente de transformação econômica, mas tinha medo mortal da mudança política.

Kim Jong Un estava receptivo. Uma prova extraordinária disso chegou pela mídia estatal norte-coreana no dia seguinte, quando o principal jornal publicou fotos em sua primeira página mostrando a visita de Kim à Cingapura, que exibiam o navio sobre os arranha-céus.

A cobertura foi complementada com um documentário de televisão impressionante de 42 minutos intitulado *The Epochal Meeting That Pioneered a New History between North Korea and the United States* ["O Encontro Histórico que Iniciou uma Nova História entre a Coreia do Norte e os Estados Unidos", em tradução livre], que mostrava toda a viagem de Kim. O aspecto mais surpreendente foi que o filme oficial exibiu o quanto Cingapura era linda, limpa e deslumbrante, da suíte presidencial luxuosa designada para Kim no St. Regis até os diversos prédios magníficos e únicos dos quais a cidade-estado se gabava.

Mostrava seu comboio se deslocando pela rua comercial mais famosa de Cingapura, passando por lojas Rolex e Prada e pela magnífica área beira-mar.

O narrador do documentário anunciava: "O Grande Líder Camarada disse que estudará o excelente conhecimento e experiências de Cingapura em vários campos de agora em diante."

Depois da cúpula, um economista de Pyongyang disse que, se as sanções fossem retiradas e o clima político melhorasse, a Coreia do Norte poderia emular países como Cingapura e Suíça, "que têm poucos recursos e um território pequeno, mas usavam sua localização geográfica como ponto forte".[1] O economista claramente nunca foi a nenhum dos dois países e parecia ter pouco conhecimento da improbabilidade disso acontecer em um futuro próximo. Havia outros empecilhos no caminho, para dizer o mínimo. Como uma democracia e um estado de direito.

Kim Jong Un estava dando sinais para o resto do mundo — mas, ainda mais importante, para seu próprio povo — de que essa era sua visão. Era o indício mais claro de que o líder norte-coreano não queria ser um ditador estalinista fraco. Queria ser um ditador promotor de desenvolvimento do tipo que prosperou em outras partes da Ásia.

* * *

O grande dia chegou. O dia em que ele ficaria face a face com seu arqui-inimigo. Os riscos eram incrivelmente altos para Kim Jong Un — tanto em termos políticos quanto de sua segurança. Um ditador paranoico vive em constante temor por sua vida.

Quando Kim Jong Un saiu do hotel para ir ao local da cúpula naquela manhã, estava cercado por mais de quarenta agentes do Comando da Guarda Suprema.

A entrada para o esquadrão de elite é extremamente seletiva, com os melhores recrutas do exército passando por uma série de testes que avaliam sua saúde, personalidade, altura, aparência e — mais crucialmente — contexto familiar. Aqueles encarregados por proteger o Brilhante Camarada devem ter credenciais políticas excelentes e vir apenas das classes mais leais. Um ex-guarda-costas escreveu que integrar a segurança pessoal do líder era "mais difícil do que passar pelo buraco de uma agulha".[2]

Mas uma vez que ingressavam, tinham uma boa vida na Coreia do Norte. Kim Jong Un certamente não quer homens infelizes e armados à sua volta.

Doze dos guarda-costas se tornaram breves celebridades online quando foram filmados correndo ao lado da limusine de Kim Jong Un em ternos pretos, mesmo na umidade de Cingapura. Isso parecia englobar o absurdo da liderança norte-coreana.

Kim teve a ideia desse escudo humano com Clint Eastwood. Na infância, viu o filme *Na Linha de Fogo*, em que Eastwood interpreta um agente do serviço secreto norte-americano que protegia John F. Kennedy quando ele foi assassinado em 1963. O personagem de Eastwood e outros agentes correm ao lado do carro do presidente.[3]

O próprio carro também era notável. Kim Jong Un chegou em um S600 Pullman Guard da Mercedes-Maybach, um sedã de 6,5m de comprimento que tinha chegado ao mercado menos de um ano antes e pode ser alugado pela bagatela de US$1,6 milhão.

A Mercedes comercializa o "veículo altamente exclusivo" para "chefes de estado e outros indivíduos expostos a maior risco". Apresenta um "lounge de tamanho generoso e muito bom gosto na traseira", de acordo com a empresa, mas sem dúvida foi a variedade de recursos de segurança que chamou a atenção de Kim.

É totalmente blindado e pode aguentar tiros de metralhadora; tem proteção contra dispositivos explosivos na parte de baixo e uma divisória de aço atrás dos bancos traseiros para proteger a cabeça dos passageiros de qualquer coisa que possa atravessar a janela traseira. Isso também ajuda a fazer com que o carro pese cinco toneladas. Suas portas são tão pesadas que elas têm seus próprios motores para que possam ser abertas e fechadas.

Depois do aperto de mãos inicial em frente às câmeras, os dois líderes passaram para uma reunião particular, ou quase, já que ambos tinham seus intérpretes. Já no início, Kim Jong Un disse: "Prazer em conhecê-lo, Sr. Presidente", em inglês. Eu perguntei a mais ou menos uma dúzia de falantes de inglês e alemão que conheceram Kim Jong Un se ele já tinha ao menos dito um olá para eles nesses idiomas. Nunca aconteceu, mas ele fez um esforço extra para Trump.

No decorrer do encontro de cinco horas, Kim provou que sabia exatamente como lidar com o presidente norte-americano.

Entrou primeiro no hotel, seguindo as regras tradicionais coreanas sobre respeitar os mais velhos. Trump tem mais que o dobro da idade de Kim, o que significa que tem um status maior e deve entrar por último. A língua coreana tem níveis complexos de boas maneiras, e Kim Jong Un se certificou de usar os termos mais honoríficos ao falar com Trump, algo que ele sabia que seria valorizado pelo presidente norte-americano. O intérprete de Trump lhe disse que o líder norte-coreano estava usando uma linguagem muito respeitosa.

Não era a primeira vez que Kim Jong Un tinha jogado com o famoso ego de Trump. Nas semanas que antecederam a cúpula, ele enviou seu principal assessor, Kim Yong Chol, à Casa Branca com uma carta para Trump — não qualquer carta, mas uma em um envelope tão grande que chegava a ser cômico. A Casa Branca divulgou fotos de um Trump sorridente segurando a carta, provocando comparações imediatas aos cheques gigantes que participantes de programas de televisão ganham.

Na cúpula, Kim não pareceu estar nervoso. Ele foi simpático. Contou piadas. Mostrou que sabia como impressionar, mas também que se preocupava em como era visto pelos outros. Ele queria ser visto como generoso.

264 O GRANDE SUCESSOR

Enquanto o presidente norte-americano apresentava o líder norte-coreano à sua equipe, o tom era leve. Referindo-se à afirmação anterior de Trump de que ele seria capaz de avaliá-lo em um minuto, Kim perguntou ao presidente como estava se saindo. Trump respondeu que achou seu colega forte, inteligente e confiável.

Sem perder tempo algum, Kim Jong Un voltou-se para John Bolton, o conselheiro de segurança nacional linha-dura de Trump que, apenas alguns meses antes, escrevera uma coluna estabelecendo os argumentos legais para ataques de mísseis contra a Coreia do Norte.[4]

Ambos tinham uma história. Quando Bolton fez parte da administração de George W. Bush, os propagandistas de Pyongyang tinham zombado dele como "escória humana" e "sanguessuga". De sua parte, Bolton tinha uma piada que gostava de contar: como você sabe que os norte-coreanos estão mentindo? Seus lábios estão se movendo.

Mas, em Cingapura, depois que Trump elogiou Kim, o líder norte-coreano perguntou a Bolton o que ele achava. O conselheiro de segurança nacional fez uma pequena pausa e respondeu diplomaticamente: "Meu chefe é um excelente juiz de caráter."

Quando os dois líderes se sentaram em poltronas para uma conversa roteirizada em frente à mídia, Kim Jong Un disse a Trump que ele estava muito feliz com aquele encontro. "Não foi fácil chegar aqui", disse ele. "O passado nos acorrentou e velhos preconceitos e práticas funcionaram como obstáculos em nosso caminho. Mas superamos todos eles e estamos aqui hoje."

Trump fez sinal de positivo, sua marca registrada, para Kim.

O homem que escreveu um livro chamado *A Arte de Negociar* ficou encantado. Trump disse o líder norte-coreano era "muito talentoso", "muito inteligente" e um "ótimo negociador". Acrescentou que Kim tinha provado ser "um em dez mil" pelo jeito que herdou o país em seus 20 e poucos anos e foi "capaz de administrá-lo, e muito bem". Ele disse que os dois criaram um "laço muito especial". Disse que confiava em Kim.

Tanto antes quanto depois da cúpula, Kim escreveu cartas para Trump, curtas, de uma página, em coreano — com uma tradução em inglês fornecida pelo lado norte-coreano — que eram aulas magnas de bajulação rapsódica.

Kim chamou Trump de "Sua Excelência" e comentou repetidas vezes sobre o quanto ele era inteligente e que mente política brilhante ele tinha. Disse o quanto seu trabalho com Mike Pompeo, que foi diretor da CIA e se transformou no secretário de estado de Trump, era maravilhoso. No fim de setembro, Trump diria que ele e Kim Jong Un "se apaixonaram".

Contudo, as negociações para chegar a esse ponto foram difíceis.

Quando Pompeo chegou em Pyongyang em abril de 2018 para dar continuidade às conversas com a Coreia do Sul, perguntou diretamente a Kim Jong Un se ele planejava se desnuclearizar. Kim deu uma resposta pungente, embora não se saiba se foi sincera ou planejada.

"O presidente disse que ele é pai e marido e não quer que seus filhos vivam carregando o fardo das armas nucleares", disse Andrew Kim, o chefe do Centro da Missão Coreana da CIA e intérprete de Pompeo na viagem.[5]

Pareceu favorável. Então ambos os lados enviaram negociadores para chegar a um acordo nos meses seguintes à cúpula. Eles se encontraram na vila de trégua de Panmunjom na zona desmilitarizada, mas as conversas foram lentas. Os norte-coreanos tiveram que retornar pela estrada esburacada para Pyongyang repetidas vezes para obter mais instruções de seu líder.

Mesmo depois que as duas delegações chegaram em Cingapura, suas posições ainda eram tão divergentes que trabalhavam com dois documentos diferentes.

Na noite anterior à cúpula, Pompeo disse em uma coletiva de imprensa que "o único resultado que os Estados Unidos aceitariam" seria um acordo para "desnuclearização completa, verificável e irreversível da Península Coreana". Conhecido como CVID, na sigla em inglês, o termo é muito específico (e o D normalmente significa desmantelamento ou desnuclearização) e exigiria que inspetores internacionais de armas tivessem acesso livre à Coreia do Norte.

Havia um bom motivo para que a delegação norte-americana estivesse cética em relação ao comprometimento de desnuclearização da Coreia do Norte. De um jeito ou de outro, o regime Kim tinha voltado atrás em todos os acordos nucleares que assinou.

No final da cúpula, Kim Jong Un foi quem mais se beneficiou do acordo. Ele conseguiu se livrar de fazer qualquer promessa específica para desistir de suas armas nucleares e mísseis balísticos. Simplesmente reiterou o acordo vago que fez com o presidente sul-coreano em abril, concordando em trabalhar em direção à desnuclearização da Península Coreana — não da Coreia do Norte, mas das Coreias *do Norte e do Sul*.

Não houve menção da "desnuclearização completa, verificável e irreversível" que o Secretário de Estado Pompeo insistiu na noite anterior.

Trump também concordou em suspender os exercícios conjuntos que os exércitos norte-americano e sul-coreano conduziam duas vezes por ano, vistos como uma parte crucial do planejamento para qualquer mudança repentina na Península Coreana — como um golpe ou uma invasão vinda da Coreia do Norte.

A Coreia do Norte considera esses exercícios provocativos e também um desperdício de seus recursos, já que o país precisa conduzir seus próprios exercícios em resposta.

Sentado ao lado, ouvindo às conversas, o secretário de defesa adjunto Randy Schriver e o principal conselheiro sobre a Ásia de Trump, Matt Pottinger, não conseguiam acreditar no que ouviam. Começaram uma intensa troca de mensagens para criar um plano. Um deles ligou para o conselheiro de segurança nacional japonês e o outro para o sul-coreano. Eles queriam avisar os dois aliados militares dos Estados Unidos do anúncio que estava por vir e que alarmaria, especialmente, o governo linha-dura japonês.

O anúncio de Trump da suspensão dos exercícios militares ainda causou consternação. Na coletiva de imprensa depois da cúpula, o presidente dos EUA os chamou de "jogos de guerra" — a descrição norte-coreana dos exercícios.

Kim disse a seus colegas norte-americanos que, embora os Estados Unidos e a Coreia do Sul afirmassem que os exercícios militares conjuntos fossem de natureza defensiva, eles pareciam ofensivos à Coreia do Norte.[6]

Em outra vitória para Kim Jong Un, Trump também falou a seu colega que assinaria uma declaração de fim da Guerra Coreana.[7] Era uma ideia que Kim Yong Chol, o portador do envelope gigante, criou com Trump durante sua reunião no Salão Oval.

Kim Yong Chol disse que criar um modo de garantir a paz duradoura na Península Coreana serviria como sinal de que a administração Trump estava disposta a ter um relacionamento diferente com a Coreia do Norte. Trump disse que ele estava aberto a declarar o fim da guerra, mas que ainda precisariam trabalhar em um verdadeiro tratado de paz mais tarde.

Apesar de manter o país em pé de guerra tenha sido útil para criar coesão em casa, o regime Kim há tempos queria assinar um tratado de paz — porque assim seria capaz de insistir que não havia mais necessidade do exército dos EUA manter uma base na Coreia do Sul. Mas os Estados Unidos sempre negaram qualquer sugestão que tiraria suas tropas e equipamentos da Coreia do Sul deixando seu aliado potencialmente vulnerável.

Forjar um tratado de paz daria a Kim Jong Un um modo de desistir de parte de seu arsenal nuclear, no qual tinha gastado tanto dinheiro e esforço, ainda preservando sua reputação. Mas, ao tirar os dois países do estado técnico de guerra, a Coreia do Norte também conseguia ver um jeito de se livrar das sanções que incapacitavam sua economia.

Apesar de todo o desdém em Washington pelas táticas de Trump, o presidente norte-americano mostrou uma percepção surpreendente do que motivava seu colega norte-coreano. Mais uma vez, isso foi manifestado de forma incomum, mas com a qual Kim Jong Un conseguia se identificar.

Durante seu encontro, Trump pegou um iPad e mostrou aos norte-coreanos um vídeo que sua equipe de segurança nacional fez, apesar dos créditos dizerem que foi feito pela "Destiny Pictures". E também deu a eles uma cópia.

O vídeo era absurdo, mas também era perfeito para Kim Jong Un. Era uma visão de um futuro melhor.

Ele começava com uma tomada do lago de cratera no topo da Montanha Paektu e então passava por alguns dos projetos de construção mais reconhecíveis do mundo: as pirâmides do Egito, o Coliseu, o Taj Mahal, os arranha-céus de Manhattan e, é claro, a Praça Kim Il Sung.

O narrador dizia que era "uma história de oportunidade". Era sobre "dois homens, dois líderes, um destino". O vídeo mostrou esses dois homens várias vezes do início ao fim, retratando-os como iguais.

Mas, em especial, mostrava a Coreia do Norte como uma oportunidade gigantesca para empreender. O horizonte de Pyongyang estava cheio de guindastes. Usou a famosa foto da Coreia do Norte à noite vista do espaço e acendeu as luzes para fazer com que o buraco negro tivesse tanta eletricidade quanto a Coreia do Sul.

"Pensem nisso de uma perspectiva imobiliária", disse Trump aos repórteres depois da cúpula, imaginando "grandes condomínios" sendo construídos nas "ótimas praias" de Wonsan. "Cara, olha essa vista", exclamou. "Você poderia ter os melhores hotéis do mundo."

O vídeo apresentava uma tomada de uma praia extremamente edificada na Flórida, onde Trump tem o resort Mar-a-Lago.

Um comentarista equiparou que não era realpolitik [política realística], mas "real estate politik" [política imobiliária].[8]

Para convencer Kim Jong Un a abrir mão de suas armas nucleares e se tornar um membro comum da comunidade internacional, Trump tentou lhe dar uma sensação de que estava perdendo uma grande oportunidade.

O presidente norte-americano disse a seu colega norte-coreano que ele estava no fim de todos os rankings de sucesso ou progresso humano. Mas que ele podia mudar isso. Se estivesse disposto a repensar a premissa do que é sucesso, os Estados Unidos estariam lá para ajudar Kim.

Ele até apresentou modelos diferentes que o Grande Sucessor poderia seguir. Deu os exemplos da China e do Vietnã, que adotaram princípios econômicos capitalistas, mas onde o Partido Comunista mantinha o controle político. Até sugeriu que a Coreia do Norte podia ser como o Japão, a terceira maior economia do mundo e uma monarquia constitucional. Insinuou que Kim Jong Un poderia se como o imperador japonês, ocupando a posição de pessoa reverenciada, mas chefe de estado simbólico enquanto o governo eleito administra o país.[9]

Ao longo dos anos, o regime norte-coreano teve várias oportunidades de embarcar em reformas no estilo chinês ou vietnamita, mas nunca quis seguir esse caminho. E Kim Jong Un certamente não gostaria de ser uma mera figura representativa como o imperador do Japão — cujo pai, a propósito, liderou a brutal ocupação da Coreia. Mas havia muito espaço entre as visões de ambos.

Então Kim Jong Un tinha um bom motivo para se sentir relaxado enquanto sentava para almoçar, mesmo que Trump tivesse falado para os fotógrafos sobre garantir que eles parecessem "belos, magros e perfeitos".

O almoço foi tão cuidadosamente negociado quanto as conversas.

Cada item do cardápio foi sujeito a idas e vindas. No fim, receberam uma "refeição de nove pratos ocidentais e orientais" para o almoço executivo que teve confit de short rib bovino, bacalhau refogado no molho de soja com rabanete e legumes asiáticos e minitorta de ganache de chocolate amargo.

Os norte-coreanos eram extremamente preocupados com a segurança dos alimentos, muito além de qualquer patamar que os funcionários do Presidente Trump já tinham visto com outros líderes. O provador de alimentos de Kim Jong Un chegou duas horas antes para verificar se a comida não tinha sido envenenada.

Mas as conversas durante o almoço foram leves. Eles falaram sobre basquete e carros. Kim Jong Un disse a Bolton que ele era "famoso" na Coreia do

Norte e sugeriu que os dois tirassem uma foto juntos. Talvez isso melhoraria sua imagem entre os tradicionalistas em Pyongyang, sugeriu Kim, supostamente se referindo às pessoas que chamaram Bolton de "escória humana" poucos anos antes. O linha-dura de Washington riu.[10]

Trump ofereceu mostrar a Kim Jong Un "A Besta", sua limusine blindada cheia de recursos de segurança de alta tecnologia. Vendo ambos caminharem até o carro e Kim Jong Un se dirigindo à porta aberta, achei que os dois iriam a algum lugar. Mas os agentes do Serviço Secreto de Trump impediram o interlúdio antes que qualquer norte-coreano se aproximasse demais do veículo especial.

Então os dois caminharam no jardim luxuoso do Hotel Capella juntos e acenaram da sacada — parecido com o que a rainha da Inglaterra faria no Palácio de Buckingham.

E encaminharam-se ao grande salão onde assinariam o documento vago. Um oficial norte-coreano usando luvas brancas de látex inspecionou e limpou a caneta que fora colocada sobre a mesa para o líder norte-coreano. Mas o Grande Sucessor nunca a tocou. Sua assistente lhe deu uma caneta — uma Montblanc de US$1 mil — quando entregou a ele o documento a ser assinado e guardou-a de volta na bolsa quando ele terminou.

E, com isso, Kim Jong Un fez história. Ele desafiou as previsões de que não seria capaz de firmar as bases de seu regime anacrônico. E frustrou as avaliações de capacidade técnica da Coreia do Norte de construir uma bomba de hidrogênio e um míssil que poderia alcançar o continente norte-americano.

Agora tinha conseguido com que o presidente da nação mais poderosa do mundo declarasse sua disposição de trabalhar juntos para alcançar sua visão.

O difícil seria conseguir fazer com que as sanções impostas pelos norte-americanos fossem revogadas para que a economia pudesse crescer e ao mesmo tempo manter suas principais capacidades nucleares e de mísseis.

Quando voltou para casa, com seu programa nuclear ainda a salvo e protegido, Kim Jong Un se voltou para a fase dois de sua estratégia para continuar no poder: aumentar os padrões de vida pelo país.

A abordagem não intervencionista laissez-faire à economia de seus primeiros anos tinha acabado.

No calor sufocante de julho, ele foi a um moinho têxtil em Sinuiju, na fronteira com a China, onde criticou gestores de fábrica por falhar repetidas vezes em cumprir com suas metas e atacou-os verbalmente sobre o estado do "prédio decrépito que parecia um estábulo".

Também teve palavras duras quando visitou um moinho de fibras químicas próximo; repreendeu os gestores por tentar culpar outros pelas deficiências da fábrica. "E visitei diversas unidades, mas nunca vi trabalhadores como estes", disse, com raiva.

Viajou do nordeste ao sudoeste, passando por moinhos têxteis, fazendas de peixes, fábricas de navios, uma fábrica de processamento de batatas, usinas elétricas e fábricas de biscoitos, mochilas e máquinas de mineração de carvão. E deu conselhos sobre embalagens de macarrão instantâneo.

O mesmo entusiasmo militar que aplicou aos programas nuclear e de mísseis agora era aplicado à economia. Ele encorajou os trabalhadores a abordar suas tarefas como se estivessem envolvidos em uma "guerra tridimensional". Exigiu uma construção "blitzkrieg" [relâmpago]. Até ordenou a desocupação de uma área ocupada por um regimento militar para dar espaço para a construção de uma grande estufa vegetal "à velocidade da luz".

Kim Jong Un mostrava que queria impulsionar o mercado e encorajar o consumo privado como se a segurança da nação dependesse disso. A segurança de seu regime certamente dependia. Tendo se saído bem na primeira parte de sua "investida simultânea" adquirindo armas nucleares, ele precisava abordar a segunda parte, a economia, com o mesmo fervor.

Mas não estava fazendo isso porque se preocupava com o povo e seu bem-estar. Suas ações nos sete anos anteriores provaram que ele não se preocupava nem um pouco com a população geral.

Não, ele se preocupava com a própria sobrevivência. Seu avô viveu até os 82 anos, seu pai até os 70. Kim Jong Un poderia sonhar em governar por trinta, quarenta ou até cinquenta anos.

Desde que assumiu o poder, no fim de 2011, Kim Jong Un mimou e aterrorizou alternadamente os grupos que o mantêm no poder. Desenvolveu um programa de armas nucleares confiável. Permitiu que a economia respirasse um pouco. Convenceu o líder do mundo livre de que ele era um equivalente racional e o cético líder de sua benfeitora, a China, de que ele pelo menos sabia se comportar.

Agora vinha seu maior teste até o momento. Precisava mostrar ao povo da Coreia do Norte que a vida estava melhorando com o Grande Sucessor.

EPÍLOGO

O TRÁFEGO EM BEIJING ESTAVA TERRÍVEL EM 9 DE JANEIRO DE 2019, mesmo pelos padrões da cidade que tem uma circulação de 21 milhões de pessoas. O segundo anel rodoviário estava tão parado que as pessoas aproveitavam para fazer seus exercícios matinais ao lado do carro. Saí do meu táxi para tirar uma foto do engarrafamento e ver se conseguia visualizar a caravana.

Kim Jong Un estava novamente na cidade. O Presidente Xi Jinping realizou um banquete luxuoso no Grande Salão do Povo, o prédio cerimonial de luxo ao lado da Praça Tiananmen, para celebrar o 35º aniversário de Kim Jong Un na noite anterior. No dia seguinte, Xi recebeu seu jovem vizinho para um almoço no Beijing Hotel administrado pelo estado, um local em que Mao Zedong um dia recebera o avô de Kim.

Depois de seus primeiros cinco anos de inimizade, Xi agora fingia que Kim era seu filho pródigo. De fato, as visitas de Kim à China estavam ficando tão comuns que já não eram mais uma novidade, apenas uma chateação para os trabalhadores de Beijing que precisavam ir até seus empregos.

O Grande Sucessor havia conseguido uma transformação extraordinária. Convenceu algumas das pessoas mais poderosas do mundo a tratá-lo como o líder normal de um estado legítimo.

De fato, oito dias antes, Kim Jong Un tinha uma aparência decididamente presidencial quando fez seu discurso de Ano-Novo.

Ele não falou de um palanque como nos anos anteriores. Em vez disso, quando o relógio bateu a meia-noite, Kim Jong Un se sentou em uma grande poltrona de couro em uma biblioteca com painéis de madeira, os retratos de seu pai e avô atrás de si, e livros com lombadas de couro preenchendo as estantes.

272 EPÍLOGO

O cenário não era acidental. Um dos principais assessores de Kim Jong Un tinha lido a biografia de Franklin Delano Roosevelt e aconselhou claramente seu chefe a adotar os adornos das famosas "conversas ao pé da lareira" do presidente norte-americano da era da Depressão.

O Grande Sucessor agora buscava replicar a intimidade com seus cidadãos que Roosevelt criara com os norte-americanos na década de 1930 e, ao mesmo tempo, reforçar a noção de que era um líder respeitável.

Os eventos de 2018 deixaram uma "marca permanente na história", disse Kim Jong Un, usando um terno no estilo ocidental a apenas uma semana de completar 35 anos. O ano seguinte, 2019, seria "cheio de esperança".

"Quero acreditar que nossas relações com os Estados Unidos serão frutíferas este ano, assim como as relações intercoreanas deram uma grande virada pelos esforços de ambos os lados", disse, lendo em um teleprompter e verificando as anotações que segurava.

Ele se referiu à economia 39 vezes em seu discurso, e a única vez que mencionou seu programa nuclear foi para declarar que seu regime não mais faria, testaria, usaria ou proliferaria armas nucleares.

As armas nucleares estavam escondidas e os mísseis, silenciados. O assassinato de seu meio-irmão na Malásia menos de dois anos antes foi totalmente esquecido. A morte do universitário norte-americano Otto Warmbier, ainda mais recente, desapareceu das vistas. O Presidente Trump o perdoou pelo incidente. "Ele me disse que não sabia de nada e eu acreditarei em sua palavra", disse Trump depois de seu segundo encontro, realizado no Vietnã no final de fevereiro.

Mas essa segunda cúpula mostrou que o caminho diplomático não seria tranquilo.

Trump concluiu que foi sua campanha de "pressão máxima" que atraíra Kim Jong Un para fora de seu bunker nuclear até a mesa de negociação.

Isso era uma interpretação equivocada. As sanções tiveram, sim, uma influência sobre Kim Kong Un, mas eram apenas um dos fatores. A confiança do jovem norte-coreano e o fato de que ele tinha um programa de armas nucleares confiável, junto da pressão das sanções, tinham-no levado às negociações.

Os norte-coreanos também estavam com problemas para entender como Trump operava. Buscavam uma lógica ou um padrão em seu processo de tomada de decisão para que pudessem vencê-lo no próprio jogo.

Para obter dicas, um oficial norte-coreano começou a assistir *West Wing: Nos bastidores do poder* e *Madam Secretary*, dramas televisivos baseados na Casa Branca e no Departamento de Estado. O oficial perguntou a um interlocutor norte-americano: "É assim que funciona a Casa Branca? Um processo ascendente em que os oficiais enviam ideias para cima da hierarquia?" "Não", tentou responder diplomaticamente o norte-americano surpreso, "é o oposto". Donald Trump conduz uma operação totalmente de cima para baixo.

Com esses mal-entendidos pairando sobre eles, Trump foi até a cúpula de Hanói esperando que o líder norte-coreano focado na economia estivesse desesperado para abrir mão de suas armas nucleares em troca da suspensão das sanções norte-americanas. E Kim Jong Un foi acreditando que Trump tomaria grandes decisões buscando uma vitória diplomática sobre a qual pudesse tuitar.

Quando se encontraram para comer carne marmorizada norte-coreana — malpassada para Kim, bem-passada para Trump — naquela primeira noite em Hanói, descobriram que suas posições iniciais eram tão diferentes quanto suas preferências de ponto da carne.

Trump estava disposto a suspender as sanções, com uma cláusula que permitiria que fossem rapidamente reimpostas se a Coreia do Norte voltasse a testar armas, disse o vice-ministro do exterior norte-coreano depois da cúpula.

Mas o conselheiro de segurança nacional linha-dura, John Bolton, e o secretário de estado Mile Pompeo aparentemente convenceram o chefe, dissuadindo-o de aliviar o lado dos norte-coreanos. O presidente norte-americano disse a seu equivalente que ele precisava abrir mão totalmente de seu programa nuclear antes da suspensão de qualquer sanção.

Esse era basicamente o mesmo acordo que os presidentes dos EUA tentavam fazer há décadas, incluindo durante a época de Bolton na última administração Bush.

Essa abordagem sempre fracassou, porque desconsidera o motivo de a Coreia do Norte desejar as armas nucleares em primeiro lugar: o programa nuclear é um meio de defender a Coreia do Norte dos ataques norte-americanos.

Para que as negociações fossem bem-sucedidas, não podiam tratar apenas da desnuclearização. Precisavam tratar da transformação de um relacionamento catastrófico de sete décadas e convencer Kim Jong Un de que ele não precisava mais de suas armas nucleares como proteção contra uma invasão norte-americana. Ou, pelo menos, que não precisava de tantas armas nucleares e mísseis.

O processo exigia uma normalização lenta e contínua que envolvia que ambos os lados demonstrassem boa-fé. Um bom primeiro passo seria estabelecer um gabinete intermediário para que os dois lados pudessem dialogar, um precursor de relações diplomáticas totais. Trabalhar em direção ao tratado de paz seria outro. De fato, eles concordaram em uma abordagem incremental e recíproca em Cingapura, e os oficiais de baixo escalão continuaram discutindo isso entre as cúpulas.

Então, Kim Jong Un foi às conversas de Hanói com uma oferta de desmontar a base nuclear de Yongbyon — que era redundante — se Trump suspendesse as sanções impostas em 2016 e 2017. Esse semibloqueio, projetado como punição pelos lançamentos de mísseis e testes nucleares, tinham impedido as exportações de frutos do mar, carvão e metais.

Os norte-americanos tinham razão em não acreditar na confiabilidade do lado norte-coreano. O pai de Kim Jong Un fizera a mesma oferta mais de uma década antes e até explodiu uma torre de resfriamento em Yongbyon. Enquanto isso, continuou avançando com seu programa nuclear em outras bases.

Mas Kim Jong Un claramente achava que estava fazendo uma oferta decente, que garantiria pelo menos um fim temporário às sanções. Ele não se daria por vencido.

Não houve acordo. Os dois líderes desistiram.

Os talheres e copos permaneceram intactos na mesa onde supostamente almoçariam. Os funcionários do hotel comeram o *foie gras* e o *snowfish* [peixe de águas profundas] preparados para os líderes. As canetas ficaram sobre a mesa preparada para a cerimônia de assinatura que nunca aconteceu. Enquanto os dois homens estavam envolvidos em sua diplomacia arriscada, dois países com armas nucleares — Índia e Paquistão — se envolviam em um conflito real.

A cena toda teria sido cômica se não fosse tão séria.

Esses dois líderes nada convencionais, cujas maiores vantagens eram ser tão diferentes de seus predecessores, foram vítimas do pensamento convencional.

A essa altura, seria fácil ver todo o esforço como algo arruinado, ver Hanói como uma prova de que a história se repetiria. Os esforços alternados nos últimos 25 anos mostraram que era prudente ter baixas expectativas sobre o envolvimento diplomático com a Coreia do Norte.

Mas sentada em Beijing, vendo o desenrolar desses eventos, tive uma sensação de otimismo de que dessa vez poderia ser diferente. Mesmo assim, não imaginei por um segundo que Kim Jong Un abriria mão da "espada preciosa" que era seu programa nuclear. Ele não queria se transformar em Muammar Gaddafi, que abriu mão de suas armas nucleares para depois sofrer uma invasão que o tirou do poder. Também não achei que ele embarcaria em reformas econômicas no estilo chinês ou vietnamita. Ele não podia se transformar no Deng Xiaoping da Coreia do Norte, iniciando uma versão da estratégia de "reforma e abertura" que transformou a China na segunda maior economia do mundo. Não podia buscar os tipos de reforma de Doi Moi que possibilitaram a prosperidade do Vietnã.

Tanto na China quanto no Vietnã, o Partido Comunista conseguiu permanecer firme no controle, mesmo quando o capitalismo se tornou a ideologia motivadora de muitas pessoas. Mas havia uma diferença crucial. Os partidos comunistas desses países não eram dinastias familiares. Seus líderes tinham sobrenomes diferentes. Havia um mínimo de competição por cargos altos. Na Coreia do Norte, esse tipo de concorrência pela liderança não seria tolerada.

Então até mesmo a tentação da assistência econômica — repetida pelos negociadores norte-americanos no Vietnã, um dos modelos de reforma que Trump apresentara anteriormente para Kim — poderia ser perigosa para o Grande Sucessor.

Há muito tempo a Coreia do Norte considera a exortação de reformas como algo equivalente a uma mudança de regime, dado que a economia do país não pode simplesmente abrir e permitir um fluxo livre de informações, dinheiro e pessoas sem afrouxar seriamente o controle da família Kim do poder.

Mas talvez houvesse um meio-termo. Kim Jong Un poderia desistir de partes de seu programa nuclear. E poderia avançar lentamente em direção a algum tipo de tentativa de liberalização econômica. Andrei Lankov, um célebre estudioso da Coreia do Norte que estudara na Universidade Kim Il Sung, descreve isso como uma "reforma sem abertura".

276 EPÍLOGO

Pois, apesar dos altos e baixos, o objetivo de Kim Jong Un permanece claro.

Ele seguiu a primeira parte do aforismo de Deng Xiaoping: "Permita que algumas pessoas enriqueçam primeiro." Agora, se quisesse ter uma chance de continuar no poder por muitos anos, precisava tentar seguir a segunda parte dessa frase, frequentemente esquecida: "E, pouco a pouco, todas as pessoas devem enriquecer juntas."

Para isso, ele precisava de um desenvolvimento econômico real e tangível que ele mesmo conduziria, e não qualquer outro estranho.

Tinha uma janela de oportunidade única para conseguir isso, que não ficaria aberta por muito tempo. O Grande Sucessor, tendo desafiado as previsões repetidas vezes, precisava manter a propulsão que os processos de acordos de paz lhe davam nas mentes de seus súditos norte-coreanos antes que a democracia e o desinteresse tomasse conta.

O presidente sul-coreano Moon Jae-in, o homem cuja aceitação era crucial para possibilitar que a diplomacia triunfasse, ficaria no poder apenas até 2022 e nos anos finais não passaria de figura decorativa. Moon fora um parceiro incomumente obstinado e sutil nas negociações; qualquer sucessor dele poderia ser muito menos dedicado à ideia de paz entre as duas Coreias.

O recém-descoberto parceiro de negociação de Kim, Donald Trump, tentaria a reeleição ainda antes, no final de 2020, e seu sucesso não é nada certo.

Os norte-coreanos estavam tão preocupados com as chances de Trump que um dos conselheiros de Kim chegou a consultar uma vidente tradicional coreana para perguntar se ele seria reeleito. (A resposta foi sim.)

De sua parte, Trump também mostrou um apetite contínuo por esse processo. "O relacionamento vai muito bem, vamos ver o que acontece!", tuitou ao voltar de Hanói para Washington.

No final de março, Trump mostrou o quanto estava disposto a fazer um acordo com Kim Jong Un, indeferindo novas sanções que seu próprio Departamento do Tesouro havia imposto sobre a Coreia do Norte apenas um dia antes — aparentemente como um favor para seu equivalente em Pyongyang. Ao requisitarem uma explicação para essa jogada extraordinária, a porta-voz de Trump declarou: "O Presidente Trump gosta do Dirigente Kim, e não acha que essas sanções serão necessárias."

Kim Jong Un poderia apostar que se Trump perdesse a eleição dali a dezoito meses, o próximo presidente não seria tão receptivo para lidar com ele.

Contudo, Kim não precisava se preocupar com uma mudança na liderança na vizinha China. O Presidente Xi Jinping aboliu os limites de mandatos para poder permanecer no poder indefinidamente. Mas isso foi de pouca ajuda. Xi claramente não dava muita importância para o Pequeno Vizinho Camarada e só se envolveu quando precisou vindicar seu papel em degelos diplomáticos. Seria mais fácil voltar a ignorar Kim.

Então, enquanto Kim Jong Un passava pela China em seu trem voltando de Hanói para Pyongyang, ele sabia que sua janela para a revogação das sanções só ficaria aberta por um curto período de tempo. Sim, a China e a Rússia já tinham proporcionado um certo alívio diminuindo os controles em suas fronteiras enquanto pressionavam as Nações Unidas para suspenderem as sanções, observando que o líder norte-coreano não precisava mais ser punido pelos testes. Mas Kim Jong Un precisava de mais. Ele queria que as sanções fossem suspensas tanto na teoria quanto na prática.

E, então ele deixou a porta aberta para mais conversas. "Kim Jong Un expressou seus agradecimentos a Trump por fazer esforços positivos para a reunião e as conversas bem-sucedidas enquanto fazia sua longa jornada e disse adeus, prometendo o próximo encontro", relatou a Agência Central de Notícias da Coreia no final da cúpula fracassada.

Foi Kim Jong Un quem resumiu as perspectivas do processo da melhor forma. Antes das conversas principais em Hanói, depois que a conversa durante o almoço mostrou o quanto as discussões do dia seriam difíceis, o Grande Sucessor descreveu a trajetória que viu.

"É cedo demais para dizer, mas eu não diria que estou pessimista", falou Kim ao ser questionado por um jornalista norte-americano sobre como se sentia. O fato de Kim responder a essa pergunta da mídia já foi impressionante, e outro sinal de sua boa vontade em deixar as convenções de lado.

"Mas", continuou, olhando à sua volta com um leve sorriso no rosto e Trump ao seu lado, "minha intuição diz que bons resultados virão".

NOTAS

CAPÍTULO 1: O COMEÇO

1 *Korean Pictorial*, edição de janeiro de 1986.

2 Lee U Hong, *Angu na kyowakoku: Kita Chosen kogyo no kikai* (Tóquio: Aki shobo, 1990), 20.

3 Descrições de sementes e métodos agrícolas de Lee, 32, 118, 168.

4 Yi Han-yong, *Taedong River Royal Family: My 14 years incognito in Seoul* (Seul: Dong-a Ilbo, 1996).

5 Ju-min Park e James Pearson, "In Kim Jong Un's Summer Retreat, Fun Meets Guns," Reuters, 10 de outubro de 2017.

6 Kim Il Sung, *With the Century*, vol. 2 (Pyongyang: Foreign Languages Publishing House, 1992), 54.

7 Detalhes dos planos de Stalin para Kim Il Sung, Cho Man Sik e dos banquetes de Kim Il Sung foram retirados do livro de Blaine Harden, *The Great Leader and the Fighter Pilot* (Nova York: Penguin Books, 2015), 64–66.

8 Detalhes do retorno de Kim Il Sung para a Coreia do Norte e da visão soviética em relação a ele foram retirados do livro de Bradley K. Martin, *Under the Loving Care of the Fatherly Leader: North Korea and the Kim Dynasty* (Nova York: Griffin, 2006), 46–52.

9 Detalhes sobre a recepção de Kim Il Sung no comício foram retirados de Harden, 67.

10 Martin, *Under the Loving Care*, 52–53; Andrei Lankov, *The Real North Korea: Life and politics in the sailed stalinist utopia* (Oxford: Oxford University Press, 2014), 6.

11 Baik Bong, *Kim Il Sung*, vol. 2 (Tóquio: Miraisha Publishing, 1970), 55–56.

12 Martin, *Under the Loving Care*, 67.

280 NOTAS

13 Bruce Cumings, *The Korean War: A history* (Nova York: Modern Library Edition, 2010), 152.

14 Blaine Harden, "The US War Crime North Korea Won't Forget", *Washington Post*, 24 de março de 2015.

15 *Strategic Air Warfare: An interview with generals Curtis E. LeMay, Leon W. Johnson, David A. Burchinal, and Jack J. Catton*, editado e com uma introdução de Richard H. Kohn e Joseph P. Harahan (Office of Air Force History, US Air Force, 1988), 88.

16 "Record of a Conversation with Illarion Dmitriyevich Pak, Chairman of the Jagang Provincial People's Committee", 13 de abril de 1955, History and Public Policy Program Digital Archive, RGANI fond 5, opis 28, delo 314. Traduzido para a NKIDP por Gary Goldberg. https://digitalarchive.wilsoncenter.org/document/116308.

17 Suh Dae-sook, *Kim Il Sung: The North Korean leader* (Nova York: Columbia University Press, 1988), 302.

18 Don Oberdorfer, *The Two Koreas: A contemporary history* (Nova York: Little, Brown and Company, 1998), 347.

19 "GDR Ambassador Pyongyang to Ministry for Foreign Affairs, Berlin", 14 de abril de 1975, History and Public Policy Program Digital Archive, Political Archive of the Foreign Office, Ministry of Foreign Affairs (PA AA, MfAA), C 6862.

20 Kim Hakjoon, *Dynasty: The hereditary succession politics of North Korea* (Stanford, CA: Shorenstein Asia-Pacific Research Center, 2017), 87.

21 Kim Jong Il, *Brief History* (Pyongyang: Foreign Languages Publishing House, 1998).

22 Oberdorfer, *The Two Koreas*, 341.

23 David Sanger, "Kim Il Sung Dead at 82", *The New York Times*, 9 de julho de 1994.

24 Anna Fifield, "Selling to Survive", *Financial Times*, 20 de novembro de 2007.

25 Kim Hakjoon, *Dynasty*, 131.

26 Ri Nam Ok, prima de Kim Jong Nam, achava que Ko Yong Hui estava por trás disso. Retirado do livro não publicado de Imogen O'Neil, *The Golden Cage: Life with Kim Jong Il, a daughter's story.*

27 O'Neil, *The Golden Cage.*

28 Kim Hakjoon, *Dynasty*, 153.

29 Kenji Fujimoto, *I Was Kim Jong-il's Cook* (Tóquio: Fusosha Publishing, 2003).

CAPÍTULO 2: VIVENDO COM OS IMPERIALISTAS

1   *Immortal Anti-Japanese Revolutionary, Teacher Kim Hyong Jik* (Pyongyang: Publishing House of the Workers' Party of Korea, 1968), 93–94.

2   Yi Han-yong, *Taedong River Royal Family: My 14 years incognito in Seoul* (Seul: Dong-a Ilbo, 1996).

3   David Halberstam, *The Coldest Winter: America and the Korean War* (Nova York: Hachette Books, 2007), 80.

4   Robert S. Boynton, *The Invitation-Only Zone: The true story of North Korea's abduction project* (Nova York: Farrar, Straus and Giroux, 2016), 33.

5   Yoji Gomi, *Three Generations of Women in North Korea's Kim Dynasty* (Tóquio: Bunshun Shinso, 2016).

6   Ko Yong-gi, "A Curious Blood Line Connecting Kim Jong Un and Osaka," *Daily North Korea*, 14 de dezembro de 2015.

7   Biografia de Sin Yong Hui, citada na mídia sul-coreana, inclusive pelo jornalista investigativo Cho Gab-je em um post no site chogabje.com em 26 de junho de 2012.

8   *Anecdotes of Kim Jong Un's Life* (Pyongyang: Foreign Languages Publishing House, 2017), 49.

9   Detalhes sobre as casas e provisões foram retirados do livro não publicado de Imogen O'Neil, *The Golden Cage: Life with Kim Jong Il, a daughter's story*.

CAPÍTULO 3: ANÔNIMO NA SUÍÇA

1   De acordo com uma entrevista da autora com Thomas Bach, presidente do Comitê Olímpico Internacional.

2   Guy Faulconbridge, "North Korean Leaders Used Brazilian Passports to Apply for Western Visas", Reuters, 28 de fevereiro de 2018.

3   Evan Thomas, "North Korea's First Family", *Newsweek*, 17 de julho de 2009.

4   Andrew Higgins, "Who Will Succeed Kim Jong Il?" *Washington Post*, 16 de julho de 2009.

5   Mira Mayrhofer e Gunther Müller, "Nordkorea: Kim Jong-un Wird auf die Machtübernahme Vorbereitet", *Profil* (Áustria), 21 de setembro de 2010.

6   De acordo com uma entrevista não publicada realizada pelo jornalista suíço Bernhard Odehnal.

7   "Kim Jung-un mochte Nike Air-Turnschuhe, aber keine Mädchen", *Berner Zeitung*, 6 de outubro de 2010.

8   Higgins, "Who Will Succeed".

282 NOTAS

9 Entrevista com Odehnal.

10 Informações dadas por Simon Lutstorf sobre os jogos de basquete de Kim Jong Un no ensino médio foram retiradas de Titus Plattner, Daniel Glaus e Julian Schmidli, *In Buglen und Kochen eine 4*, SonntagsZeitung, 1º de abril de 2012.

11 "Revealed: Kim Jong-un the Schoolboy", Al Jazeera English, 7 de novembro de 2010.

12 Atika Shubert, "Swiss Man Remembers School with Son of North Korean Leader", CNN, 29 de setembro de 2010.

13 Higgins, "Who Will Succeed".

14 Colin Freeman e Philip Sherwell, "North Korea Leadership: 'My Happy Days at School with North Korea's Future Leader'", *Daily Telegraph*, 26 de setembro de 2010.

15 "Kim Jong-Un Mochte Nike Air-Turnschuhe, Aber Keine Mädchen", *Berner Zeitung*, 6 de outubro de 2010.

16 Entrevista com Odehnal.

CAPÍTULO 4: DITADURA PARA INICIANTES

1 Detalhes sobre as canções nas ondas de rádio e especulações na mídia sul-coreana foram retirados de Kim Hakjoon, *Dynasty: The hereditary succession politics of North Korea* (Stanford, CA: Shorenstein Asia-Pacific Research Center, 2017), 156–158.

2 *Anecdotes of Kim Jong Un's Life* (Pyongyang: Foreign Languages Publishing House, 2017), 4.

3 "Kim Jong Il's Doctor Opens Up on '08 Stroke", Associated Press, 19 de dezembro de 2011.

4 Jamy Keaten e Catherine Gaschka, "French Doctor Confirms Kim Had Stroke in 2008", Associated Press, 19 de dezembro de 2011.

5 Lee Yung-jong, *Successor Kim Jong Un* (Seoul: NP Plus, 2010).

6 Thae Yong-ho, *Password from the Third-Floor Secretariat* (Seul: Giparang, 2018), 280.

7 De acordo com Cheong Seong-chang do Instituto Sejong.

8 "'Mother of Military-first Chosun' Made Public", *Daily NK*, 12 de julho de 2012.

9 Cho Jong Ik, "'Great Mother' Revealed to the World", *Daily NK*, 30 de junho de 2012.

NOTAS 283

10 Christopher Richardson, "North Korea's Kim Dynasty: The Making of a Personality Cult", *Guardian*, 16 de fevereiro de 2015.

11 Barbara Demick, "Nothing Left", *New Yorker*, 12 de julho de 2010.

12 Demick, "Nothing Left".

13 Stephan Haggard e Marcus Noland, *Witness to Transformation: Refugee insights into North Korea* (Washington, D.C.: Peterson Institute for International Economics, 2010).

14 "N. Korean Technocrat Executed for Bungled Currency Reform", Yonhap News Agency, 18 de março de 2010.

15 Kim Hakjoon, *Dynasty*, 176.

16 "Kim Jong Il Issues Order on Promoting Military Ranks", Agência Central de Notícias da Coreia, 27 de setembro de 2010.

CAPÍTULO 5: UM TERCEIRO KIM NO COMANDO

1 Ken Gause, "North Korean Leadership Dynamics and Decision-Making under Kim Jong-un: A Second-Year Assessment", CNA, março de 2014, 2.

2 Gause, "North Korean Leadership Dynamics", 110.

3 Gause, "North Korean Leadership Dynamics", 3.

CAPÍTULO 6: CHEGA DE CONTENÇÃO DE DESPESAS

1 Stephan Haggard e Marcus Noland, *Famine in North Korea: Markets, aid, and reform* (Nova York: Columbia University Press, 2009), 187.

2 De acordo com Curtis Melvin, um pesquisador do US-Korea Institute da Universidade Johns Hopkins nos Estados Unidos.

3 Benjamin Katzeff Silberstein, *Growth and Geography of Markets in North Korea: New evidence from satellite imagery* (US-Korea Institute da Johns Hopkins School of Advanced International Studies, outubro de 2015), 29–36.

4 Kang Mi-jin, "Stall Transfers Yield Big Profits at the Market", *Daily NK*, 14 de maio de 2015.

5 Cha Moon-seok, *Information about North Korea's Market: Focusing on current status of its official market* (Seoul: Korean Institute for National Unification, 2016).

6 Kim Byung-ro, "North Korea's Marketization and Changes in the Class Structure", de *The Economy and Society in the Kim Jong-Un Era: New relationship between the state and market*, editado por Yang Moon-soo (Paju: Haneul Academy, 2014).

284 NOTAS

7 Yonho Kim, *North Korea's Mobile Telecommunications and Private Transport Services in Kim Jong Un Era* (US-Korea Institute em SAIS, 2018).

8 Yonho Kim, *North Korea's Mobile Telecommunications*.

CAPÍTULO 7: MELHOR SER TEMIDO QUE AMADO

1 "N. Korea Requires Students to Take 81-hour Course on Kim Jong-un", KBS, 25 de novembro de 2014.

2 Helen-Louise Hunter, "The Society and Its Environment", em *North Korea: A country study*, editado por Robert L. Worden, 79–86 (Federal Research Office, Library of Congress, 2008), 85–86.

3 James Pearson, "The $50 Device That Symbolizes a Shift in North Korea", Reuters, 26 de março de 2015.

4 Greg Scarlatoiu, prefácio para *Coercion, Control, Surveillance, and Punishment: An examination of the North Korean Police State* (Washington: Comitê de Direitos Humanos na Coreia do Norte, 2012), 5.

5 Hunter, "The Society and Its Environment", 79–80.

6 Andrei Lankov, "The Evolution of North Korea's 'Inminban'," NK News, 28 de abril de 2015.

7 Andrei Lankov, "Daily Life in North Korea", Al Jazeera, 21 de maio de 2014.

8 Kang Dong-wan, *Hallyu Phenomenon in North Korea: Meaning and impact* (Institute for Unification Education of South Korea), 73–74.

9 David Hawk, *Parallel Gulag* (Washington: Comitê de Direitos Humanos da Coreia do Norte, 2017), 21.

10 David Hawk, *The Hidden Gulag: The lives and voices of "those who are sent to the mountains"* (Washington: Comitê de Direitos Humanos da Coreia do Norte, 2012), 4.

11 Hawk, *Parallel Gulag*, 11.

12 Todas as descrições de tortura são do Commission of Inquiry on Human Rights in the Democratic People's Republic of Korea Report of Detailed Findings, 2014, 235.

13 Commission of Inquiry Report, 2014, 124.

14 Hawk, *Parallel Gulag*, 31.

15 Anna Fifield, "North Korea's Prisons Are as Bad as Nazi Camps, Says Judge Who Survived Auschwitz", *Washington Post*, 11 de dezembro de 2017.

CAPÍTULO 8: ADEUS, TIO

1 Milan W. Svolik, *The Politics of Authoritarian Rule* (Reino Unido: Cambridge Studies in Comparative Politics, 2012), 5.

2 Ju-min Park e James Pearson, "North Korea Executes Defence Chief with an Anti-Aircraft Gun: South Korea Agency", Reuters, 13 de maio de 2015.

3 Ra Jong-yil, *Jang Song Thaek's Path: A rebellious outsider* (Seul: ALMA, 2016).

4 Ra, *Jang Song Thaek's Path*, 145.

5 Ra, *Jang Song Thaek's Path*, 167.

6 "Kim's Niece Kills Herself in Paris", *JoongAng Daily*, 18 de setembro de 2006.

7 Andray Abrahamian, *The ABCs of North Korea's SEZs* (US-Korea Institute at SAIS, 2014).

8 Ra, *Jang Song Thaek's Path*, 254.

9 Thae Yong-ho, *Password from the Third-Floor Secretariat* (Seul: Giparang, 2018), 328.

10 Alexandre Mansourov, "North Korea: The Dramatic Fall of Jang Song Thaek", *38 North*, 9 de dezembro de 2013.

11 Mansourov, "North Korea".

12 "Traitor Jang Song Thaek Executed", Agência Central de Notícias da Coreia, 13 de dezembro de 2013.

CAPÍTULO 9: AS ELITES DE PYONGHATTAN

1 Park In Ho, *The Creation of the North Korean Market System* (Seul: Daily NK, 2017).

2 "The Complex Ties Interlinking Cadres and the Donju", *Daily NK*, 8 de julho de 2016.

3 Jonathan Corrado, "Will Marketization Bring Down the North Korean Regime?" *The Diplomat*, 18 de abril de 2017.

CAPÍTULO 10: MILLENNIALS E MODERNIDADE

1 "Rungna People's Pleasure Ground Opens in Presence of Marshal Kim Jong Un", Agência Central de Notícias da Coreia, 25 de julho de 2012.

2 Thae Yong-ho, *Password from the Third-Floor Secretariat* (Seul: Giparang, 2018), 307.

286 NOTAS

3 Yoji Gomi, *Three Generations of Women in North Korea's Kim Dynasty* (Tóquio: Bunshun Shinso, 2016).

4 Anna Fifield, "What Did the Korean Leaders Talk About on Those Park Benches? Trump, Mainly", *Washington Post*, 2 de maio de 2018.

CAPÍTULO 11: JOGANDO BOLA COM OS "CHACAIS"

1 Dennis Rodman, falando no Modern War Institute em West Point, Nova York, 3 de março de 2017.

2 Shane Smith em *VICE on HBO Season One: The hermit kingdom* (Episódio 10), 23 de fevereiro de 2014.

3 Dennis Rodman para Megyn Kelly na NBC, 19 de junho de 2018.

4 Jason Mojica, "In Dealing with North Korea, Fake It 'til You Make It", *Medium*, 26 de fevereiro de 2018.

5 Dennis Rodman em *Dennis Rodman's Big Bang in Pyongyang* (2015).

6 Filme da Vice News.

7 Filme da Vice News.

8 Darren Prince em *Dennis Rodman's Big Bang in Pyongyang*.

9 Dennis Rodman em *Dennis Rodman's Big Bang in Pyongyang*.

CAPÍTULO 12: HORA DA FESTA

1 Timothy W. Martin, "How North Korea's Hackers Became Dangerously Good", *Wall Street Journal*, 19 de abril de 2018.

2 Curtis M. Scaparrotti para o House Committee on Armed Services, 2 de abril de 2014.

3 Ellen Nakashima e Devlin Barrett, "U.S. Charges North Korean Operative in Conspiracy to Hack Sony Pictures, Banks", *Washington Post*, 6 de setembro de 2018.

4 Patrick Winn, "How North Korean Hackers Became the World's Greatest Bank Robbers", *Global Post Investigations*, 16 de maio de 2018.

5 Martin, "How North Korea's Hackers Became Dangerously Good".

6 Ju-min Park, James Pearson e Timothy Martin, "In North Korea, Hackers Are a Handpicked, Pampered Elite", Reuters, 5 de dezembro de 2014.

NOTAS **287**

7 Sam Kim, "Inside North Korea's Hacker Army", *Bloomberg Businessweek*, 7 de fevereiro de 2018.

8 Joshua Hunt, "Holiday at the Dictator's Guesthouse", *The Atavist Magazine,* nº 54, novembro de 2015.

CAPÍTULO 13: O IRMÃO INDESEJADO

1 Bruce Bueno de Mesquita e Alastair Smith, *The Dictator's Handbook: Why bad behavior is almost always good politics* (Nova York: PublicAffairs, 2011), 30.

2 "Jong-nam Kept Antidote to Poison in Sling Bag, Court Told", Bernama News Agency (Malásia), 29 de novembro de 2017.

3 De acordo com Ri Nam Ok, como dito a Imogen O'Neil.

4 Song Hye Rang, *Wisteria House: The autobiography of song hye-rang* (Seul: Chisiknara, 2000).

5 Song Hye Rang, *Wisteria House.*

6 De acordo com Ri Nam Ok, como dito a Imogen O'Neil.

7 Yi Han-yong, *Taedong River Royal Family: My 14 years incognito in Seoul* (Seul: Donga Ilbo, 1996).

8 De acordo com Ri Nam Ok, como dito a Imogen O'Neil.

9 Yi Han-yong, *Taedong River Royal Family.*

10 De acordo com Ri Nam Ok, como dito a Imogen O'Neil.

11 Ju-min Park e A. Ananthalakshmi, "Malaysia Detains Woman, Seeks Others in Connection with North Korean's Death", Reuters, 15 de fevereiro de 2017.

12 Com base em uma entrevista com alguém que tem conhecimento da inteligência que conversou sob condição de anonimidade.

13 De acordo com Mark.

14 Kim Jong Nam para a TV japonesa Asahi, entrevista transmitida em 12 de outubro de 2010.

15 "Kim Jong-il's Grandson Feels Sorry for Starving Compatriots", *Chosun Ilbo*, 4 de outubro de 2011.

16 Alastair Gale, "Kim Jong Un's Nephew Was in Danger After Father's Killing, North Korean Group Says", *Wall Street Journal*, 1º de outubro de 2017.

17 "Kim Jong-un's Brother Visits London to Watch Eric Clapton", BBC News, 22 de maio de 2015.

CAPÍTULO 14: A ESPADA PRECIOSA

1 Anna Fifield, "After Six Tests, the Mountain Hosting North Korea's Nuclear Blasts May Be Exhausted", *Washington Post*, 20 de outubro de 2017.

2 Kim Jong Un para a cúpula do comitê central do Partido dos Trabalhadores, como relatado pela KCNA, 21 de abril de 2018.

3 Tradução de Christopher Green, *Daily NK*.

4 Joseph S. Bermudez, *North Korea's Development of a Nuclear Weapons Strategy* (The US-Korea Institute em SAIS, 2015), 8.

5 James Person e Atsuhito Isozaki, "Want to Be a Successful Dictator? Copy North Korea", *The National Interest*, 9 de março de 2017.

6 Alexandre Y. Mansourov, "The Origins, Evolution, and Current Politics of the North Korean Nuclear Program", *The Nonproliferation Review* 2, nº 3 (Spring–Summer 1995): 25–38.

7 Mansourov, "The Origins, Evolution, and Current Politics".

8 Jonathan D. Pollack, *No Exit: North Korea, nuclear weapons and international security* (The International Institute for Strategic Studies, 2014), Capítulo 3.

9 Scott Douglas Sagan e Jeremi Suri, "The Madman Nuclear Alert: Secrecy, Signaling, and Safety in October 1969", *International Security* 27, nº 4 (2003): 150–183.

10 H. R. Haldeman e Joseph DiMona, *The Ends of Power* (Nova York: Times Books, 1978), 83.

11 Mercy A. Kuo, "Kim Jong-un's Political Psychology Profile: Insights from Ken Dekleva", *The Diplomat, 17 de outubro de 2017.*

12 *H. R. McMaster em ent*revista na MSNBC, 5 de agosto de 2017.

CAPÍTULO 15: A CAMPANHA DE CHARME

1 Do livro de Imogen O'Neil's *Inside the Golden Cage*.

2 De acordo com o chef de sushi Kenji Fujimoto e Konstantin Pulikovsky, o enviado russo para o Extremo Oriente que visitou a Coreia do Norte com frequência durante a era Kim Jong Il.

3 De acordo com Michael Madden da North Korea Leadership Watch.

4 Entrevista da autora com Lim Jae-cheon, um especialista na família Kim da Universidade da Coreia em Seul.

5   Anna Fifield, "What Did the Korean Leaders Talk About on Those Park Benches? Trump, Mainly", *Washington Post*, 2 de maio de 2018.

6   Anna Fifield, "Did You Hear the One about the North Korean Leader, the $100 Bill and the Trump Card?" *Washington Post*, 30 de abril de 2018.

CAPÍTULO 16: FALANDO COM OS "CHACAIS"

1   Eric Talmadge, "Economist: N. Korea Eying Swiss, Singaporean-Style Success", Associated Press, 29 de outubro de 2018.

2   Lee Seok Young, "Successor Looks Set for Own Escort", *Daily NK*, 26 de agosto de 2011, citando Lee Yeong Guk, autor do livro *I Was Kim Jong Il's Bodyguard*.

3   De acordo com Kenji Fujimoto.

4   John Bolton, "The Legal Case for Striking North Korea First", *Wall Street Journal*, 28 de fevereiro de 2018.

5   Andrew Kim, "North Korea Denuclearization and U.S.-DPRK Diplomacy", discurso feito na Universidade Stanford em 25 de fevereiro de 2019.

6   Andrew Kim, "North Korea Denuclearization".

7   Relatado pela primeira vez por Alex Ward, "Exclusive: Trump Promised Kim Jong Un He'd Sign an Agreement to End the Korean War", Vox, 29 de agosto de 2018. Confirmado por meu próprio relato.

8   Freddy Gray, "Donald Trump's Real-Estate Politik Is Working", *The Spectator*, 12 de junho de 2018.

9   Com base em entrevistas da autora com fontes que falaram sob condição de anonimato.

10 Karen DeYoung, Greg Jaffe, John Hudson e Josh Dawsey, "John Bolton Puts His Singular Stamp on Trump's National Security Council", *Washington Post*, 4 de março de 2019.

ÍNDICE

A

abertura econômica, 132
acordo do Leap Day, 88
A Entrevista, filme, 189
afrouxou regras restritivas
    empresas, 96
agente neurotóxico VX, 200–201
agentes cibernéticos, 191
Agreed Framework, 229
agricultura, 13
aliança de elites, 128
aluguel de terras, 105
a marcha árdua, período, 27
Anecdotes of Kim Jong Un's Life,
    livro, 65
armas nucleares, 272
aumento de preços, 93
autarquia, 22
autocracia, 199

B

Barack Obama, 221
basquete, 49
Bill Clinton, 52
Bloco Comunista, 24
bomba atômica Fat Man, 189
bomba atômica Little Boy, 189
bomba de hidrogênio, 188
    teste, 219

brutalidade, 119
byungjin, 257
    política, 186

C

campo de prisão política, 93
capitalismo disperso e
    desregulamentado, 98
Carla Del Ponte, 50
castas políticas, sistema, 119
    hesitante, 120
    hostis, 120
    leais, 120
catástrofe política, 27
celular, 103
Centro do Partido, 22
Charles Bonesteel, 17
Chiang Kai-shek, 19
China, 97
    sanções, 235
Choe Ryong Hae, 130
Choe Son Hui, 171
Cho Man Sik, 18
Chris "Vo" Volo, 177
CIA, 68
    perfis dos líderes mundiais, 232
Cingapura, 260
cirurgia plástica, 155
classe empreendedora, 101
classe média, 100

292 ÍNDICE

cleptocratas gananciosos, 128
clube da bomba H, 219
Código Criminal da Coreia do Norte,
122
Comando da Guarda Suprema, 262
Comissão de Assuntos de Estado, 186
Comissão de Defesa Nacional, 186
complexo da família Kim, 15
constituição norte-coreana, 69
consumismo, 164
consumo notável, 154
contrabando, 119
Coreia do Norte
economia, 95
educação ideológica, 77
eixo do mal, 62
exagero, 65
fraquezas, 88
padrões de vida, 269
Coreia do Sul
armistício, 21
capitalismo, 97
invasão, 19–21
corrupção, 97
Corte Penal Internacional, 124
cortes de cabelo, 116
crimes "normais", 121
crimes políticos, 122
cristãos, 192
culto de personalidade, 19
datas, 64
Curtis LeMay, 20
CVID, 265

D

DarkSeoul Gang, hackers, 189
Dean Rusk, 17
decadência econômica, 97
Dennis Rodman, 167–176
excentricidade, 169
jogo de basquete, 178–179
Kim Jong Un, 173
recepção, 174–175

desastres naturais, 27
desenvolvimento econômico, 276
desnuclearização, 265
desnutrição, 101
dez mandamentos da Coreia do Norte,
115
dinastia familiar, 275
dinheiro
pequenas liberdades, 126
diplomacia, 275
diplomacia basquetebolística, 170
diplomacia ping-pong, 52
direito divino, 24
discrição, 15
ditador sorridente, 23
doi moi, reformas, 96
dólar norte-americano, 144
Donald Trump, 230–236
cúpula, 256–265
preparações logísticas, 258
mal-entendido, 273
sanções, 234
suspensão dos exercícios militare,
266
versus Kim Jong Un, 257–266
donju
mestres do dinheiro, 140–149
Douglas MacArthur, general, 20
doutrinação, 113
DVD players, 104
Dwight Eisenhower, 231

E

economia, 258
educação, 106
elite, 15
enclausuramento da população, 112
era Joseon, 119
Escola Internacional de Berne, 48
Escritório 39, 15
Escritório Documental Nº5, 243
esportes, 134

ÍNDICE 293

estado nuclear, 188
Estados Unidos
acordo, 256
Exército Popular da Coreia, 19
explosão imobiliária, 144

F

fazendas mecanizadas, 13
fechamento das fronteiras, 90
fluxo de informações
repressão, 90
fome, 13
François-Xavier Roux, médico, 65
fratricídio, 199
Fundo Global, 234

G

George W. Bush, 62
geração Jangmadang, 101
Grupo 109, 122
Grupo Lazarus, 190
Guerra Coreana, 17
Guerra da Libertação da Pátria
Vitoriosa, 21
Guerra do Pacífico, 17
Guerra Secreta, 191

H

hacking, 189–192
Han Sol, 214
HBO, emissora de TV, 170
Herdeiro Desamparado, 82
Hiroshima e Nagasaki, 227
H. R. McMaster, 233
Hu Jintao, 133
Hyon Yong Chol, 129

I

impostos, 100
independência nuclear, 228

inminban
sistema de vigilância, 120
International Bar Association, 125
internet, 113

J

jangmadang, mercados, 99
Jang Song Thaek, 130–138
China, 133
execução, 137
relação com a China, 138
prisão, 135
reformista, 132
Japão, 35–44
colonização, 34
Japão Imperial
anexação da Coreia, 16
Jason Mojica, 170
Jeffrey Fowle, 192
João Micaelo
amigo, 56
Joe Terwilliger, 177
jogos pacíficos, olimpíadas, 240
Joseph Stalin, 17
Jovens Pioneiros, 114
Ju Ae, 178
juche, 22

K

Kenji Fujimoto
pseudônimo, 32
Kenneth Bae, 192
Kim Il Sung, 12–17
corpo embalsamado, 83
discurso fracassado, 19
história oficial, 16
morte, 26
Kim Jong Chol, 30
confiança, 216
sucessão, 49
Kim Jong Il
cortejo fúnebre, 83

294 ÍNDICE

fome, 28
luto, 27
morte, 81
nascimento, 17
Kim Jong Nam, 202–218
CIA, 209
críticas, 212
infância, 202–204
morte, agente neurotóxico VX,
200–201
rivalidade, 206
sites de apostas, 209
lavagem de dinheiro, 210
Suíça, 204–205
Kim Jong Suk, 17
Kim Jong Un
apresentado como sucessor, 14
cientistas, 224
culto de personalidade, 81
ego, 187
escola
sociabilidade, 57
estado mental, 230
fase dois, 237
infância, 33–44
luxo, 43
mãe, 29
relação, 51
Nanugi, 142
nome, 77
poder, 270
posses, 60
preparação da sucessão, 68
presidente, 186
primeira foto oficial, 75
reverência, 42
saúde, 251–252
títulos, 85
universidade, 61
versus Donald Trump, 257–266
bajulação, 264
Kim Kyong Hui
conselheira, 89
desaparecimento, 137

Kim Yo Jong, 238–247
braço direito, 241
Olimíadas de Inverno, 237
papel no regime, 178
Ko Kyon Taek, 35
Ko Yong Hui
câncer de mama, 51
documentário, 70
mãe tigre, 50
morte, 63
visto rejeitado, 53
Ko Yong Suk, 46–60
deserção, 51

L

Lee U Hong, 13
liberdade econômica, 90
liderança simultânea, 23

M

Mao Zedong, 19
material físsil, 227
Matthew Miller, 192
medo, 126
Megumi Yokota, 35
mercantilização de baixo para cima,
processo, 97
metanfetamina
ice, 108
Michael Jordan, 169
mídia estrangeira, 122
milho, 106
militares, 186
millennials, 153–166
Ministério de Proteção do Estado, 15
Ministério Popular de Segurança, 121
mísseis com ogiva nuclear, 223
míssil balístico, 221
moeda
desvalorização, 71–78
monitoramento da população, 112–121
Moon Jae-in, 239
encontro, 249

Muammar Gaddafi, 275
mulheres
  comércio, 99
Muro de Berlim, queda, 24

N

Nações Unidas, 124
Nam Ok, 214
naufrágio da Cheonan, 73
notícias internacionais
  população, 76
nova classe empreendedora, 143

O

Oriente Médio
  autocracias, 76
Otto Warmbier, 193–198
  coma, 197

P

Paektu
  mito da sagrada linhagem de, 25
Pak Hyon Yong, 28
Pak Nam Gi, 73
Pak Pong Ju, 143
Pak Un, pseudônimo, 47
Palácio do Sol de Kumsusan, 82–83
paraíso socialista, 14
parque aquático, 14
Partido dos Trabalhadores, 22
Partido dos Trabalhadores da Coreia,
  28
partido Kuomintang, 19
passaportes diplomáticos, 47
pen drives, 117
Península Coreana, 249
pequeno líder de coalizão, 128
perspectiva de destruição mútua, 232
poder
  alterações psicológicas, 187
poder econômico, 150
poder político, 150

povo
  otimismo, 92
Primavera Árabe, 76
primeira aparição pública, 89
primeira foto comemorativa, 14
prisões
  punições, 124
  vida nas, 123–125
programa nuclear, 223
programas de mísseis e armas nucleares,
  91
projetos de infraestrutura, 142
propagandistas, 21
propina, 107
propriedade privada, 144
Pyonghattan, 154
Pyongyang, 12

R

reféns, 192
reforma pelo trabalho, 123
reformas, 268
reforma sem abertura, 275
regime
  antijaponês e anti-imperialista, 35
regime Kim, 12–13
repressão, 90
República Popular Democrática da
  Coreia, 19
RGB, 190
Richard Nixon, 230
Ri Gang
  deserção, 51
Ri Jong Ho, 139
Ri Sol Ju, 156–159
  aparência, 157
  casamento, 160
  comportamento, 158
Ri Yong Ho, 129
Ro Hui Chang, 132
roubo cibernético, maior da história,
  190
Rungra People's Pleasure Ground, 157

S

satélite de observação terrestre
 falha, 87
Schule Liebefeld Steinhölzli, escola, 53
 educação intelectual, 57
 Revolução Francesa, 58
Segunda Guerra Mundial, 34
servi-cha, 102
Sétimo Congresso do Partido dos
 Trabalhadores da Coreia, 183–187
setor de construções, 165
Siegfried Hecker, 226
sistema bancário, 144
sistema gulag, 112
soft power, 245
songbun, sistema de classes, 119
Songdowon, 13
Song Hye Rim, 25
Sony Entertainment, 189
suborno, 152
sucessão
 preparação, 62
Suíça, 45–60
 discrição, 48
 identidade oculta, 47

T

Teoria do Louco, 231
terra arrasada, 20
teste nuclear, 188
The Childhood of Beloved and
 Respected Leader, Kim Jong Un,
 livro, 71
Torre Juche, monumento, 40
tortura, tipos de, 124–125
totalitarismo, 13
tráfico de drogas, 108–110

transformação econômica sem
 democratização, 24
transgressões, 121
transporte, 102–103
Tratado de Não Proliferação de Armas
 Nucleares, 229
tratado de paz, 21

U

União Soviética
 Coreia do Norte, 13–19
 política glasnost, 112
Universidade de Tecnologia Kim
 Chaek, 224
Universidade Militar Kim Il Sung, 61

V

veículos privados, 102
Vice News, programa de TV, 169–171

W

WannaCry 2.0, vírus cibernético, 190
Wonsan, 11
 bases de lançamentos de mísseis, 15

X

Xi Jinping
 encontro, 247

Y

Yong Hui, 36
Yong Suk, 36

Z

zona econômica especial
 ZEE, 151